U1069459

宋德发教育随笔

用整个的心做大学老师

宋德发◇著

湘潭大學出版社

自序

人生就是选择

当我们呱呱落地，有了意识，对人生有所期待、有所诉求、有所追寻、有所梦想的时候，便开始了选择。

首先，人有选择的义务。只要是一个人，总需要不停地做出选择：或坚持，或放弃；或快乐，或悲伤；或结婚，或单身；或结婚后要孩子，或结婚后做丁克；或当官，或经商，或做学问；或做英雄，或做狗熊；或轰轰烈烈，或平平淡淡；或争名夺利，或与世无争；或做个好人，或成为混蛋；或专注于科研，或潜心于教学……有人说，我什么都不选择，就在那里坐着、躺着，什么都不想，什么都不干。其实，什么都不选择，其实也是一种选择。因此说，选择是人的宿命，逃也逃不掉。

其次，人有选择的权利。每个人，都可以根据自己的意愿做出各种选择。可以选择自己喜欢的学校、喜欢的专业、喜欢的工作、喜欢的伴侣、喜欢的朋友、喜欢的娱乐、喜欢的城市、喜欢的生活方式……原先是坏人，也可以选择浪子回头；原先是练田径的，还可以改行打篮球；原先是甘于平凡的，还可以选择出人头地；原先是专门做学术的，还可以选择“学而优则仕”；甚至原来是男人的，还可以选择做女人，原来是女人的，还可以选择做男人。人只要还活着，就可以不断调整自己的选择，过自己想要的生活。但假如选择了自杀，那什么选择都戛然而止了，什么可能都没有了，什么希望都消失了，所以通常情况下，自杀实在是最愚蠢、最不值得的一种选择。

再次，人需要做出现实的选择。人生之路有千条万条，但最适合自己的或许只有那么几条。世上的人那么多，但真正适合我们的也没有几个。所以，无论是事业还是爱情，虽然理论上我们可以做任何的选择，但是具体到个人，我们就应该现实地选择。也就是说，在选择之前，我们要认识自己：我的外在和内在条件是什么？我真正想要得到什么，又能够得到什么？正所谓我们要具备三种能力：放弃必须放弃的；追求可以追求的；有辨别这两种事物的智慧。人不能现实地选择，癞蛤蟆硬要吃天鹅肉，坚持就可能会变成偏执，勇气可能会变成神经。

此外，人需要做出道德的选择。自由选择的本意是张扬人的能动性，鼓励人不断通过重新选择，完成对自我的超越，对未来的建构，对无限可能性的接近。但这绝不意味着“自由选择”＝“想干什么就干什么”。从本能的角度上说，人总是会做出对自己有利的选择，但是在做出这些选择之前，作为社会性的人，还要想一想：如果人人都像我这样选择，世界会变成什么样子？如果人人都献出一点爱，世界将会变成美好的人间；如果人人都做损人利己，甚至损人不利己之事，世界终将越来越糟糕。因此，我们要张扬那些利己不损人，以及利己又利他的选择，这两种选择，都可谓道德的选择。

最后，人要对自己的选择负责任。英雄是自己让自己成为英雄，狗熊是自己让自己变成狗熊；清官是自己选择了清廉，贪官是自己走向了腐败；乔丹是自己渴望成为乔丹。如果你是成功者，其实最应该感谢的是你自己。如果你是生活不如意者，请不要不问青红皂白地声讨社会的不公。就是说，每一种选择所带来的结果，必须由选择者自己来承担。只要人人都有此念，我们自然就会做出既现实又道德的选择。

一个人，最终成为一个什么样的人，取决于他每一年、每一月、每一天、每一时所做出的选择。所以，我们要敬重选择、珍惜选择、勇敢而又理性地选择。十年前，我做出了自由而又现实的选择：在大学里教书育人，并且以教学为主，科研为次。这样的选择也造就了我今天的生活状态：以买书、淘书、读书、编书、写书、教书为日常生活。这样的生活简单、有序、平静、充实，幸福指数五颗星。我感激自己当年的选择，而我今天的选择也将造就我未来的生活，我相信我的未来不是梦，就算只是个“梦”，我也绝不怪罪于他人。

目录

第一编　名师的足迹

第二编　教育的理念

第三编　教师的修养

第四编　大学的疼痛

第一编　名师的足迹

教师才是最好的教材

虽然我的高考已经是超水平发挥了，但依然没有考出理想的分数。因此，1996 年 9 月，我被“调剂”到千里之外的长沙电力学院中文系。

并不时尚的“中文系”并不是我的最爱，非常陌生的“长沙电力学院”更不是我的首选。但我并没有太多的失落和失望，对当时的我而言，能够读大学就已心满意足了，至于读什么专业，什么学校，我并不是太在乎。

退一万步说，就算中文系和长沙电力学院都不是我的第一志愿，可那又能怎样？回顾四年的求学生活，我可以很确定、很自豪、很幸福地说：“我上错花轿却嫁对了郎！”

时至今日，要问长沙电力学院中文系最让我受益、最让我感恩、最让我留恋的是什么地方，我会毫不犹豫地回答：是它的老师。

自 2002 年研究生毕业留校任教后，我之所以对教学投入非常多的心思、精力和时间，并且成为一名主流评价体制中颇为“另类”的教学专家，同我在大学里接受的熏陶是有密切关系的。

长沙电力学院中文系，它的名字是如此低调、简朴和神秘，但在里面真正读了四年书以后，就会知道，其实它卧虎藏龙、名师云集和底蕴深厚。至少从讲课态度和讲课水平来看，它的很多老师绝对是世界一流的（“世界一流”并不是笔误，更不是夸大其词，而是一种实事求是的判断）。

在这里，我想简略回忆一下李维鼎先生、成松柳先生、夏先培先生、江龙老先生和钟友循先生的教书育人，借此向他们表达由衷的感激和敬佩！

李维鼎先生是我的“中学语文教学法”课老师，他的讲课有三个显著的特点：

一是案例丰富、生动和经典。他教我们如何教中学语文，有一个一般大学老师没有的优势：二十年丰富且高水平的中学语文教学经验＋十几年丰富且高水准的大学教学经验，两者的结合完美地诠释了何谓“理论与实践相结合”。

二是富有生活气息。为了讲“熏陶”一词，他联系湘西腊肉详细的制作过程。那种黑乎乎看起来有些可怕的肉，经他描述一番，全班同学居然都流下了口水。这正是印了那句话：“拳头可以打碎人的骨头，但语言可以穿越人的灵魂。”

三是很有欧美范——他的讲课，除了有声语言无比动人之外，无声的表情语言和肢体语言也令人陶醉。我记得他讲自己的母亲时潸然泪下，他讲某首诗歌中的某个词的精确性时（遗憾，忘记究竟是哪个词了），将一张白纸啪的一声贴在黑板上作为演示，全班哄堂大笑。

总之，李维鼎先生该严肃的时候严肃、该庄重的时候庄重、该潇洒的时候潇洒、该幽默的时候幽默、该夸张的时候夸张，就是传说中的“男神＋男神经”，故他上课从不点名，但班上最厌恶中文、最厌恶听课的同学，也会一堂不落地全程听完。他的讲课称得上是一门艺术，试想有谁会拒绝欣赏不花钱的艺术？

成松柳先生是我的“古代文学”课老师。给我们上课时，他正值壮年，学问的积淀已经很厚重，加上精力充沛，激情满怀，更加容易感染学生。他的讲课最大的特点有两个：

一是语言非常的哲学。他讲的三句话中至少有一句可以称之为“成松柳语录”，充分体现了思想的魅力，将我们迷得一愣一愣的，比如他说一个学生比老师成功才是老师最大的成功，立刻赢得热烈的掌声。尤其是他对很多问题的深入分析，都是我闻所未闻的，让我充分感受到大学老师和中学老师的差别。可惜，我上课不喜欢记笔记，所以当时虽然听得震撼，如今却记不得细节了，不然整理出一个完整版的“成松柳课堂语录”，那定是能够广为流传的。

二是声音非常磁性。他那标准的男中音，低沉而略显沧桑，不亚于《舌尖上的中国》的画外音，性感得一塌糊涂，我们听起来自然像欣赏美妙的音乐一样，非常地享受。后来我做大学老师了，将成先生的这条经验总结为“再好的戏，没有声音也出不来”，在不同的场合广而告之，广大的青年老师们也深以为然，却又感叹模仿不了。

有一次，在电院那个老足球场上，我和班上最美的女生聊天，她说，成先生的学识和声音让他男人魅力十足，希望将来找一个男朋友像他那样。从此以后，我立志成为第二个成先生。今天的我，由于资质有限的缘故，并没有成为第二个成先生，但不知道那位班花有没有找到心目中的成先生。

在课堂之外，成先生对学生也非常“仗义”。我读研究生一年级时，他在《湖南社会科学》做兼职编辑，我寄过去一篇写得很一般的习作《田汉与俄苏文学》，成先生很快就给我发表了，这篇文章后来成为我研究生提前毕业的主要“资本”。由此可见，成先生对学生的好，是不分课堂之内和课堂之外的，这促使我意识到完整和完善的大学教学，理应是课堂讲课和课外教学的统一与融合。

夏先培先生是我的“古代汉语”课老师。在上课铃声响起之前，他先站在讲台上用犀利的目光扫射教室三圈，然后很严肃地问：“谁怎么还没来?”话音未落，那个“谁”从后门猫着腰迅速跑到座位上。夏先生断喝：“出去，从前门喊报告进来，下课后再给你的迟到一个合理的解释。”刚开始，大家对夏先生的做法颇有微词，觉得他太古板，太不近人情，尤其是他不仅要我们背古文，而且还要我们背得像朗读一样熟练时，我们更觉得他有些“变态”。但一个月之后，我们就已经习惯了；两个月之后，我们就很享受这种被“折磨”的感觉了；一个学期下来后，我们个个觉得记忆力大增，文人的气质也提升了不少；十几年之后，我们就非常地怀念了。

夏先生的严格之所以逐渐获得我们的理解和敬重，除了他不厌其烦地坚持之外，还有一个重要原因：他要求我们做到的，自己不仅做到了，而且做得更好，比如他要求我们背古文，就自己先背；不仅背，还“倒背”；不仅“倒背”，还“倒背如流”。他分析《庖丁解牛》，不仅字、词和句讲得清晰和透彻，而且对整篇课文的艺术精神分析得很到位，至今我还记得他说的：“《庖丁解牛》的最后一句话据说是‘牛轰然倒地而不知其死也’”。我们也笑得轰然倒地了。而且他还说，庖丁其实代表着一种职业精神，一种将最枯燥、最无趣、最卑微的工作做成极致，做成艺术，做成兴趣，做成享受的精神。我觉得他分析的不是庖丁，而是在描绘自己对大学教师这个职业发自内心的敬畏和热爱。

江龙先生是我的“外国文学”课老师。江龙是一个很阳刚的名字，但本人其实是一位很温婉、很优雅、很美丽的女士，是当时中文系为数不多的女教授。教我们时，江老师刚从长沙大学调过来，立刻用无可挑剔的普通话给我们带来了一种清新的、知性的，但又绝不空洞、枯燥的教风。加上她讲的古希腊神话、荷马史诗、莎士比亚、海明威以及这些作家身上传递的人文精神让我们耳目一新，所以，在同学们的心目中，江老师就是讲台上的女神。我后来报考比较文学与世界文学研究生，同江老师魅力无限的讲课是有必然联系的。当然，从考研、读研以及到参加工作，江老师给我的帮助更是三言两语说不完的。

钟友循先生是我的“现当代文学”课老师。钟老师是当年湖南省的文科状元，北京大学中文系的高材生。他读了很多书，写了很多文章，出了很多书，不为报政府的课题、不为获政府的奖励，只为讲课有内容、有思想。钟先生讲课，正是传说中的滔滔不绝、口若悬河，不仅非常地文学，而且非常地哲学，一听就是有真才实学的，绝无半点花架子。我今天给研究生上第一堂课，将学者分为“才情型”、“勤奋型”和“功力型”，正是照搬当年钟先生在课堂上的说法。在我的记忆中，他还像很多老北大的名师们一样，是一个很纯粹、很真诚的人，发自内心地热爱学术，热爱教学、热爱学生。所以，通过他，我也和老北大的精神发生了半毛钱的关系。

很多年过去了，中文系教过我的很多老师都退休或即将退休了。他们在课堂上讲的话，绝大多数我都忘记了。但是，他们的执着、他们的善良、他们的气质和他们的精神，我是永远不会忘记的，并且或多或少，在湘潭大学的课堂上，我会继续传承着他们的执着、他们的善良、他们的气质和他们的精神。

从这个角度上看，教师才是最好的教材，学生在心里深处，时时刻刻在阅读、感受和学习着这部教材。这部教材用什么样的态度写，用什么样的目的写，用什么样的方式写，写得如何，对学生的成长要远比一所大学位于何地、排名多少和大楼有多高更为重要。

张铁夫先生的人格魅力

大学三年级上学期，我决定报考外国文学专业的研究生。因为讲授外国文学的江龙教授为我们展示了一个完全不同的文学世界。江教授是一位中年女士，她分析安娜·卡列尼娜悲剧命运的时候，我们班有些多愁善感的女生流下了共鸣的热泪。外国文学如此充满魅力，选择它作为考研的目标，对我而言，自是情理之中的事情。

我到校图书馆查遍了各种考研目录，始终没有发现“外国文学”这一栏，倒是“比较文学与世界文学”比较频繁地出现。“世界文学”应该包括了“外国文学”，我很“聪明”而肯定地猜测。既然这样，就考“比较文学与世界文学”吧。但“比较文学”究竟是什么，我其实并不清楚。

我有个颇具写作才华的学弟，那一年（1999 年），他参加长沙市几所高校联合组织的写作大赛，获了个奖，然后去长沙铁道学院（现在的中南大学铁道校区）接受颁奖。因为听闻我要报考“比较文学”，回来后，他特意跟我提到，在颁奖嘉宾中，有一位年轻有为、气度不凡的教授叫何云波，是专门研究比较文学的。他还向何云波教授请教什么是比较文学，何教授说他也说不准。我估计不是何云波教授说不准，而是说准了，我那位学弟未能理解。

我还没有搞清楚什么是“比较文学”，就毅然决定报考了。考哪所学校呢？我并不能一下子确定。于是我给中山大学、上海师范大学、北京师范大学和湘潭大学等高校的研究生招生办公室去信咨询相关信息，湘潭大学是唯一回信的单位，而且速度很快，随信还免费寄了份以往的试卷。湘潭大学这么友好和热情，那就考湘潭大学吧。

因为时间比较充分，加上把考研看成一件很重要的事情，所以，我很虔诚地做着准备工作。从古希腊到后现代主义，遵照《外国文学史》提供的线索，我按图索骥地阅读作品，还在江龙教授的指点下，寻找相关的论文来临摹学习。在翻阅各种学术刊物的过程中，发现"曾艳兵"的名字出镜率很高。这该是位女教授吧？怎么这么厉害！

准备考试的过程中，我给张铁夫先生写过几封信，在表达一番志向后，便转入正题：向先生咨询一些鸡毛蒜皮的事情，比如要考哪些科目，该如何购买参考书，我应该具备哪些能力才能从事"比较文学"研究等。那个时候，我通过媒体，已经隐约获悉先生是国内外知名学者和学术大家，所以，并不敢奢望他能给素不相识的我回答这些功利目的明显、毫无学术水准的问题。没想到，先生很快回信了，很耐心、很详细地解答了我的诸多疑问。这无疑给了我很多动力，一种真正精神意义上的支持。

2000 年 4 月份，考研分数出来了。完全出乎我的意料，这是我读书生涯中考得最好的一次考试。大概是 6 月份，我的母校长沙电力学院（现长沙理工大学）中文系邀请张铁夫先生来做一次学术讲座，这是我第一次，应该说，也是提前见到了未来的导师。在讲座上，先生为我们倾情解说普希金，一位我听说过，但不是很了解的俄罗斯诗人。讲座很风趣幽默，尤其是先生朗诵他自己翻译的《致凯恩》，优美的诗句打动了在场的每一位听众。在听众的一再要求下，先生又用标准的俄语朗诵了一遍，让几百中国读者仿佛回到了一百多年前的俄罗斯，聆听普希金自己的吟诵。

离考研已经过去了很多年，但我相信，在以后的任何一年岁月里，湘大"研招办"的免费试卷、先生那些真切的回信以及先生朗诵诗歌的场景，都会是我生命中最温馨的回忆。也许用"温馨"这个词有些肉麻，但这是事实，我必须尊重事实。正是因为这些温馨的往事，才让我觉得选择考研是比较值得的，选择学术是有价值的。尽管直到今天，我也没有真正明白"学术"到底是怎么一回事情，甚至怀疑过，在这个乌托邦严重缺乏的年代，知识是否正屈服于权力，学术是否正沦落为养家糊口、谋取功名的工具？但因为有先生的身教言传，所以我才相信，一个真正热爱学术的人原来可以生活得如此优雅和纯净。

2000 年 9 月，带着对未来生活的期待，我来到了湘潭大学。三年的生活怎样过，其实谁也无法精确地预测，只能是走完这一步，计划下一步。研究生一年级上学期期末，学校的《湘潭大学学报·研究生论丛》征文，我把本科毕业论文修改一下上交了，没想到编委季水河先生接纳了。这多少出乎我的意料，自然也增加了我继续撰写论文的信心。

读研究生期间，在先生的督促下，我撰写了研究生期间的第一篇“学术论文”——《左联湖南作家与俄苏文学》，文章从构思到完稿，共用了四个月时间。稿子出来后，自然要送交先生审查。当时的心情该怎样形容？试想，一个乳臭未干的美国少年，要在迈克·乔丹面前展示一下自己打篮球的技术，然后等待偶像的评价，他该是怎样的不安，又是怎样的期待？

先生说：“写得不错，我给你推荐到《湘潭大学学报》发表，你看怎么样？”我还能说什么呢？乔丹对那个美国少年说，你篮球打得还可以，我举荐你到公牛队试训，你看怎么样。那个美国少年除了高兴，回去后苦练球技，还能做什么呢？也许，起初他并没有想过此生一定要走打篮球这条路的，但现在，他对篮球之路显然充满信心和渴望了。

先生的观点是，要多读书，还要多练笔，写文章不仅是“薄发”的表现，也是“厚积”的一个重要环节，所以，有想法就要写出来，发不发表是一回事情，写不写出来是另一回事情。“你的师兄曾艳兵、何云波、曾思艺，当年他们就是这样做的，所以你也要多写。”

曾艳兵、何云波、曾思艺，这些耳熟能详的名字，没想到都是先生的嫡传弟子。最具诗人气质，纯朴率真的曾思艺教授现任教于天津师范大学；灵气过人，学术和生活都很洒脱的何云波教授现任教于湘潭大学；而曾被我猜测为女士的曾艳兵教授，实际上是一位高大英俊的男士，现任教于天津师范大学。这三位活跃于当今学界第一线的教授，有着一个共同的美好回忆：他们的第一篇学术论文都是张铁夫先生推荐发表的。曾艳兵教授现在是我的博士生导师，每当回忆起自己的研究生岁月，他总是充满深情地提到，自己的第一篇论文是张先生推荐发表在《外国文学欣赏》的。虽然他今天已经成为知名的学者，在国内最权威的期刊上发表文章也是信手拈来，但第一篇论文在他心目中的地位却是无法取代的。何云波和曾思艺两位师兄，今天都已经成为我国学界的翘楚，他们读研究生期间的学术处女作都是经张先生指导、推荐发表的。

先生 20 世纪 80 年代末期招收的几届研究生绝大多数都走上了学术道路，并且取得了成功，成为我国学界的中坚力量。也许他们当中的很多人当初并没有一定要做学术的打算，但因为第一篇论文的及时发表，获得了巨大的成就感和自信心，所以，能够很快在外国文学研究领域取得不俗的成就。而在当今中国比较文学与外国文学界，“张家军”的学术成就，尤其是纯净的学术品格是自成一家、有口皆碑的，这显然同先生多年来潜移默化的培养和无私的呵护是分不开的。

20 世纪 90 年代后期，先生又招收了我们这几届二十刚出头的年轻人。在先生的鞭策之下，我们都敢于写文章。而先生则不遗余力地帮我们推荐发表。虽然我们天赋有限，但读研究生期间，都或多或少有了一些“学术成果”。这也为我们能够留在高校工作，继续从事学术研究打下了很好的基础。

张铁夫先生的教育理念

在40多年教书育人的过程中，张铁夫先生形成了自己的教育理念，归纳起来，主要体现为四点：

一是“多研究问题，少谈些主义”。先生认为，“主义”需要去谈，但是基础是研究问题。如果离开具体的问题研究，醉心于构建庞大的学术体系和理论学派，那么，学术研究就会变成空洞的语言游戏。对于外国文学研究而言，作家作品研究是一项最基础，也是最重要的工作，虽然国内也有些学者专门从事纯理论译介和构建，并且成果丰厚，但这不是我们学习的目标。我们的学术出发点在于：个体的能力有限，人的学术生命更是短暂，在有限的时间和能力范围中，不能奢望脱离具体问题，专心建构一个宏大的学术体系，而是要结合自己的专长，选择好一个相对稳定的领域，踏踏实实、勤勤恳恳地劳作。张先生自己几十年如一日，专攻普希金研究，在新世纪之初，更是集中推出了“普希金研究三部曲”，把我国的“普希金学”推向了一个全新的高度。在他的熏陶下，曾思艺教授成为我国丘特切夫研究“第一人”，何云波教授成为我国第一流的陀思妥耶夫斯基研究专家，曾艳兵先生则成为我国卡夫卡研究领域的佼佼者。他们在“吃透”一个作家的基础上，又把思考的触角延伸到俄罗斯文学或者现代派文学，在理论建构上也取得了不俗的成就。如曾艳兵先生，因为有坚实的作家作品研究基石，他的现代派和后现代派文学研究无论是深度还是广度，都在国内取得了领先地位。

二是在理想和现实之间寻求平衡，做一个懂得生活的知识分子。在现实的中国社会，要做一个纯粹的知识分子并不容易。尤其是作为体制之内的高校学者，必须拿出50%以上的精力和时间来对付学术之外的事情。先生总是以一个长者的睿智和宽厚，教导自己的弟子要用一种超脱的心态面对现实的无奈。面对中国高校的游戏规则，完全忽略它，其实寸步难行；但完全顺应它，对知识分子来说，也是一种痛苦。做人难，做高校的老师当然也不容易，因为我们既需要做好老师的本职工作——教书育人，还需要做一名有品格的学者，同时也需要扮演好世俗生活中的各种角色，这三者之间有时候是相互矛盾的。在国内目前的学术环境中，不食人间烟火、蔑视体制固然可以显示崇高，但这种可以“拯救”社会却“拯救”不了自己的做法事实上会制约你成为一名好老师，也阻碍着你扮演好世俗生活中的角色，如丈夫、父亲和儿子。当然，这并不意味着我们要放弃坚守学者必要的良知，为了世俗的目标，不择手段，完全向漏洞百出的体制屈服；而是说，我们要在两者之间寻求一种平衡。毕竟我们不是尼采那样的哲学家，可以完全超越现实；我们只是普通人，部分地尊重体制是为了生活，而超越体制是为了实现自己作为学者的理想。

曾思艺教授总爱谈到自己的一段人生经历。在邵阳师范专科学校工作期间，他出于个人广泛的兴趣，有一段时间把丘特切夫遗忘到一边，专门撰写和发表研究古典文学的论文。当先生得知这一情况后，他敦促曾思艺立刻回到外国文学领域，继续从事丘特切夫研究。先生认为，从长远的角度看，深厚的古典文学修养自然有助于学术研究达到一个更高的高度，但是作为一名外国文学老师和学者，外国文学才是本行，尤其是在外国文学研究和丘特切夫研究刚刚起步阶段，舍弃自己的专长而转入他人的领地，多少有些扬短避长，不合时宜。曾思艺及时听取了意见，继续回到丘特切夫和俄罗斯文学研究领域，用自己的勤奋和悟性把中国的丘特切夫研究带到了一个崭新的高度。后来，曾思艺在30多岁便成为教授，40刚出头又成为博士生导师。在体制之内获取高度认可后，曾思艺教授终于进入了一种比较自由的境界，可以做他喜欢做的事情了：创作爱情诗歌，写研究古典文学的论文。而这种生活状态想必又会把他的丘特切夫研究推向一个更高的境界。

何云波教授被公认为学界最潇洒的学者之一。不过，他的洒脱也有个坚实的基础，那就是在体制之内也获得了成功。何云波教授 33 岁便成为当时湖南省最年轻的教授，而这种现实化的成功让他有更多的信心和时间思考他渴望思考的问题，也让他有更多的条件去实现他作为一名知识分子的社会抱负和理想。

三是在具体教育教学手段上，先生真正做到“因材施教”，根据学生的专长开展教育与培养，力争扬长补短。何云波在他的多本著作的后记中提到，张先生把他引入外国文学的土地上，然后任由他“疯跑”。其中的缘由，张先生在课堂上多次提到，他说何云波很有灵气和才气，不应该用条条框框限制他。同时，先生一向主张和坚持“授之以鱼不若授之以渔”，他更多地把自己研究的心得尤其是方法教给学生。而学生对学术方法及时领悟的前提是自己能够多写和多读。先生开设了“普希金研究”课，在他的宏观构想和具体指导下，很多研究生撰写的作业论文发表在《俄罗斯文艺》、《四川外语学院学报》、《湘潭大学学报》等期刊上。孔子的“述而不作”固然是学术的一种境界，但未必符合年轻人渴望认同的心理。人只要付出努力，都需要得到一定的肯定，获得一定的成就感。如果一个人长期做一件事情，却没有人关注和承认，想必他不会坚持很久。张先生很懂得人的普遍心理，因此，他不是用空洞的语言教导学生喜爱学术，而是让每个人参与到学术问题的思考和表达之中，并且把自己的表达及时地发表出来，这样可以从中获取信心和成就感，从而渐渐地步入学术之路。

四是把完善人格、塑造绅士气度作为终极的培养目标。先生固然重视知识的传授和方法论的训练，但在进行具体学术教育的同时，他更注重学生人生理想的引导与心理能力的培养，使学生在求学期间达到智商和情商、学术和为人的协调，真正做到教书与育人的统一。先生认为，学术不仅是一种职业或者事业，学术也应该是一种生活态度。在日常生活中，先生凡事无论大小，总是严谨认真，实事求是。在他的面前，学生们既感受到学业的压力，更领会到严师的厚望与鼓励。同时，先生的包容、宽厚和慈爱体现出真正的外国文学和比较文学精神。歌德借助浮士德之口说：“理论是灰色的，生命之树常青。”先生用他光明磊落、大爱无私的生命实践引导着每个学生如何做一个知行合一、洒脱自然的绅士。

季水河教授的励志人生

2012年第一批国家精品视频公开课建设课程名单出炉，湘潭大学推选的《审美与人生》榜上有名。这是季水河教授近年来斩获的又一项“国字号”教学荣誉。此前，他已经荣获“全国优秀教师”（2004）、“宝钢优秀教师”（2006）和“第五届全国高等学校教学名师”（2009）等称号，并且主持了国家精品课程“比较文学”（2007）……毫无疑问，这位比较文学名家同时又是一位桃李满天下的教育专家和教学名师。

“我的起点并不高”，面对今天所抵达的高度，季水河教授坦言，“我的第一份工作只是小学老师。”的确，在我们这一代人看来，季水河教授的经历似乎有些“传奇”色彩。因为这份“传奇”，我们觉得他的成功如同一部荡气回肠的励志大片，发人深省、催人奋进。

1954年，季水河出生于四川省邻水县的一个农民家庭。12岁时参加小学升初中考试，由于天资聪颖，学习得法，他从100多位考生中脱颖而出，和其他7位同学一起考取了县里的重点中学。初中毕业时，他踌躇满志，不料“文革”不期而至，高中和大学都已经停招，他只好回到农村。

多变的时代和季水河开了一个玩笑。好在不久后上帝又给他打开了一扇窗：1972年，公社招收一批民办教师，他小学时期的教导主任一直很欣赏他，便大力举荐。就这样，他成了一名小学老师。由于教学业绩突出，引起了“上面”的重视，1975 年，他又被上调到公社中学，担任中学老师。“回顾自己的教育生涯，我惊奇地发现，除幼儿园外，小学、中学、大学、硕士和博士我都教过，这样‘圆满’的体验恐怕是可遇不可求的。”季水河教授自豪而幽默地说。

也就是在这一年，季水河看了一部叫《决裂》的电影。电影中有一个“反面”人物——一位专门研究马的大学老师。这位老师戴着一副眼镜，在课堂上讲马尾巴的功能，有一个学生站起来批评他，说我们养的是猪和牛，你怎么能讲马呢？虽然这位老师是作为被批判的对象出现的，但是他翩翩的风度和优雅的气质深深地印入了季水河的脑海。

1977 年，尽管已在中学讲坛得心应手，小有名气，但梦想做大学老师的季水河还是告别了这种安逸的生活，考入大学中文系深造。虽然这所大学并非名牌也不是重点，但无疑给了季水河一片更广阔的天地。在学习成绩好之外，他还主编了各类校园报刊，更是坚持写作和投稿……由于有一个踏实的过程，很多美好的结果也就顺其自然地来了，比如四川省优秀大学毕业生。当然，最让他感到激动和幸福的结果无疑是：在高校任教。

“要想成为一位优秀的大学老师，应该有一定的天赋，但后天的努力更重要。”季水河教授如是说。在他当大学老师最初的几年，国家的经济条件不好，个人更是缺钱。他每月 53 元，他夫人每月 47 元。他的很多同事去电大、成教上课，一个星期可以挣到他半年的工资，但他丝毫不为所动，在完成计划内的教学任务后，便“宅”在家里看书和写作。

更让同事们难以理解的是，季水河不仅不热衷挣钱，还热衷“花钱”——比如每年用上百块钱来买书，还在业余时间去读研究生班。从 1982 年到 1993 年间，季水河一边当老师，一边当学生，先后在中国人民大学和武汉大学进修文艺学研究生课程。在求学期间，他一如既往地认真和刻苦：要么在图书馆，要么走在去图书馆的路上。而他休息的方式就是逛书店。他经常从人民大学坐 332 路公交车到北京动物园，再转坐 103 路公交车到王府井书店，一逛便是一天。在人大的一年时间中，他没有买一件新衣服，倒是买了四大箱子书。

经过近十年的蛰伏，季水河终于迎来了自己学术生涯的第一个高峰：1983 年，他开始在老牌学术期刊《学术月刊》上发表论文；1987 年，他开始在最权威的《文学评论》上发表论文；1992 年，他出版了成名作《美学理论纲要》，美学泰斗蒋孔阳亲自作序，并誉之为“一部具有自己独特研究和独特看法的专著”。此外，他还在《四川大学学报》、《探索》、《文艺理论与批评》等期刊发表论文多篇。

“我最初发表的很多论文其实来自于读研究生的课程作业或者上课前写的讲义。”季水河教授将他的经验和盘托出，并借此提出了谆谆教诲：“研究生平时做课程论文，不要东拼西凑，更不要通篇抄袭，那样对自己没有好处；青年老师要带着研究的思维备课，不能照本宣科，要有新东西、新观点和新视野，这是做一个好的大学老师的基本条件。”

凭借着丰富且高水平的学术成果和教学成果，1993 年，季水河被湘潭大学作为优秀人才引进。弹指一挥间，到湘大 20 多年了，在 20 多年间，他依然是最勤奋、最辛劳、最投入的人之一。天道酬勤，他又发表了百余篇高质量的论文，出版了十多部高水平的专著，主持了包括重点项目在内的国家社会科学基金三项。他也因此先后被推选为湖南省比较文学与世界文学学会会长、教育部中文学科教学指导委员会委员、湖南省社科联副主席、国家社会科学基金评审专家、湖南省优秀社会科学专家、两个国家一级学会的副会长、湘潭大学比较文学与世界文学博士点负责人。此外他还培养了一大批优秀的本科生、硕士生和博士生……当年那个“宅”在房中埋头苦学的青年教师，已经悄然间迈进比较文学大家和教学名师的行列……在这个各种“二代”横行，进取精神普遍缺乏的时代，季水河的成功之路更加迸发出“励志”的光辉。首先，人生能够走多远，起点并不重要。“很遗憾，我没有读过正规的研究生。”季水河常常自谦地说。其次，目标坚定而执着是成功的必要条件。“这一辈子，除了学术和教学，基本没有想过其他事情。”季水河教授不无“遗憾”地透露。再次，努力，努力，再努力。“一个人不仅在青年时期要有浮士德精神，在事业有所成就后，同样不能懈怠，更不能安于钓鱼、打麻将的享乐之中。像我的大部分成果，包括三个国家社科基金都是在评上教授后获得的。”季水河教授“爆料”道。最后，人生中时刻需要树立一些比较长远的目标。“人应该追求一些更理想化的东西，这样世俗的成功也会水到渠成。比如学者要能为学术而学术，这看起来有些脱离现实，但正像印度电影《三傻大闹宝莱坞》所揭示的那样：‘追求卓越，成功就会不请自来’。”季水河教授很坚定地说。

每一位观看过《幸福突然来敲门》的人应该懂得，这部电影最终要传达的主旨是：幸福从来不会突然来敲门。那些坚持自己的梦想，一步一个脚印，踏踏实实走自己人生之路的人，必然会听到幸福的敲门声。而季水河教授及他们这一代成功者的生命经历和生命态度，无疑再次印证了这样的主旨。

曹顺庆教授二三事

1998年，我提前两年备考“比较文学与世界文学”的研究生，用了一个学期，将张铁夫先生主编的《新编比较文学教程》（湖南教育出版社1997年版）背得“滚瓜烂熟”，发现时间尚早，便开始有意识地看与比较文学有关的“课外书”了。

从长沙电力学院中文系资料室的一个旮旯里，我找到一本《中西比较诗学》(北京出版社1988年版)。作者的名字既亲切又大气：“曹顺庆”。怀着试一试的心情，我翻开了第一页，几秒钟之后，便做出借出去细读的决定。

我其实是个典型的“文字控”，尽管我自己的文字并不潇洒，但不管读作品还是读理论，首先是看它的文字是否风骚，是否对胃口。必须要承认，只因为在书架上多看了《中西比较诗学》一眼，就再也无法忘记“她的容颜”。我第一次发现，原来研究古代的书可以写得如此现代；研究外国的书可以写得如此中国；研究含混问题的书可以写得如此清晰；研究抽象理论的书可以写得如此生动。

这部书，我一边读，一边记笔记，差不多用一天的时间，就读完了第一遍。它也就此成为我此后读理论书的一个标准：用简约的文字解释复杂的问题，用读者喜欢的文字写读者想知道的道理。正是带着这样的“期待视野”，我后来读完了曹老师几乎所有的论文和专著，还“爱屋及乌”，顺带着读完了具有相通风格的孙绍振、王向远、李建军、徐岱、易中天、曾艳兵、陈平原、何云波等人的大部分专著。

再后来，模仿曹老师的写作方式，成为我的必修课之一。只不过，我不知道何时才能像先生那样，说理可以说到读者的心坎里去，读者自己还浑然不觉，依然沉浸在美文的快感和美感之中。不过，时至今日，也偶尔有人说我的文字看起来不那么晦涩学究，这要感谢曹老师的《中西比较诗学》，在学术表达上，一开始就给我树立了一个正确的方向。

我出生在一个偏远的农村，加上自身的资质有限，因此小学、初中、高中、大学，我读的都是“非重点”。后来研究生好歹读了一个全国重点大学——湘潭大学，便极为珍惜。毕业后居然留校任教，更是得意洋洋了很久。但其实我的内心一直有一个遗憾：怎么“这辈子”没有求学名牌大学的经历呢？

带着这样的虚荣心——当然不仅仅是因为虚荣心，我便极想去一所名校做个博士后，感受一下名校的氛围。当时我虽然不太清楚如何申请做博士后，但有一点还是很明白的：不管去哪里做，总得有人“要”才行。怀着一颗忐忑之心，我给一些可能招收博士后的名校名师去信咨询，有的石沉大海，有的虽然得到了回音，却不是好消息——暂无名额，有机会再说。正感到“名校梦”将要破灭的时候，却意外地收到曹顺庆先生的回复，虽然简短，却令人振奋：“可以，欢迎。”

就这样，我几乎“毫不费力”地来到了四川大学。

到川大报道的那一天，我感觉到了久违的激动。不管怎么说，这么快就能了却一桩心愿，到川大这样的名校接受熏陶，而且是在仰慕已久的名师门下学习，真是上辈子做好事换来的福分。等自己老了的时候，也可以和孙子吹牛：“爷爷曾在四川大学读过书，在一代宗师那里做过弟子。”

在川大的岁月里，我真真切切地体味了“安逸”的内涵和价值。普希金不是说，现代人总是“急匆匆地生活，来不及感受”吗？那他一定是没有来过成都。假如他品评过成都的小酒，回味过成都的冒菜、米线、钵钵鸡、麻辣烫、串串香，在成都的公园、小巷、花乡静静地坐过，发呆过，那么，一定会感叹：这才是真正的生活！

正是在这样的生活中，蕴含着纯真的学术。学术就像恋爱一样，是急不来的。所以说，成都是一个适合恋爱的城市，也是一个适合读书和写作的城市。或许，正是在这样的氛围中，曹顺庆先生才能带着弟子们，数十年如一日，诵读着古人那些深奥的经典，在一个急躁得不行的时代，营造和坚守着学术的清苦、寂寞和安静。

因此说，只要听一回曹老师的“元典选读”课，就算没有白来川大一遭。

曹老师当然是一个儒雅的人。但太儒雅的人，多会可敬有余，可爱不足。好在曹老师还是一个极富幽默感的人。我一直觉得男人有两件性感的武器，一是络腮胡，二是幽默感。曹老师是没有络腮胡的，但是有幽默感，所以他很性感，因为这种性感，所以又显得感性。

就是说，曹老师是可敬的，也是可爱的。

在川大，我跟着博士生和硕士生们，一起听曹老师的“中国古代文论”课。他是把古人的思想给吃透了，所以才能用很通俗、很生活、很风趣的语言，像庖丁解牛一样，将古人的书解析得一片通透。

深入浅出、雅俗共赏、寓教于乐、赏心悦目，这是曹老师讲课的风格。可以说，他既是一个精通研究的大学者，又是一个善于传播的讲授者，听他的讲课和读他的文章，感觉是一样美妙的。

在众多的讲课技艺中，曹老师是比较偏爱“幽默”的。因为幽默，他的课堂上不时飘扬着发自内心的笑声。这给原本枯燥、繁复、艰涩的学术研究增添了许多快乐的气息、生活的气息和时代的气息。

后来，在《我们该如何走上大学讲台？——青年教师提高讲课能力的途径与方法研究》(湘潭大学出版社 2013 年）一书中，我还将曹老师上课时的一个幽默片段当作典型案例，向其他大学老师隆重推荐：“曹顺庆老师在讲《庄子·至乐》的时候，模仿骷髅皱眉的样子，极具喜感，让我一下子记住了这篇古文。”

正是在轻松快乐的幽默语言中，我获得了诸多“严肃”的教益。比如说，他的课堂从头到尾贯穿着一个理念：老师要讲授元典，学生要感受元典，离元典越近，不见得会有自己的创建，但拥有自己创建的机会会更多。

在潜移默化之中，我也慢慢变成了“元典教学”的拥趸。2009 年 12 月的某天，我突然文思泉涌，用一个晚上，将自己的听课感受写了出来，这便是 5000 多字的《元典教学的价值与困境》，为曹老师的元典教学“添油加醋”。两个月后，这篇文章发表在《现代大学教育》2010 年第 2 期。2010 年 5 月，我以这篇文章为最核心的前期成果，申请到了一个教育学的国家社科基金，旨在通过这个课题，去探讨科研与教学的融合之路。

听曹老师的课，听出了一个国家课题，无意中适应了当今高校的评价体制。看来，曹老师的幽默不仅性感和感性，还非常有用和有效。

一眨眼，出站已经四年了。回湘潭大学工作以后，见到曹老师的机会减少了，但想念曹老师的机会却增加了。尼采说，当你离老师最远的时候，你才真正回到了老师那里。在想念曹老师的日子里，更加体味到这句话的分量。

为一位非名师扬名

刘炳延，1941 年出生，1983 年任教于湘潭大学，2002 年退休。

有一次，刘炳延老师发现一名女生没有来上课，感到很诧异，因为这个学生平时纪律性很强，学习也很刻苦自觉，成绩很好。在课间休息时，刘炳延老师了解到这个学生患了鼻窦癌，刚刚送去省肿瘤医院，但她家中很穷，无法负担沉重的医药费，同学们正在为其募捐。刘炳延老师立即从口袋中掏出 50 元(他爱人也因瘫痪住院治疗，手头实在紧张)，参与募捐。班上同学见了，硬是不肯收下，说："老师，师母长期生病，你很困难，我们在读书，也没有能力去医院帮助你护理。"刘炳延老师说："我的困难是小事，何况我还有工资收入，还有组织依靠，同学们的困难要比我大。你们午饭后出去募捐，我就不参加了，你们要特别注意安全。"

还有一次，一位担任学习委员的男同学，是浙江富阳农村人，全家生活靠父亲做泥水工支撑。他的父亲不幸发生车祸，当场身亡，母亲也身受重伤。消息传来，他痛不欲生，急匆匆赶回家中料理后事。返校后，他十分沮丧，打算退学回家，负起赡养母亲照顾妹妹的重担。这时，离大学毕业只有半年多时间。刘炳延老师知道后便找他谈心："遇到这样的困难谁都难办，既然灾难已经发生，就要面对现实，想办法战胜苦难。如果你要放弃这难得的学习机会，今后想弥补都难了，望你好好思考。至于学习上有什么困难，只要我能帮忙的，你只管讲，我会尽力而为的。”学生听后感动地说：“老师，我听您的，把最后一个学期坚持读完，只是在毕业论文写作上，我可能会因为分心写不好，您能耐心给我一些具体指导吗？”刘炳延老师肯定地说：“只要你相信我，不怕困难，不怕退稿修改，我愿意和你共同努力，把这篇论文写好。”后来，刘老师和这位学生各自信守诺言，终于写出了一篇优等的本科毕业论文。

在刘炳延老师的口述自传《师恩浩瀚》（武汉大学出版社 2013 年）中，我读到了很多这样生动感人的故事。刘老师是一名普普通通的教授，在大学任教 30 年，获得的最高级别荣誉就是“湘潭大学优秀班主任”，按照如今的标准，他的确算不上什么“名师”，以至于在读到这本书之前，我甚至不知道湘潭大学还有这样一位退休教师。

但是，这位“非名师”却是一位真正的好老师。他一辈子热爱教育事业，恪守教师的职业道德，在教书育人方面投入了全部的热情和心血，深受学生的爱戴。我知道，在现实中，像他这样做出了突出贡献却默默无名的大学教师还有很多。比起某些虚名显赫，荣誉等身却没干几件符合教师身份之事的“名师”们，刘炳延这样的老师才是大学真正的脊梁。

像父母一样的导师

有的导师表现出儒家气质，以及佛家悲天悯人的心怀和菩萨的心肠，他们对“一日为师，终身为父”有着特殊的情结，对“多年师徒成父子”有着特别的向往，因此，在自己的研究生求学期间，乃至毕业之后，他们会用很多时间、很多精力，尤其是很多情感的投入，将原本有些陌生和距离的师生关系升华成亲密无间、充满脉脉温情的家人关系。

北京大学法学院资深教授芮沐（1908—2011）是“慈父型导师”的代表之一。“老芮疼学生，比他自己的儿子还亲，”这是芮先生的夫人常挂在嘴边的一句话。芮先生从来不要学生为自己做事，却乐于为学生“打工”——这是典型的父亲对子女的心态。上世纪 80 年代，芮先生觉得经常去学生宿舍和学生交流还是不太方便，就自己出资 800 多元为学生装上电话。这在当时算得上一笔不小的开支，但先生却为“方便联络”而开心不已。1980 年 7 月 4 日，芮先生身患严重的肝病，住院多日仍不见好转，只好从北京地坛医院转到日坛医院，途中，他突然从担架上用手支起半边身躯，问前来探望的研究生程信和：“你的论文要定题了吧?”就在去医院的路上，带病的芮先生为学生定下了毕业论文的选题方向。1998 年夏，研究生张智勇博士毕业后留北大任教。暑假时，他在家乡举行了简单的婚礼。回到学校后的一天傍晚，有人敲门，张智勇开门一看，居然是芮先生和师母！在狭小的房间里，芮先生把一个精致的八音盒和一张写有祝福的贺卡送到张智勇手里，拍了拍他的肩膀，充满鼓励地说："现在的条件可能不如意，但却能激发你们刻苦努力、上进，美好的明天就在前面。"

北京大学医学教授严世英是"慈母型导师"的典型代表。她的博士生段得琬做博士课题的时候，和另一名研究生被派到美国联合培养。由于文化差异和双方兴趣点的不同，再加上她们年轻气盛，考虑事情不够周全，导致中美双方产生了误解，课题合作出现了危机，同伴另寻出路不辞而别，让独留异国他乡的段得琬形单影只无所适从，人生中第一次尝到了"走投无路"的滋味。段得琬拨通了国内严老师的电话，电话的另一端沉默了片刻，随后是令段得琬印象最为深刻的一句话——"回来吧，大家一起想办法把课题做下去……"电话那边忽然传来一股胜似慈母般的温柔，电话这边，段得琬压抑许久的泪水瞬间如泉涌般喷了出来！大洋彼岸街头的电话亭里，一个"泪人儿"似的姑娘就这样抱着听筒，慢慢地，身体颤抖着，蹲了下去。多年后，段得琬回忆这段鲜为人知的往事时依然泪水在眼眶里打转："那时的我，就像一个迷途的孩子，抓住了母亲温暖的手，一下子就有了家的感觉……"

一般而言，慈父慈母型导师有几个共通点：(1) 年龄较长，阅历丰富，各种个人得失早已经被岁月的风风雨雨冲淡。(2) 宽厚谦让，正直中和，淡泊名利，甘为人梯。(3) 既"问"又"管"，不仅关心学生的学业，还关心学生的生活，研究生无论是学术上还是生活上出现困难的时候，总会响起他们温暖的声音，出现他们慈爱的身影。(4) 从不占学生的"便宜"，只想着让学生多占自己的"便宜"，包括在经济上给予学生力所能及的援助。(5) 与研究生在一起的时间很长，乃至像传统的家庭一样，和研究生一起学习，一起生活，所以经常亲自下厨改善研究生的伙食成为他们的一个标志。(6) 注重细节育人、情感育人、品格育人。

人是有情感的，当导师们像慈父慈母一样爱着自己的研究生时，也能收获来自研究生们儿女般的情感回报。

逍遥派导师

上海师范大学教授萧功秦带研究生自有一套。他的研究生每两个星期一定要到他家里和他谈一次，每个人把这两个星期里面思考过程中产生的一些想法和大家分享。学生提出自己的想法，也会刺激他产生一些新的想法，他就会像谈话一样讲出自己的观点，其他研究生也一样，在他谈过之后也会讲出各自新的想法。

这种指导研究生的方式，萧功秦戏称为类似亚里士多德的“逍遥学派”，没有主题，看到星星谈星星，看到地上的草长出来就谈草，这样会不断磨砺思想并最终融会贯通。萧功秦说，他甚至对学生的论文都不太重视，但结果很有意思，他指导的研究生论文都是“优”。因为通过天长日久的熏陶，学生对学术产生了真正的感情，在三年里，有了这种感情，就会为研究真心付出，毕业论文的写作就变得很简单了。

无独有偶，北京大学的王瑶教授也属于逍遥派导师。根据钱理群的回忆，王瑶从来不给研究生上课，第一次见面就打招呼说：“你们平时没事不要来找我，一个星期只准去我家一次。”王瑶他的生活习惯是凌晨三四点睡觉，因此每天上午谁都不能上他家去，大概下午三四点钟，才开始接待来人。所以钱理群他们一般都是四点以后去的，坐在那里海阔天空地闲聊，想到什么就谈什么。其实很少谈学术，大多是谈政治，谈思想，谈文化，谈人生。王瑶先生一边抽烟，一边悠悠地说，谈到兴致处，就哈哈哈地发出王瑶式的笑声。有时会突然沉默，烟雾缭绕之中隐现出沉思的面容。钱理群他们只静静地听，偶尔插几句话，更多的时间里是随着先生沉思。所以王瑶的几个弟子都说自己是被王瑶的烟斗熏出来的。

王瑶指导研究生的方法，钱理群概括为“平时放任不管，关键时刻点醒你”。一入学开一个书单，以后就不管了，你怎么读、怎么弄他通通不问，而且关照你平常少到他那儿去。钱理群认为，这个放任不管倒正是抓住了学术研究的特点。学术研究是个人的、独立的、自由的精神劳动，因此它从根底上就应该是散漫的。散漫，并不是无所事事。一个真正的学者，一个有志于学术的学生，学术研究是他内在生命的需要，根本不需要督促。看起来他在闲荡、读闲书，其实总在思考。看起来漫不经心，其实是一种生命的沉潜状态，在淡泊名利、不急不躁的沉稳心态下，潜入生命与学术的深处，进行自由无羁的探讨与创造，慢悠悠地做学问。这是不能管的，更不能乱管。搞学术就是得无为而治，王瑶深谙无为而治的奥妙。

当然，萧功秦和王瑶的成功只可借鉴，不可复制。而每个借鉴他们的导师也要搞清楚三点：一是自己有没有足够的学术底蕴；二是自己有没有足够的人格魅力；三是自己带的研究生是不是像王瑶的弟子钱理群那样，有志于学术研究并且还具有学术研究的潜质。第一点和第二点的核心是导师有没有能力去“熏陶”，第三点的核心是研究生能不能接受“熏陶”。这三个问题没有搞清，就让研究生逍遥或者散漫三年，后果是不堪想象的。

用整个的心做大学老师

我的孩子出生后，夫人便是用整个的心做妈妈，其中一个标志性事情就是：很少写作，也不懂摄影的她，开始不厌其烦地用文字和相机记录下孩子成长过程中每一个值得纪念的细节。她的《妈妈日记》图文并茂，内容饱满，情感充沛，文字灵动。而我虽然也很享受做父亲的感觉，却从未为孩子写过什么（虽然我已经写了很多论文），有时候给他拍几张照片也显得很不耐烦（而我打三个小时篮球却从未感到厌倦）。

世上有很多事情，全身心投入未必能做到最好，但不全身心投入肯定做不到最好。教育自己的孩子是这样，在大学里讲课也是如此。

一位写作学的同行推荐王小妮的《上课记》（中国华侨出版社 2011 年）和《上课记 2》（中国华侨出版社 2013 年），我禁不住诱惑，就买回来看，发现并没有推荐人说的那么好，没有什么特别的见解，文字也没有期待的那样漂亮，加上收录了不少学生的作业、信件，水分比较大。

不过，我觉得这钱花得还是值得的。

王小妮 1955 年出生，是一位专业诗人和散文家，2005 年起，在人生的中途，因为某种姻缘加盟海南大学人文传播学院，担任写作老师。虽然没有什么博士学位，估计也没有考什么教师资格证，但一位作家，而且是颇有水平和知名度的作家，在大学里教写作，总比我这种虽然读了博士，也评了教授的理论工作者更合情合理合法一些。如果条件允许，大学里的写作课应该聘请更多口才不错的专业作家来教。

大概正因为是半路出家，还有“友情客串”的味道，所以已经 50 岁的王小妮对大学教学依然充满了敬畏、激情，以及新鲜感和神圣感。在其他老师还在为体制内的课题、论文、奖励、职称等非教学因素焦头烂额的时候，王小妮正把上课当作一首诗，去慢慢品味呢。

她不受体制的羁绊，反倒能够用整个的心做大学老师，去做整个的大学老师。

她教书只有八九年的时间，却写下了厚厚的两本《上课记》，记录自己的感触，也记录学生的情感和收获，还记录课堂、校园里的点点滴滴。她很敏感和敏锐，观察很细致，将学生的言行和心思都放在心上，悲伤着学生的悲伤，感动着学生的感动。

我教书已有 14 年，怎么没有想到把自己的上课写下来呢？因为我不是作家？这不是理由。我固然不是作家，不也发表了那么多“论文”，出了好几本书了吗？

我想，根由在于，我虽然是老师，但我的心在别处，我没有真正地爱上课、爱学生，我真正在乎的是这个体制而不是学生对我的评价。

读完《上课记》，突然觉得，我的日常工作——上课，有好多东西可以去写。

陈垣的“上课须知”

20世纪30年代，中学毕业的启功托人请史学大师陈垣介绍工作，陈垣便推荐他在辅仁大学附属中学教一个班的“国文”。过了两年，有些领导认为启功不够中学教员的资格，就把他解聘了。陈垣干脆让他在辅仁大学教大一的国文，并且反复说明了几条“上课须知”：

1. 教一班中学生与在私塾屋里教几个小孩不同，一个人站在讲台上要有一个样子。人脸是对立的，但感情不可对立。

2. 万不可有偏爱偏恶，万不许讥诮学生。

3. 以鼓励夸奖为主。不好的学生，包括淘气的或成绩不好的，都要尽力找他们一小点好处，加以夸奖。

4. 不要发脾气。你发一次，即使有效，以后再有更坏的事件发生，又怎么发更大的脾气？万一发了脾气之后无效，又怎么下场？你还年轻，但在讲台上即是师表，要取得学生的佩服。

5. 教一课书要把这一课的各方面都预备到，设想学生会问什么。

6. 批改作文不要多改，多改了不如你替他作一篇。改多了他们也不看。要改重要的关键处。

7. 要有教课日记。自己和学生有某些优缺点，都记下来，包括作文中的问题记下以备比较。

8. 发作文时要举例讲解。缺点尽量在堂下个别谈；缺点改好了，有所进步的，尽量在堂上表扬。

9. 要疏通课堂空气，你总在台上坐着，学生在台下听着成了套子。学生打呵欠，或者在抄别人的作业，或看小说，你讲得多么用力也是白费。不但作文课要在学生座位间行走，讲课时，写了板书之后也可下台看看。既回头看看自己板书的效果如何，也看看学生会不会记。有不会写的或写错了的字，在他们座位上给他们指点，对于被指点的人，会有较深的印象。旁边的人也会感兴趣，不怕来问了。

启功如获至宝，逐条谨记，终生受用。

时过境迁，这九条"上课须知"，对于初登讲坛的菜鸟们，无一过时，依然值得细细品味，慢慢学习。

在处理师生关系时，非常有契约精神的还有李子奈。李子奈，1946 年生，清华大学经济管理学院教授。1997 年，李子奈的博士生入学，第一次见面，他给每人发了一张纸条，上书"约法三章"：

第一章：在学校期间，不准给老师送任何礼品，一斤水果也不行。

第二章：学习期间发表论文，如果老师没有参与实质性的工作就不署名，参与了实质性工作而不是执笔者，名字署在后面，只有当老师是执笔者的时候才署在前面。

第三章：老师离开学生两周以上必须通知学生，学生从事与博士生课程和论文无关的事情应该告诉老师。

此"约法三章"约束的主要是导师自己而不是博士生。在当今的大学，能够做出如此承诺并且公示于天下的博导有几人？

如今的博导，身处学术界心却在花花世界的太多太多。他们招博士，最偏爱的有几类人：有权的——可以收到公款购买的任何礼品；有钱的——可以收到用私款购买的任何礼品；长得好看的——可以像厦门大学的吴教授那样，为做"采花博导"打下扎实的基础；能干活的——如果还想在学术界保持或者提升地位，能写论文的还得找几个，等他们写出好论文后，在第一作者的位置填上自己的名字，发表后所得稿费或奖金，如果心情不好的话，也会心安理得地据为己有。

李子奈教授，我不曾认识，但因为这个充满职业道德的“约法三章”，让我肃然起敬。

跟袁岳学表达

2014 年 9 月，我受到北京大学某个部门的邀请，于 11 月底给他们开办的总裁班讲一天的外国文学。这是我第一次给企业家讲课，本来就有些紧张，加上又是“北大”、又是“总裁班”，更是胆战心惊。

如何给企业家上课？我脑中立刻浮现出在机场书店里看到的那些视频，当时的感觉就是，那些专门给企业做培训的人的确很有气场。但如今手头并没有他们讲课的碟片（太贵了），该如何是好？让我惊喜的是，挚友吴广平教授告诉我，亚洲魅力演说首选导师、著名演讲家金学健将于 10 月在科技大学做一场公益演讲《成长·成才·成就》，他会帮我搞一张票，我就可以现场去观摩一下。

金学健的演讲可以归入到“励志类”，也的确让我大开眼界：热烈的气氛、四射的激情、自如的节奏、妥帖的手势、恰当的幽默、独特的阅历、超强的自信、抒情和哲理兼备的语言，等等，和大学老师平时讲课的四平八稳、平淡无奇形成了鲜明的对比。可以说，他的演讲给我上了生动的一课，我也在瞬间顿悟到什么，隐约知道如何给企业家讲课了。事实也证明，2014 年年底的那次北大之行，效果和原本的期待基本是相符合的。而 2015 年，我能够很自信、很顺利，也算很成功地在十几所重点中学做了数十场励志演讲，更要感谢金学健先生。

尝到甜头后，我开始在网上搜一些社会上的演讲家演讲的视频——我坚信，他们的演讲之所以能够卖那么贵的门票，一定有其过人之处；而很多大学老师的讲课点名都没有人听，一定有其必然的原因。当然，就像在电视上看演唱会和在现场看演唱会不是一个感觉一样，看视频学演讲和在现场学演讲相比，还是有很多的局限。很幸运，我很快等来了第二次去现场观摩演讲家演讲的机会。2015 年 4 月，袁岳应湘潭大学招生就业处主办的“就业创业大讲堂”的邀请，为湘潭大学学子做了一场公益演讲《创业和就业的那点事儿》。承蒙赵婵女士的帮助，我顺利进入现场，还坐在第一排和演讲家来了一次近距离接触。可以说，从袁岳的演讲中，我同样学到了很多：

1. 演讲话题的选择。面对来自不同专业的大学生，袁岳选择的话题《创业和就业的那点事儿》首先自然是他自己特别擅长的，其次还具有普遍性——和现场每个大学生息息相关；公共性——现场的大学生都能听得懂；现实性——触及大学生最基本的一些需求——生存和发展；迫切性——很多大学生都急需听。像我今年去中学演讲选择的话题是《大学的意义》，也基本具有上述几个特点。假如我选择“普希金的意义”，肯定会失去一大半听众，至少理科的学生没有太大的兴趣。

2. 组织结构。虽然有很多临场发挥的成分，但袁岳两个多小时的演讲层次是分明的，结构是紧凑的，逻辑是清晰的。具体来说，演讲一开始，袁岳就对大学生如何创业提出了四点建议：身体好，能搞定一件小事，领导力和办成一件事情的决心。这四点建议顺利搭建起整个演讲的框架，保证了演讲的形散神不散了。

3. 讲故事。这是每一个演讲高手都必须掌握的技能，因为故事本身对任何人都是有杀伤力的。袁岳自己就是一个创业经历极为丰富的人，所以他掌握了很多非常有生命力的创业故事；他又是一个创业成功者，所以他讲自己的创业故事就更有说服力了。

4. 使用幽默。和讲故事一样，这也是演讲高手们的必杀技，袁岳自然深谙此道。举个例子。他讲道，创业者要想成功，必须有领导力，而要想有领导力，必须懂得分享。

5. 情感丰富。在演讲中，袁岳该舒缓时舒缓，该激昂时激昂；该严肃时严肃，该调侃时调侃；该抒情时抒情，该搞笑时搞笑；该忧伤时忧伤，该欢快时欢快，他的演讲是有节奏的，因此也是有旋律的，这样听众就不会有视听疲劳。

6. 吸引人的语言。金学健说，拳头可以打碎一个人的肋骨，而语言可以穿越一个人的灵魂。金学健做到了，袁岳也做到了。不妨举几个例子：(1) 很多同学在爸妈的安排下进入一个系统，但在别人的眼里，他从此就是二等公民。(2) 有很多人走过道却不知道道。(3) 如果做不了领袖，就老老实实当群众，做最好的群众，五一劳动节那天，你就能登上天安门城楼。(4) 很多男生读书时身上有味。我们应该相信，他们今天有味，明天就有味道。(5) 理想和利益应该并存：无利益，只有理想，不是骗子就是傻子；只有利益无理想，不是傻子就是骗子。(6) 一个组织，不能只有老板一个人像打了鸡血一样为公司拼搏，老板要让组织里的每一个人都像打了鸡血一样去工作，这样的组织才有活力。

7. 无声语言。袁岳说，信息 58%是通过肢体和表情来传递的。所以，他的穿着、肢体和表情等无声语言和有声语言的搭配，是和谐和自然的。

8. 演讲状态。两个多小时的演讲，他精神饱满，情感真诚，镇定自若，潇洒如风，可谓非常的 Professional (专业)。

应该说，和这些经历和经验极为丰富的社会演讲家相比，大学老师们在语言表达能力、现场掌控能力、听众心理的把控等方面，还有很大的差距。只是，我们无视这种差距，甚至带着一种不易察觉的优越感，认为他们的演讲不过是忽悠人的雕虫小技。从我个人的听讲和学习经历来看，大学老师要想把自己的讲课从“讲课”提升为“讲座”，从“讲座”提升为“讲演”，不妨放低身段，虚心向他们学习，毕竟在这方面，他们是不折不扣的专家，完全可以做我们的老师。眼尖的老师或许发现，在张惠妹演唱会的前排位置，坐着许多歌手，他们之所以捧场，有一部分原因就是去观摩学习张惠妹的舞台魅力。而袁岳在湘大演讲的末尾，也重点表扬了湘大的老师：“我在其他大学演讲，几乎没有老师来，但湘潭大学却来了这么多老师，你们虔诚学习的态度值得我尊敬!”

跟张维为学演讲

张维为是复旦大学特聘教授，中国发展模式研究中心主任，《中国触动》《中国震撼》《中国超越》“思考中国三部曲”作者。20 世纪 80 年代中期曾担任邓小平及其他中国领导人的英文翻译，走访过 100 多个国家。一个偶然的机会，我聆听了他的演讲——《中国人，你要自信!》，被深深吸引之余，也开始思考这场演讲究竟成功在何处。

《中国人，你要自信!》是一个非常宏大的主题，但演讲时间只有短短十几分钟，这相当于要用微电影的篇幅拍出史诗级的大片，如果演讲者没有成熟的结构能力，他的演讲只会留下一地杂乱的鸡毛。但张维为很轻松地化解了这个难题：选两个典型的切入点，与西方进行正面的比较。

张维为选的两个切入点，一是政治体制，二是经济状态。这很出乎听众的意料，因为在大部分听众的心目中，我们的政治体制和经济状态都是落后于西方的。所以，很多中国人通常是从历史的悠久和文化的厚重中寻找自信的，而从政治体制和经济状态的比较中，只能找到更深的自卑。

和西方进行正面的比较，也出于听众的意料。通常，我们是这样自我安慰的：西方的政治和经济，经过了几百年的发展，超过我们是情理之中的事情，所以，评价当下中国，不能只“横向”比较，那只会得出事事不如人的结论，更应该“纵向”比较，即同我们的过去比较，相比于过去，我们已经取得了长足的进步。

张维为则认为，哪怕将最令国人没有信心的政治体制和经济状态同西方进行面对面的“横向”比较，我们也同样可以获得充分的自信。

首先看政治体制。张维为认为，美国的政治制度设计是前工业革命时期的，其改革的迫切性绝对不亚于中国，实际上比中国还要迫切。现在美国的竞选，公司的献金和个人的献金都不封顶了，那就不是“民主”，而是“钱主”了，是“钱主”的话，老百姓的生活怎么改善？再举个例子，要成为中共中央政治局常委，看他们的履历，就会发现，一个中国人要进入国家领导阶层，有一个基本要求：担任过两任省委书记，也就是说，至少治理过一亿人口，而且要有政绩。你看一下国家主席习近平，他在福建、浙江、上海三个省当过一把手，这三个省的人口加在一起，大约是一亿两千万，这三个省的经济规模加在一起，接近印度的经济规模。进入政治局常委后，经过五年的时间熟悉全国的政治、经济、军事、社会方方面面，最后再出任党和国家的最高领导人。这个选贤任能制度是世界上最具有竞争力的，虽然还可以完善，但已经可以保证，绝对不会产生像美国小布什这么低能的领导人。

在这两个例子的基础上，张维为作了非常学术的总结：我们国内一些人还是不自信，西方还是天天在骂我们，他骂我们用得最多的是什么：我们是民主国家，你是专制国家。民主与专制，这是西方一个主要的话语，但这个话语已经落后于时代了。如果一定要找一个新的话语来代替这个范式的话，我想就是良政还是劣政。良政可以是西方的制度，也可以是非西方的制度。

其次看经济状态。张维为认为，以最发达的美国作参照系，我们的经济状态也不是想象的那么差。举一个例子。从上海的浦东机场，到纽约任何一个机场，你可以很真切地感受到什么叫做从第一世界的机场到第三世界的机场，美国基础设施都是20世纪60年代的，怎么跟中国比？再举个例子。我们脱贫的人数，占世界脱贫人数的80%，我们的成就恐怕超过所有其他发展中国家的总和。我们的经济总量，根据官方汇率计算的GDP，十年之内，应该超过美国了。如果根据购买力来计算的话，中国的经济规模在2014年已经超过了美国。但有的人还是不自信，说这个没有什么了不起啊，即使你经济总量超过美国，你的人口比美国多四倍，你的人均GDP还是美国的1/4。但换两个指标体系，就可以看出，中国的经济状态和美国其实在伯仲之间：一是家庭净资产，中国人和美国人差不多；二是人均预期寿命，中国和美国差不多。为什么人均GDP美国比中国高相当多，但实际上家庭净资产和人均寿命两国的差距不是很大？一种解释，就是我们实行社会主义制度，人民得到的实惠可能会比较多。

张维为用逆向思维，选择了两个一般人唯恐避之不及的角度，在正面的比较中，为中国人重拾自信提供扎扎实实的理由，这也让他的演讲显得非常的大气和霸气。当然，这样一场高、大、上的演讲，也很容易变成空洞和苍白的喊口号。为避免这种尴尬，张维为除了举例子，用事实说话外，还巧妙地运用了一些常规的演讲技巧，比如幽默。全场演讲中，至少有三处明显的“笑点”(或曰包袱)。第一处：十八大召开前夕，英国广播公司BBC曾经邀请我去他们演播室。这个主持人很有意思，他见到我坐下来，问的第一个问题就是，张教授啊，你觉得中共还会有十九大吗？我笑了，我说过去这么多年，你们对中国的政治预测，哪一次是对的？有相当一部分的西方媒体人、学者，他的思想里还是一种西方中心论和历史终结论：只要你做的和我西方做的不一样，你就不对，你就要走衰，你最后要崩溃。第二处：我一个朋友在美国纽瓦克一个医院做过博士后，我问他，这个医学院怎么样？他说不错的。我说哪个专业是最好的？他说枪伤科。天天有火并，那枪伤科自然就发达了。第三处：我做过一个小小的研究，就是至少70%的人，出国之后会变得更加爱国，不管他加不加入那个国家的国籍，一出国就爱国，这个效果比党的教育还要好。

当然，在激情中保持冷静，在感性中保持理性，也让这场演讲变得更加庄重和有感染力。张维为的演讲，最终目的不是要我们无视当下中国的问题，走向盲目的乐观，而是要消解某些情绪化的自我否定和无厘头的西方崇拜心理：我们应该平视美国，平视西方，既不要仰视也不要俯视，这样可以防止被西方被美国忽悠。中国崛起到今天这个地步，还要被西方、被美国那些浅薄的话语忽悠的话，我们的后代将会诅咒我们。

张维为的演讲，给大学老师们的启示，除了技巧上的，恐怕还有思想上的：在中国的大学课堂上，面对中国年轻一代的大学生，说一说咱们中国的好，应该丝毫不会削弱我们“深刻”的思想，遮蔽我们批判的精神。

跟林华学煲“心灵鸡汤”

在我的印象中，善于煲“心灵鸡汤”的讲授者多半是女性。其中最杰出的代表自然是于丹。虽然我本人更欣赏易中天那种有幽默感的讲授，但对抒情、知性、温情风格的讲授也心向往之。所以，我很真诚地研究过于丹讲课的特点，并从中汲取养分。

和于丹一样，著名作家和女性问题研究专家林华女士也是一位煲“心灵鸡汤”的高手，且她煲的“心灵鸡汤”更天然、清晰、美味，也更对我的胃口。我想结合她的演讲《漫谈都市人的素养和魅力》，和大家分享她煲“心灵鸡汤”的秘籍。

第一招：什么故事都不讲，直接讲哲理化的语言。举几个例子：1. 我常常会把人们的语言习惯分成两类：一类是阳光型的，属于成功者的语言；另一类是阴云型的，属于失败者的语言。2. 人生其实就是两个圈子，一个大圈子套着一个小圈子。小圈子就是我们的工作（或叫“事业”、“职场”），大圈子是除了小圈子之外的所有部分，包含性格、趣味、品位、爱好、格调、友情、亲情、爱情，等等。大圈子里的东西在滋养着小圈子，小圈子也在提升着大圈子。关于大圈和小圈的关系，用三毛的一个比喻来形容最贴切不过：“生命是块大蛋糕，事业是蛋糕上的樱桃。”3. 从“没钱”到“有钱”，幸福指数会大踏步上升；从“有钱”到“更有钱”，幸福指数就很难移动了。4. 我承认人是有缘分的，一个人不可能让所有的人都喜欢自己，所以应该好好地喜欢那些喜欢自己的人；我承认人是有天敌的，有些人无论怎么对他好都没有用，那就干脆放弃。绕道而走有时候反而速度更快。5. 男人和女人各自存在的意义就是：正因为有了女人才让男人更像男人，正因为有了男人才让女人更像女人。

第二招：讲自己的经历，然后做哲理化的提炼。林华曾受邀到监狱里讲课，遇到一个犯人，这个犯人在入狱前曾在单位接待过林华。和听众分享这段经历后，林华将自己的感想作了哲理化总结：我觉得生命中所有的东西都可以分为两类：一类是一进监狱全都可能被没收的东西，那是标准的身外之物；另一类是在任何境遇下永远都是属于自己的东西，那才是真正的身内之物。林华还讲了自己在五台山向住持大师求教的经历，然后对“聪明”和“智慧”作了一番区别：聪明是单纯的，智慧是复合的；聪明是先天的，智慧是后天的；聪明是自然的，智慧是需要修炼的；聪明管的是小的地方，智慧管的是大的地方，所以历来有小聪明和大智慧之分。

第三招：讲别人的故事，然后做哲理化的提炼。讲了好朋友杨澜毅然辞去主持人创业并成功的故事，林华用一句哲语做总结：“以前我一直以为机会是冥冥之中的上苍给的，是领导给的，是贵人给的，其实我们完全可以做自己的贵人：有了想法就要勇敢地身体力行，这样我们每个人的机会就会多很多。”林华说，自己认识一个女总经理，在新员工培训的时候，这个总经理常常把他们带到新东方商厦的楼顶，然后说：“我们可以在这里俯瞰人生：左边是国际妇幼保健院，我们从那里来的；右边是龙华火葬场，我们早晚要到那里去。左右一转只有滴答一秒钟，我们就把生命的过程审视完了。”林华感慨道：“既然我们每个人的来路和去路都是一样的，那么比的就是过程了，看谁能把生命的过程展现得更精彩一点。”林华有一个朋友是著名的剧作家，一次例行体检后，怀疑自己即将不久于人世，然后用三天时间做了三件事情：一件事情补偿单位，一件事情补偿自己，一件事情补偿亲人。通过这个故事，林华想告诉听众：“生命之弦不能绷得太紧，在我们的生命中要有两种状态轮流上岗：有时候是英雄心，有时候是平常心。当英雄心在值班的时候，一个人应该拼搏，应该努力；当回归平常心的时候，一个人应该善待自己，应该悠闲地欣赏生活、享受生活。”

林华女士煲“心灵鸡汤”的三招，大学老师如果愿意学，还是可以学会的。要运用“第一招”，关键是增加阅读量，即读万卷书；要运用“第二招”，关键是增加阅历，即行万里路；要运用第三招，关键是拓展生命的大圈子，有品质和有品位的好朋友多了，自然会获得更多丰富多彩的生命故事。

跟张鹏学讲课

张鹏，1978年出生，中山大学社会学与人类学院副教授。他讲课的题目是《别担心了，猴子们压根不想进化成人》。这次讲课，充分体现了一堂好课应该具备的四要素：有知识、有方法、有生活和有灵魂。

首先看有知识。张鹏是社会学和生物学的双料博士生导师，毕业于日本京都大学灵长类研究所，到过日本、肯尼亚以及中国四川、陕西、海南等地的丛林里研究猿猴的心智、情感和冲突。用他自己的话说，过去的15年里，他在全世界各个地方找猿猴，在猿猴这个江湖里，他结交了一千多个朋友。因此，他是不折不扣的猿猴研究专家，自然可以在一堂课里很轻松地提供丰富的猿猴知识，诸如黑猩猩数数字的速度超过人类大学生，黑猩猩可以开密码锁，黑猩猩可以使用60多种工具，黑猩猩能将树叶嚼成海绵状从树洞里汲水，黑猩猩社会等级森严，黑猩猩能够利用海浪捡麦子、洗红薯，猴子社会没有强奸，猴子的眼睛不一定是黄色的，而是不同的猴子眼睛有不同的颜色，黑猩猩之所以没有进化成人是因为它们根本就不想进化成人之类的信息，我都是前所未闻，甚至有天方夜谭之感。

其次看有方法。这堂课讲的是大部分人不了解的猿猴，可以说话题有些冷僻，专业性和学术性更是不言而喻。好在张鹏很懂得讲课的方法。1. 讲故事。他的讲课是这样开头的：“每一个猿猴呢，都有它自己的故事，都有它自己的个性，没有办法给你们讲每一个。我今天讲三位我的猿猴朋友。”然后他娓娓道来，讲了小爱的故事、春子的故事和一墨的故事。在讲这三只猿猴的故事的过程中，为了帮助听众理解，他又穿插了一些其他猿猴的故事。故事很好地淡化了话题的冷僻度，拉近了猿猴和听众的距离。2. 图片和视频。张鹏的讲课，图像和视频可谓少而精，即只需要语言的地方绝不用图像和视频，用语言说不透彻的地方适时用图片或者视频来讲述。比如说到猴子的眼睛并不一定是人们一直以为的黄色，而是受遗传、纬度、日照、年龄等因素的影响，有着不确定的颜色，这时 PPT 上立刻出现四张猴子眼睛的图片：有黄色的、有褐色的、有褐蓝色的、有蓝色的，这个观点立刻就形象鲜明了。再比如说到小爱的孩子小步数数字特别厉害，PPT 上立刻出现小步数数字的视频，抽象就瞬间变得直观了。3. 举例子。说三个猿猴的故事，实际上就是举了三个生动的例子。在讲这三只猿猴的故事的过程中，张鹏还穿插了不少鲜活的例子。4. 幽默。张鹏的幽默属于朴素、自然的幽默，这种幽默源自对奇特发现和奇特生活的一种淡然的讲述。比如讲到日本天皇的二儿子秋筱宫不相信黑猩猩数数字的能力会超过大学生，就想代表日本国民来比一比，而且承诺，如果比输了，就给研究所捐 1 亿日元。张鹏是这样讲述故事的结局的：“然后有一天晚上，很安静的，几辆车就到我们研究所来了。我们的好多学生都跑下来看，其实不是看秋筱宫的，主要是想看看那个王妃长什么样子，然后秋筱宫就进去了，太子妃跟我们聊天，半个小时很快就过去了，那个车跟着保镖就安安静静地走了，然后所长非常高兴地给我们开了很大的 Party，说是我们研究所增加了一亿日元的研究经费。”听众听到这段话，如果还不开心一笑，那实在太缺乏幽默感了。

再次看有生活。猿猴的世界离普通听众太遥远了，但在过去的十几年中，张鹏本人却一直生活在猿猴的世界中，猿猴是他的朋友，他也是猿猴的亲人。所以，他所讲的猴的故事，少部分来自其他学者的研究，大部分都是他的亲身经历。黑猩猩将树叶咀嚼成海绵状汲取树洞里的水，就是他在乌干达的观察所得。为了研究日本猴子洗温泉文化的传播，他裸体和猴子们一起泡了一下温泉，没有想到被“现场直播”了。对猴子性生活的了解也是源自他的日常生活：

春子是一个两岁多的处女猴，它发情了，因为它等级比较低，然后它就把屁股撅到高等级的雄性面前，希望跟它们交配。灵长类的世界里绝对没有强奸这个行为，整个660种灵长类里头，只有人类是有强奸行为的，所以人有时候把那个叫兽性，那就是胡扯。然而高等级的看不上它。在猴子社会里，高等级的猴子是喜欢中老年的雌性的，因为中老年有育子经验。然后春子环顾四周，它邀配了好几次，没有人喜欢它，于是它就看到我了，它就把我当作它群里的一个成员，对我邀配，屁股撅起来，然后回头咕咕咕这样叫。看来，在现实生活中，我没有女人缘，但在猴子社会里我还挺有女人缘的。

最后看有灵魂。虽然张鹏讲的课偏向自然科学，但处处透露着人文气息。尤其是在结尾处，在讲完了三只猿猴的故事后，他做了非常有人文内涵的提升："实际上你真正跟这些猴子们成为朋友以后，你就会发现，猴子本身就不想进化成人，而且它们有它们自己的进化方向……经过这15年来跟猴子在一起生活，我真正地感觉到，人类的大智慧就是天人合一，我们人类有责任去保护这个完整的生态，而这个完整的生态是我们人类的立足之本。"从这段总结可以看出，张鹏老师是一位真正爱猴子的大爱无疆的老师，一位真正懂得了"大自然可以离开人类，人类却离不开大自然"的高品位的老师。

跟成东青学讲段子

成东青是电影《中国合伙人》中的主角之一，“新梦想”教育集团的创始人。大概是职业习惯，我对这部电影最感兴趣的是成东青讲课方式的转变。

刚开始，成东青是北京大学的英语老师。电影中有一个片段，展示了他在北京大学上英语课的场景。

黑板上写了三行英语：

Both of them stayed behind
the man who stayed behind
the man who was left behind

成东青拿着教鞭，背对着学生，指着黑板上的句子，开始讲解：“Both of them stayed behind，由他们两个留守，stayed behind，留守……”这时成东青回了一下头，发现全班学生都趴在桌子上睡觉。成东青忍无可忍了，大声呵斥起来：“你们可不可以不要在课堂上睡觉，你们上的是最好的大学，你们的父母花了半辈子的辛苦钱，把你们送到这里，不是让你们睡觉的。如果你们实在不喜欢听我讲课，你们可以走。”

一个女生立刻收起书本，在他眼皮底下走出了教室。

成东青错愕，沉默了十秒钟，然后走下讲台，走到前排的一个桌子前，坐了上去，开始了一段很即兴的讲话（估计深埋心底很久了）：

同学们，你们为什么要学英语啊？

（一女生答：去美国啊，成老师。）

那你们喜欢英语吗？

（学生答：不喜欢。）

我也不喜欢。可是你们知道我的单词量还不错吧。都是被你们逼的。有一天有一个同学拿着一个单词问我：这个单词怎么读啊？它认识我，我不认识它。（学生大笑）我觉得太丢人了。我就回去背词典。上市一本我背一本。我看你们还能不能考倒我（学生笑）。你们知道吗？我特别害怕被别的同学看不起，因为我是从农村来的。我就特别想讨好他们。我最好的朋友孟晓骏和王阳嘲笑我，说我这是儿媳妇大肚子，装孙子。（学生大笑）那时我还听不懂什么是装孙子。我还傻傻地说，我没有装孙子。我真的是孙子啊。后来我就追上了全校我觉得是最漂亮的一个女生。然后我们就毕业了。毕业了，就去考托福，去签证，结果她通过了，我被拒签了。我就成了 the man who was left behind，被留下的男人。她出国前一夜还把我给睡了（学生狂笑，掌声）。

这段即兴演讲之后，刚才那位说学英语是为了去美国的女生作出评价："成老师，您今天讲课和平时不太一样。"

成东青深鞠一躬。学生们致以最真挚和热烈的掌声。

可以说，这堂课成了成东青讲课方式发生巨变的转折点。

在北大当教师时期的成东青很了不起，因为他的讲课能够将中国最优秀的一群学生给催眠了。原因何在？王阳对他的一句评价道破了天机："20 年前，成东青还没有学会当众讲笑话。"所以，那天当成东青坐在桌子上，来了一段很任性的讲话后，学生大为惊讶："成老师，您今天讲课和平时不一样。"不一样在哪里？原来成老师这么会讲笑话啊！这个在绝望中无意做出的改变为成东青赢得了学生的掌声，也让他瞬间领悟到了什么。

被北京大学开除的成东青，成了英语培训学校的英语老师。面对一群充满野性的学生，成东青知道，在北大课堂那种规规矩矩却也沉闷枯燥的讲课方式已经不行了。以前的听众不喜欢你，最多是睡觉，偶尔有胆大的，走掉了，也不会影响你的工资。而现在的听众不喜欢你，就会肆无忌惮地起哄，然后直接走人，他们走了，你就只能饿肚子了。

为了留住听众，也为了吸引更多的听众，呆板的成东青学会了风趣：

救护车，ambulance，怎么读？俺不想死。

怀孕，pregnant，怎么读？一般孕妇的想法是“我想要个男的”，所以pregnant可以读成“扑来个男的”。

同学们，学英语就像学鸟叫，你在树林里学鸟叫，当有四只鸟落在你肩膀上的时候，说明你过了英语四级；当有六只鸟落在你肩膀上的时候，说明你过了英语六级；当有一群鸟落在你肩膀上的时候（学生齐答：说明你考过托福了），说明你成了鸟人。

刚才在外面碰到一个女生，她跑过来问我：成老师我爱上了一个男生，但是这个男生除了长得不错，其他一无是处，怎么办？我跟她说，女生找男生，如果只看长相，那叫好色，horny，不过男生找女生，如果只看长相，那叫审美，Aesthetics。不过我的审美能力一直保持在法定的范围之内，后来我就追到了法律系最漂亮的女生。（王阳旁白：这孙子一边上课，一边嘲弄他的爱情，博学生们一笑。）

我觉得男人的梦想，都是从追女人开始的。在我认识我的初恋女友之前，我常常给另外一个女生打热水，可后来我发现她有男朋友，我就问她：那你为什么还要我给你打热水呢？她说是为了让自己的男朋友休息一下。尽管她一次次地拒绝我，但我还是想每天都看到她，因为她是我的梦想。梦想是什么，梦想就是让你感到坚持就是幸福的东西。

……

不可否认，电影中成东青老师讲的笑话，有些有点重口味，在真实的大学课堂，未必都适合讲。但是，他尊重学生的情感和需要，及时而又勇敢地转变讲课方式，并且取得了极好的效果，这无疑是值得我们大学老师学习的。

跟新东方老师学备课

电影《中国合伙人》中的“新梦想”教育集团有三个合伙人：孟晓骏、王阳和成东青。孟晓骏的教学代表着实用，可以帮助有美国梦的学员顺利获得美国签证。王阳代表着激情，你看他的演讲，很有鼓动性，能让学员热血燃烧：“你们为什么不敢开口啊，因为你们已经被传统的教育摧毁了自信，害怕自己的 Broken English（蹩脚英语）让别人听了难受。但是别忘了，你们英语讲得烂，难受的是听的人，你们怕什么呀?!”成东青代表着风趣，讲笑话，讲段子，让课堂充满了笑声。

“新梦想”的生活原型是“新东方”。通过电影中那些艺术化的教学场景，大致可以明白“新东方”的英语教学为何比大学里的英语教学更受追捧，更值钱：既有激情，又有幽默感，效果还非常明显的教学，不正是大学生们热烈期待的，而大学里又极度缺乏的吗?

“新东方”是私人企业，薪酬高，所以比大学更能吸引自己想要的老师。它实行的是淘汰制，所以，低水平的老师进去后，也能发掘自己的潜能，变成高水平的老师；高水平的老师则要向教学大师迈进（如罗永浩）。总之，“新东方”要对学员的钱直接负责，所以，它和它的老师，都必须时刻绷紧心弦，一直向前走。

“新东方”的老师，很多就像电影中的成东青一样，并不是一开始就是会讲课的。现实生活中的俞敏洪，在讲课方面也没有特别的天分。他有点内向、木讷、土气和自卑，讲一口蹩脚的普通话，没有明显的幽默感。现在的俞敏洪，外表还是那么的朴实无华，却早已经进步为一个演讲大师，在公众面前“讲故事”、“讲笑话”信手拈来。也就是说，通过后天的修炼，俞敏洪不仅自己成长为顶尖的讲师，还塑造出“新东方”风趣幽默的讲课风格。

“新东方”还有不少老师，经历过像俞敏洪一样“破茧成蝶”的蜕变。一位新老师，一入职就确立了做“明星教师”的梦想。而俞敏洪知道，“新东方”的普通老师实力都不俗，明星教师实力更是超强，所以自己要想成为“明星老师”，只能凭借努力而不是走捷径。为此，他给自己制定了三步走的计划：第一步，把要讲的课程，很细致地备完。第二步，进一步提高自己的英文水平。第三步，平时要多读书，多看报纸——新东方的教师手册上，俞敏洪老师对新东方老师的要求是，在所教的内容滚瓜烂熟的基础上，要旁征博引。如果脑袋里的东西不够，那又谈何旁征博引呢?

还有，据“内部”消息，“新东方”老师在课堂上讲的笑话、段子并不是即兴发挥的。新东方所有新老师，都要写一种叫做“逐字稿”的东西。何谓“逐字稿”，就是从老师进门说的第一句“Hi Everyone”都要写下来的那种讲稿，包括你上课要讲的笑话、段子，全部要写进去。新老师一门课的“逐字稿”都是几十万字的，完全可以出书了。“逐字稿”写出来后并不算完了，上边会审查，然后再修改，修改后再审查，如此循环 N 遍，才能获得讲课的资格。据内部人士透露，这个过程用“生不如死”来形容都太轻描淡写了。如此反复几遍，你根本不用担心会忘掉自己想说什么，你担心的是一辈子都忘不掉这些词儿。

有一个求职者为了获得新东方的职位，试讲了十轮。第八轮的时候被校长骂了一通，因为喜欢胡侃，还涉及政治和性等敏感话题，被“罚”写“逐字稿”。第九次试讲时，他背好了“逐字稿”，还穿插适当的段子，但被骂笑容不够好。第十次试讲，终于通过了。这位求职者的感受是：“写‘逐字稿’很痛苦，但很踏实，我都惊讶自己写了‘逐字稿’之后上课流畅自如，笑料也恰到好处。”

有一位“新东方”的老师，年轻英俊，做了一场 30 分钟的讲座，从新东方的办学理念讲到自己的学术生涯，再过渡到给在场的大学新生提建议，可谓是旁征博引、亦庄亦谐，有故事，有包袱，也有金玉良言的忠告。不要说材料的组织，几乎连停顿都是完美的。他的演讲赢得了同学们如雷的掌声。而到了接下来观众提问的环节，一位同学向他提了一个非常简单的问题，好像是“出国留学的经历给你带来了怎样的收获?”他一下子就愣住了，回答得很没有章法，还有些磕巴。你能明显感到他的光环就消失了，那才是他本来的样子，他应该原本是一个很内向，并不善于交流，甚至在口舌方面很笨拙的人。这时回想他刚才演讲时的表现，你就能确信：精心的准备是能给人带来脱胎换骨的变化的。

“新东方”老师每周都会有批课，或者叫教研，就是很多老师在一起，大家一个个上去讲一段，让主管听，提出改进意见。在这个环节中，上面一个老师讲，下面没轮到讲的老师也能听到很多段子，转手他就可以用在他明天的课中。所以说，“新东方”的大多数老师善于讲笑话和段子，其实走的是一个共享＋反复练习的过程。

我讲了一些“新东方”老师备课的故事，多半是道听途说的。就算是虚构的，也丝毫不影响对我的启迪。如果您有志于做大学里的“明星教师”，这些真实或者虚构的故事，能够助您一臂之力。

易中天的脱鞋

中国大学教师上课，先不说内容多么无趣，单说教态就很单一和呆板：从头到尾，一种表情，一种姿态站在三尺讲台上，除了嘴皮外，身体其他部位动也不动——能够露几个微笑，做几个手势的，就算很放得开了。说得好听一些，这体现了中国人的含蓄和内敛；说得不好听一些，这说明中国大学教师对“无声语言”的运用几乎为零。课堂缺乏“无声语言”，现场的感染力自然大打折扣。

后来出了一个易中天，便让人觉得很另类、很新鲜、很欧美范儿。易中天的独特魅力不仅体现为内容有思想，有声语言幽默和生动，还体现为不拘一格的教态：表情丰富、肢体夸张，甚至还有精心设计的剧情表演。所以说易中天是“表演艺术家”一点也不为过。

比如为了解释“避席”的含义，他居然将一张早已准备好的席子铺在讲台上，然后脱掉鞋子（袜子应该是新换的），像演电视剧一样，当场示范古人是如何“避席”的。一些保守的专家指责易中天此举“有失学者身份”，央视居然迫于压力，在重播时将这些精彩绝伦的镜头给删了。

易中天的成功启示我们，中国大学教师除了要革新讲课的内容，还需要革新讲课的形式。首当其冲的便是学学易中天，放开自己的表情和肢体，在讲台上结合讲授内容，适当地“表演”起来。

当然，除了学习易中天，西方大部分大学教师的教态都值得我们借鉴。或许是西方人天生比较外向的缘故，西方大学教师上课，“无声语言”和“有声语言”的配合明显要默契很多。最保守的也是手舞足蹈，更张扬一点的，比如谢利·卡根（Shelly Kagan）教授，干脆坐在讲台上。

谢利·卡根教授是哈佛公开课《死亡》的主讲人。对中国大学生来说，这门课最大的震撼可能不是其深邃的内容，潇洒的谈吐，也不是主讲教师的帆布鞋、牛仔裤、格子衬衫和杂乱无章的大胡子，而是主讲教师放荡不羁的“盘腿”，而且还是在讲台上自始至终地“盘腿”。中国大学生何曾见过这样的讲课姿态，又何曾想象过这样的讲课姿态未曾被美国的教务部门定性为“教学事故”。

我们常常说“讲台即舞台”。可惜的是，又有多少大学老师真的把讲台当作舞台那样去表演？其实，将讲台当作舞台还远远不够，我们还应该将整个教室当作舞台，大学教师的身体应该不为三尺讲台所局限，而可以根据教学的需要，将整个教室掌控在自己的手中，然后“用我们的表演撑起整个舞台”。用专业术语说，大学教师不仅要好好利用课堂的时间，还要好好设计课堂的空间，而后者显然被大部分人所忽略了。

李叔同的批评艺术

孩子犯了错，上帝都会原谅。问题是，老师毕竟不是上帝，所以我是主张老师享有“批评权”的。但老师该如何批评学生？这个我还真没有研究。有一位网友在网上问：“我是一位大学教师，今天上课时，气愤之余，我对一个学生说：‘滚出去’，他竟然对我口吐脏话，我该怎么办?”很显然，这位大学教师很可能缺乏批评的艺术。一位有经验的老师总结了教师批评学生常犯的五种错误。

第一种是凭主观臆断批评学生。产生这种批评方式的原因是教师没有对事情进行深入的调查了解，在没有确定事实真相的时候就凭以前的老印象，主观地作出判断并进行批评。这种不以客观分析为依据而对学生进行批评的做法是十分有害的。小则引起学生的不满，教育者的形象受到损害；大则会对学生的终生产生极坏的影响。

第二种是当众指名道姓地批评学生。大量事实证明：对于一些小问题切忌当众批评学生，否则往往会使被批评者驳斥对他的各项指控，并提出种种理由来为自己辩护，从而使教师处于十分尴尬的境地。

第三种是批评学生时算老账。我们在表扬学生时可以顺便提起过去的优点，以激励其更大地进步，而批评学生的时候，说话的方式应恰恰相反，不要把学生以往的过失总挂在嘴边，来一个新账旧账一起算。因为这样做，会使学生认为是你故意找他的岔子来整他。因此，一种反抗情绪便油然而生。学生心里一旦对你产生反感，即使你对他的教育是正确的，也无法打通他的思想，使他心悦诚服。

第四种是批评时侮辱其人格。“你真笨，猪脑壳吧！”这类话语往往会激起学生对老师的极大反感。因为这些话已经贬低了学生的人格，变成了直接的人身攻击，不但收不到好的教育效果，还会降低我们在学生心目中的地位。

第五种是只讲缺点不讲优点。批评学生时要使之心服口服，就不但要批评它的缺点，同时，也要肯定他的优点，这样学生就会感到自己并非是一无是处，也会感到老师的良苦用心，就容易接受批评并改正错误。

谈到批评的艺术，我想起丰子恺的《怀念李叔同先生》。

1913 年，李叔同担任浙江省立第一师范学校的音乐和图画教师。有一个同学上音乐课时不唱歌而看别的书，还有一个学生上音乐课时将痰吐在地板上。李先生看见了，但没有立刻责备。等到下课后，他用很轻而严肃的声音郑重地说：“某某等一等出去。”于是这位某某同学只得站着。等到别的同学都出去了，他又用轻而严肃的声音向这某某同学和气地说：“下次上课时不要看别的书。”或者：“下次痰不要吐在地板上。”说过之后他微微一鞠躬，表示“你出去罢”。出来的人大都脸上发红。

又有一次下音乐课，最后出去的人无心把门一拉，碰得太重，发出很大的声音。他走了数十步之后，李先生走出门来，满面和气地叫他过来。等他到了，李先生又叫他进教室来。进了教室，李先生用很轻而严肃的声音向他和气地说：“下次走出教室，轻轻地关门。”就对他一鞠躬，送他出门，自己轻轻地把门关了。

最不易忘却的，是有一次上弹琴课的时候，李先生正在示范演奏，有一个同学放了一个屁，没有声音，却是很臭。李先生眉头一皱，自管弹琴。下课铃响了，李先生立起来一鞠躬，表示散课。散课以后，同学还未出门，李先生又郑重地宣告：“大家等一等出去，还有一句话。”大家又肃立了。李先生又用很轻而严肃的声音和气地说：“以后放屁，到门外去，不要放在室内。”接着又一鞠躬，表示叫大家出去。学生都忍着笑，一出门来，大家快跑，跑到远处去大笑一顿。

有的学生说：“老师你说得都对，但我讨厌你说话的方式。”李叔同的批评艺术无疑值得我们借鉴。

黄永玉的自嘲艺术

这些年，我一直努力向有意思的演讲者学习调侃、幽默之术。像福建师范大学的孙绍振，厦门大学的易中天，都是我崇拜和模仿的对象。还有一位比他们更老的老头儿——黄永玉，也有一颗青春永驻的心，我很喜欢他的生活态度和演讲方式，我甚至提倡，大学老师，特别是像我这样还算年轻的大学老师，不妨像黄永玉一样好玩一些。

黄永玉骨子里的顽皮、野性、幽默，如果用 90 后的词语“酷、炫、狂、霸、拽”来形容是再合适不过。萧乾这么形容他：“浮漾在他粗犷的线条间的正是童稚、喜悦和奔放。”有网友看过他的画展得出一个结论，“简直是用生命在搞笑啊!”在听黄永玉演讲之前，就“道听途说”他讲段子的段子：

记者：“为什么不用电脑画画?”

黄永玉：“电器里，我用得最熟练的就是手电筒。”

记者：“黄老，如果您把自己比喻成一道家乡菜，会是哪道菜?”

黄永玉：“青辣椒炒红辣椒。”

记者：“为什么?”

黄永玉：“因为不好回答，只好这么回答。根本也没有这道菜。”

记者：“在您绘画创作的生涯中，您对哪件作品最满意?”

黄永玉："一只母鸡生了蛋，你问母鸡，它生下的第一个蛋和第三个蛋好在哪里？母鸡会告诉你吗？我的作品虽然像母鸡下的蛋，但我和母鸡又有不同之处啊！"

后来聆听黄永玉的演讲，发现他的风趣和好玩果然名不虚传。1999 年 11 月 14 日，黄永玉应岳麓书院之邀，进行电视演讲并现场回答听众提问。湖南经济电视台对此进行了现场直播。他演讲的题目是《文化漫步——绘画与文学》。演讲的题目非常学术和玄妙，但演讲的内容却充满生活的质感，演讲的语言也充满了机智和趣味，现场响起的笑声和掌声五十余次。喜欢并且善于自我调侃，是黄永玉最常见的幽默手段之一。不妨举几个例子，以飨读者：

1. 说起来人家都不相信，我初中三年，念到两年，留了五次级（掌声、哄堂），唯一的收获呢，是同班同学多（哄堂），一两百位。

2. 论体力和体魄，我们湖南人远不如山东人、山西人，我们都满足于自己的身材短小（掌声）。

3. 达·芬奇因为吵架，跑到法国去了，后来就死在法国。死在法国的什么地方呢？死在法国国王的怀里面。至于我呢？我能够活得好一点就可以了，我死不死在哪一个人的怀里无所谓（笑，掌声）。

4. 我谈文学也不是从理论上来谈，我仅仅是说我体验过文学的这种生活。我也很放肆，几十年来，我搞过音乐讲座——我五线谱都搞不清楚的（哄堂，掌声），我还开过拳击和摔跤讲座（哄笑），也讲过地质学、林学和昆虫学。

5. 我的第一篇文学"著作"，是 70 多年前写在故乡老家新房子的窗板上的。大概是五岁还是四岁。全文是："我们在家里，大家有事做。"旁边还画了几个京剧的脸谱（掌声）。"稿费"很丰富，挨了一顿痛打（哄堂、掌声）。

6. 我不懂文学规律，写起小说来提纲都没有，画画也不打稿，我是个外行，是界外的人，所以胆子特别大。其实胆子的问题呢，前几年我住院已经把胆囊取掉了，所以朋友就笑我"无胆比有胆者胆大"。胆子大并非艺术，没什么了不起，我心无大志，作品马马虎虎，只是劳动态度还过得去。论劳动态度，牛比我好多了，所以也算不上什么长处。谢谢！（掌声）

自我调侃，充分体现了黄永玉的豁达、智慧、洒脱、自信（敢于自我调侃的人多半都是内心极度自信的人）和情调。可以想象，听他的讲座，不仅觉得有意义（有些意义不会有那么大，听完后多半都忘记了)，还会觉得有意思(这个一辈子都不会忘却的)，可谓既收获了思想，也收获了快乐。

我一直信奉“寓教于乐”的教学信念。在不少人看来，“乐”只是教学的手段，“教”才是教学的目的。殊不知，“乐”其实也可以成为教学的目的。就像陈佩斯、朱时茂的小品，大多没有什么教育意义，只有娱乐作用。但能够让观众哈哈大笑，忘记生活的压抑和忧愁，难道不也是非常有价值的吗?!

我在大学里上的是文学课。文学课当然要承载相当的思想性，文学是人学嘛！但是，文学课还需要呈现一定的娱乐性，文学是美学嘛！文学与哲学最大的不一样就是它是讲故事的，讲故事让文学课更容易变得有意思。作为文学课老师，我不能为了文学的思想性而无视文学的娱乐性。当然，保持文学课的娱乐性，除了讲故事，讲故事的语言、分析故事的语言要有意思，也是很重要的。

数学课如何上得如此人文？

给青年教师做培训的时候，有理工科老师问我：“你们文学课可以很轻松地做到生动有趣，我们理工科该如何是好？”我说：“理工科的课，做到生动有趣的确很困难，所以，如果一个老师能够把课讲解得很清晰、很透彻，哪怕趣味性差点，也算很成功了。”记得读中学时，我的物理老师普通话不太好，所以我的物理学得比较糟糕；我的数学老师普通话水平高，讲得也很有层次和逻辑，所以我听起来比较轻松；我的化学老师不仅表达能力强，文科知识还比较丰富，喜欢在课堂上穿插一些化学、历史方面的故事，所以我尽管不擅长化学，但还是很喜欢听他的课。

后来在大学教书，偶尔也遇到一些老师能够将理工科课讲得比较生动有意思的，比如中山大学的王金发和张鹏。王金发讲细胞遗传学，能够很自然地穿插一些故事；张鹏讲生物学，也是通过故事来建构讲稿，很吸引听众。最近，我在“爱课程网”上很认真地听了浙江大学蔡天新的《数学传奇》，发现他更是一位将文科与理科融合到极致的大学老师。我们以第一讲“毕达哥拉斯之谜”为例，短短的 44 分钟内，蔡天新这位数学老师向我们展示了诸多数学之外的知识和素养：

1. 诗歌。他引用了美国诗人庞德的诗句“最古典的就是最现代的”和法国诗人保罗·克洛代尔的诗句。庞德，尤其是保罗·克洛代尔，估计很多文学专业的老师都未必知道。

2. 古希腊文学。他提及了古希腊三大悲剧家和喜剧家阿里斯托芬，以及荷马史诗，还有抒情诗人萨福，并且非常准确、完整地讲述了“金苹果”的古希腊神话故事。

3. 艺术。他分析了古希腊建筑巴特龙神庙和古希腊的雕塑，以及前苏联的国旗、美国五角大楼、伊朗清真寺墙壁上的五角星之美。

4. 哲学。他提及古希腊三大哲学家苏格拉底、柏拉图、亚里士多德，讲了亚里士多德与橄榄球的故事，分析了泰勒斯和毕达哥拉斯的主要哲学观点。

5. 摄影。他展示了两张在毕达哥拉斯故乡拍摄的高水平的照片。

6. 地理。他亲自绘画了一张古希腊诸位哲人出生地的地图。

7. 宗教。他多次提及《圣经》，比如引用《圣经》中的“先知在本地是不受尊敬的”，以及为了说明 6 是“完美数”，引用《圣经·创世纪》的故事作为佐证：“上帝用 6 天创造了世界，第 7 天是休息天。”

8. 语言学。他提出，music、melody、rhythm、harmony 等英文单词均源自毕达哥拉斯的创作。

蔡天新能够这样讲数学课，同他自身的跨学科修养是分不开的。他除了是数学教授，还是一位诗人、散文家、旅行家和摄影师。他出版的主要著作有诗集《梦想活在世上》《漫游》，散文集《在耳朵的悬崖上》《难以企及的人物》《南方的博尔赫斯》《与伊丽莎白同行》《飞行，一个诗人的旅行记》《欧洲人文地图》《英国，没有老虎的国家——剑桥游学记》等。此外，2008 年以来，他还在深圳、杭州、台州、金华多次举办了摄影展。蔡天新这样的数学老师是可遇不可求的，而他的存在也给我们足够的期待和希望：只要水平够了，看起来枯燥无味的理工科课程也是可以讲得味道十足的。

当然，蔡天新老师也不是完美无缺的。有些听众也提出，蔡老师的讲课，内容上知识丰富，视野开阔，有广度和宽度，但如果编排得更紧凑一些，重点更突出一些，详略更得当一些，更有思想性一些，那就更好了。而在讲课的艺术方面，蔡老师如果脱稿更彻底一些，节奏更明快一些，表述更精炼一些，声调更抑扬顿挫一些，幽默感更多一些，那魅力指数无疑会成倍增加。

厉以宁的一个讲课技巧

厉以宁曾在北大做过一个讲座：《当代经济中的热点问题》。虽然厉先生是著名的经济学家，以钻研尖端和深奥的问题为己任，讲的又是我完全外行的经济学，但我理解起来完全没有问题；不仅理解了，还从中获得了不少的启迪。这完全要归功于厉先生非常善于运用一种朴素而有效的讲课技巧：举例子。那么，他到底是如何举例子的呢？不妨举三个例子加以说明。

第一个例子。厉先生说，就算技术没有创新，如果体制创新了，同样可以推动生产力的发展。于是便举了一个例子：1979 年农村搞的家庭联产承包，技术上不但没有进步，甚至还倒退了——人民公社时期队里有拖拉机可以使用，承包以后农民只能用牛耕田了，但劳动积极性大了，粮食从欠缺到丰收，这表明只要体制创新了，就算技术没有进步，生产力也可能发展。

第二个例子。厉先生说，一般情况下，平均分配不是公平，但在特定情况下，这也意味着公平。举个例子，某个城市缺水，定量给每个人每天一桶水，有钱没钱都一桶，这就是公平。再举个例子，发洪水了，地震了，大家没粮食吃，空投面包，分面包时一人一块，每个人都一样，这就是公平，因此特定条件下的平均分配是公平的。

第三个例子。厉先生说，公平来自认同，因为每个人都属于某个群体，你如果认同这个群体，公平就产生了，不认同，公平怎么也产生不了。举一个例子，家庭是个最小的群体，家庭中有三个小孩，父母生第一个小孩时家庭经济不好，只能读中专，第二个孩子出生时家庭情况好转，读大学，第三个孩子可以出国留学。如果三个孩子对家庭是认同的，对父母当年处境是谅解的，哥哥或姐姐都不会认为自己受到的是不公平待遇。家庭如此，单位、企业、社会也是如此，只要有认同，就会产生公平感。

无论是面对学生，还是面对公众；无论是面对内行，还是面对外行，厉先生在阐述一个经济学概念或者观点时，都至少会列举一个来自现实生活，非常容易理解的例子。这让他的授课变得通俗易懂，又自然地将专业和生活紧密地联系在一起。这种讲课技巧简单有效，非常值得推广。我听过湖南科技大学吴广平教授的一次教学经验报告。吴教授说，老师讲专业问题时，要善于举例子。比如，为了说明“汉语中有些词看似是反义词其实不是反义词”这个问题，就需要举例子：1.“上”和“下”未必就是反义词——杯子掉到了地上和杯子掉到了地下，其实是一个意思。2.“胜”和“败”未必就是反义词——我打胜了你和我打败了你，其实是一个意思。3.“内”和“外”未必就是反义词——吴老师的几个韩国美女学生要回国了，来他家告别，她们情真意切地说：“吴老师，以后不要把我们当‘外人’。”吴老师说：“这是自然。”她们又说：“吴老师以后要把我们当‘内人’。”已经结婚的吴老师大惊失色：“这个要不得，就算我没有结婚，也不能一下子有五个‘内人’啦!”

讲稿也许可以这样写

老师既是演员，也是导演，当然还是编剧。作为编剧，编出怎样的讲稿很重要。如今的电影、电视越来越不好看了，主要原因不在于演员不给力、导演很差劲，而在于缺乏好的编剧。同样的道理，讲好课的基础是写出有水平的讲稿，如果讲稿不行，那么形象再好，普通话再标准，再怎么有技巧，讲课也会乏味无趣。

那么，何谓好的讲稿呢？或许，南京大学潘知常教授的《说〈水浒〉人物》（上海文化出版社 2008 年）值得大力推荐一下。这不是最好的讲稿，但无疑是有个性、有品位的讲稿，自然也是我个人最喜欢的那种讲稿。说得具体一些，就是这部讲稿将固性的知识、软性的思维和精神的感召很好地融合到一起，达到了寓教于乐、雅俗共赏、深入浅出的教学目标。

首先看固性的知识。在充分了解和理解作品的基础上，潘知常能够用最精炼、准确、严肃而又带点无厘头的潘氏语言，将每个人物的特点三言两语地揭示出来。不妨举几个例子：

1. 林冲原本是一个成功的金领，更几乎是一个完美男人，除了假、丑、恶，林冲的人生应该说什么也不缺少；然而，命运的一次意外脱轨，却把这位成功金领最终逼成了一直为他所不齿的草寇。

2.（潘巧云）这个生在巧日，以巧为名的巧女，为什么她的人生偏偏一样都不巧呢？尤其是，这一切的“巧”与“不巧”是不是潘巧云自己“弄”巧的结果呢？

3. 说起扈三娘，她无愧为梁山第一当家花旦，人长得漂亮，武艺也高强。放在今天，投身行伍，一定是军中一枝花，跻身娱乐圈，那也很有希望成为杨紫琼、刘玉玲这样国际知名的功夫女星。不幸的是，她生错了时代，更不幸的是她的家族惹上了附近的反政府武装梁山好汉，结果这么一位让许多人喜煞羡煞的“美女才女”却遭遇了最不幸的命运逆转，成了《水浒》里最沉默的一个女性，成了一个只管动手，从不动口的“哑美人”。

4. 更值得一提的是，柴进还是一个著名的钻石王老五。他这个钻石王老五称得上是超大克拉的。人们都难以忘怀普京冷峻的眼神，也难以忘怀克林顿魅惑的微笑，柴进一定也有这样冷峻的眼神和魅惑的微笑，所以，柴进不仅仅是走到男人面前，他们肯定就会高呼：“哦，金钱财神来了。”如果是走到女人面前，她们也会赞叹：“哦，大众情人来了”。

老师讲的是作家创造的故事，所以首先要尊重作品，不能在课堂上胡编乱造，而要尽量忠实于原作。但是，老师要做的不仅仅是对原故事简单的复述，而是要“创造性”地复述，换言之，老师对原作要有创造性的叛逆，要用自己的方式、自己的语言、自己的想象力将原作重新创作一遍。潘知常所说的《水浒》人物，既尊重了原作，将基本知识点传达给了学生，又说出了自己的味道、自己的构思和自己的感情，要比原作更加接地气，更加有现实感和生活气息。

其次看软性的思维。除了重讲的故事很洋气、很风骚，潘知常对故事的分析也非常到位，很有启发性，真正体现了文学课的“悟性”和“灵性”。比如他这样分享林冲悲剧的启示：

从社会的角度看，林冲的悲剧是一个社会的悲剧，林冲的故事告诉我们，对于一个社会来说，最最重要的，就是要尊重人的尊严。一个社会如果把林冲这样的人都逼上了梁山，那么这个社会就一定是没有尊严的社会。

不过，从个人的角度来说，林冲的悲剧也有他自己的原因，我们常说，性格决定命运，林冲的性格就决定了他的悲剧。设想一下，如果当初林冲像鲁智深那样，像武松那样，或者像别的梁山好汉那样，不再窝囊，“该出手时就出手”，把高衙内杀了，实在不行，把高太尉也杀了，然后再冲上梁山，那给我们带来的一定是一个全新的故事，我们就会对林冲更加敬佩，更加尊重。可是我们看到的林冲的故事却恰恰不是这样，因此，我们也只能哀其不幸、怒其不争了。

总之，要尊严还是要安全，看起来是一个矛盾的选择，其实并非如此。结论十分简单：只有守住尊严的底线，我们才能拥有真正的安全。

再看他对鲁智深故事的感悟和拓展：

我一直在想，如果鲁智深生活在今天，他最有可能在我们社会公共生活中的哪一块冒尖呢？这个人本性不坏，喜欢做“梦”，自我感觉超好，走到哪里都觉得自己就是正义附体，绝对有理；打着“正义”的招牌，缺少个人主见，却高度热衷于“我要代表正义消灭你！”鲁智深最像谁？不错，就像当今活跃于公共网络空间的那些“以键盘作为武器”“爱砍谁就砍谁的——“网络暴民”。网络暴民很坏吗？有一句流行语前半句说得很好：“网络暴民都是好孩子。”

鲁智深，也是一个好孩子，但是，就是长不大。

我想说的是，这种联系现实生活对故事所做的提升是见功底、见水平的。如果对原作的理解不够透彻，对现实生活的认识不够深刻，是很难写出来的。

最后看精神的感召。听潘知常讲课，不仅能学到知识，学会思维，还能获得精神的熏陶。我觉得，他的讲稿是有情感、有信仰的，那就是鄙视邪恶、暴力、虚伪，张扬善良、仁爱、真诚。我们来看他对扈三娘的慨叹：

扈三娘在失去亲人以后已经没有了自己的感情，没有了自己的意志，没有了自己想要的生活，她的心死了。可是，我们怎么解释那面最美丽、最张扬的旗帜——“美人扈三娘”？在沙场阵前，她依然飒爽英姿，斗志昂扬。或许，这就是扈三娘赔偿给自己的一个精神世界，一个卑贱人生中的高贵精神世界。

她的花容是暗淡的，但她对人生的热情和爱心却在精神的世界里张扬着。

不过，既然扈三娘是始终无语的，那么，对于她的选择，我们所能够作出的最好选择，其实也应该是——无语。

在我看来，这或许才是对于她的最大的尊重。

再来读他对潘金莲最后的评说，也让我无比动容：

封建社会强加给了潘金莲一个不得不接受的命运：艰难的生存环境、她所不爱的老公以及礼教束缚等等。而那个社会给每一个人提供的自我拯救的空间却又实在太小，对于潘金莲来说，更是如此。因此，潘金莲不想追求自己的幸福便罢，如果她想争取自己的权利和幸福，就必须铤而走险，就必须不顾一切，必须鱼死网破。

所以，透过潘金莲的故事，我们更应该看到一个民族背后的精神创痛，而不能把这个创痛简单地归结于潘金莲，如果是这样，就实在太有失公正了。

我引用原作已经够多了。但最后，还是忍不住引用他对武大郎悲剧的一番喟叹，作为本文的结束：

在武大郎的悲剧面前，我的心情异常沉重。因为摆在我们面前的是一个非常严峻的社会问题和人性问题，这就是：像武大郎这样的一个好人，最后的结局竟然如此之惨，那么，普天之下又还有谁敢再做好人？如果一个社会做好人成本这么大，如果一个社会谁善良谁付出的代价就大，那这个社会谁还敢善良，谁还敢做好人？

参考书目：

潘知常：《说〈水浒〉人物》，上海文化出版社 2008 年版。

能者为师

某高校教务处下达了《关于进一步落实听课制度的通知》。通知规定，学院（或教学部）老师，每学期听课不少于6课时，每次听课时间不少于1课时，听课时不得迟到和中途离开，听课后认真填写“听课记录本”，并且及时反馈相关意见。

听课肯定是教师提高讲课水平的好方法，因此，将听课作为制度规定下来，无疑是英明之举。但是，在实际执行过程中，却未能成为老师们自觉的行为，很多老师会以“家里事多”、“科研任务重”、“完全没有必要”等为由，能逃避就逃避，能糊弄就糊弄，能造假就造假。

当年的西南联大，听课并未成为一种明确的制度，但却成为老师们一种自觉的行为。汤用彤讲课，冯友兰每堂不缺地去旁听。冯至讲歌德，哲学系的沈有鼎也去听：“坐在冯先生对面的是一位奇特人物。他个子瘦小，看样子四十岁上下，也穿着蓝布大褂，但是打了补丁。进课室后，拿下头上破了边的大草帽，顺手放在墙角，坐下来就专心听讲，一动不动，更不看旁人一眼。”沈有鼎还于1942年6月到11月年间，旁听了陈康的《柏拉图的年龄论》、冯文潜的《美与丑》和朱自清的《宋诗的思想》等课程。根据朱德熙的回忆，沈有鼎还去听唐兰（立庵）先生的古文字课：“当年在联大听先生课的，除了中文系同学外，还有两位教授，一位是物理系的王竹溪先生，一位是哲学系的沈有鼎先生。”陈寅恪讲课时，吴宓、朱自清、浦江清、北京大学的德国教授钢和泰等都去听，尤其是吴宓，“风雨无阻，每堂必到”。郑昕开《康德哲学》课，数学系教授程毓淮也来听。正如张世英在回忆中说：“旁听在西南联大蔚然成风，不仅学生旁听老师的课，而且老师之间互相旁听之事，也经常有之。我亲身经历的是，闻一多与沈有鼎，两人同开‘易经’课，经常互相旁听。”

虚心听同事课的，还有一位大学者，他就是季羡林。1946 年，从德国留学归国后，季羡林被聘为北京大学教授和文学院东方文学系系主任。贵为教授和系领导，季羡林却迷上了去教室听课：

汤用彤先生正开一门新课《魏晋玄学》。我对汤先生的道德文章极为仰慕。他的著作虽已读过，但是，我在清华从未听过他的课，极以为憾。何况魏晋玄学的研究，先生也是海内第一人。课堂就在三楼上，我当然不会放过。于是征求了汤先生的同意，我每堂必到。上课并没有讲义，他用口讲，我用笔记，而且尽量记得详细完整。他讲了一年，我一堂课也没有缺过。汤先生与胡适之先生不同，不是口若悬河的人。但是他讲得细密、周到，丝丝入扣，时有精辟的见解，如石破天惊，令人豁然开朗。我的笔记至今还保存着，只是“只在此室中，书深不知处”了。此外，我因为感到自己中国音韵学的知识欠缺，周祖谟先生适开此课，课堂也在三楼，我也得到了周先生的同意去旁听。周先生比我年轻几岁，当时可能还不是正教授。别人觉得奇怪，我则处之泰然。一个系主任教授随班听课，北大恐尚未有过，但是，这有什么关系呢？能者为师。在学问上论资排辈，为我所不取。

毋庸讳言，天然的自尊心让同时代的学者相互认同、相互欣赏成为一件很难的事情。西南联大的名师们，以及季羡林先生在学术上自成一家，对自己的专业研究都是相当自信甚至自负的，如果他们只是把自己当作学者的话，未必能够以“学生”的心态去聆听另一个身边学者的“教导”，而他们之所以乐意坐在另一个学者的课堂之上，主要还是因为他们非常看重自己教师的身份，为此，他们可以“放下身段”，虚心向同事学习讲课的技法，其出发点显然是为了学生而不是为了自己。

第二编　教育的理念

读书的校长有何不同?

在一次无党派人士座谈会上，我提出一个看起来狂妄但却真诚的建议：希望有些校领导能够专业一些，具体来说，不管他们以前是研究什么专业的，在做了校领导后，能够“抽空”读几本文科方面，尤其是教育方面的书。这样，以后和师生谈起教育，不至于不知所云或者胡言乱语。

既然大家都承认读书的人和不读书的人肯定是不一样的，那么，我们也应该意识到读书的校长和不读书的校长也一定是有差别的。差别在哪里？对于这个问题，我并没有系统研究的义务。但作为一名在教育界奋斗了十几年的老兵，我还是有一些切身感受的。其中一个最直接的印象是：读书的校长，讲话稿是自己写的；不读书的校长，讲话稿是秘书写的。

在给大学老师做教学方面的培训时，我总是以我熟悉的中学老师郭务强为例，期望以此激励年轻的大学老师们能够像郭务强那样，将读书和写作当成一种习惯。郭务强做老师做得优秀，做管理做得杰出，水到渠成地成为湘潭市一中的校长。做校长期间，他大大小小的发言做了数百场。荣退之前，他出了一本《和谐的激励——郭务强校长演讲录》（湖南人民出版社 2007 年）。该书在封底很自豪地写了一段广告词：“我的讲话，或不用稿，或自己写稿，一律不用他人的。坚持做到说真话，说有见地的话，说经过思考的话，说有个性的话；坚持做到不说套话，不说废话，不说假话，不说大家听不懂的话。因为我认为每个人都应该有自己的话，讲出来的话要让大家爱听，要能够使听众情绪高涨，思维活跃，这样演讲的目的才算达到了。我当校长，把每一次讲话都当成一次考试，认真准备，从不去浪费师生或家长的时间。学校师生感觉到我离他们很近。”

除了这本演讲录，郭务强还出了《握手名师——一位中学校长的拜师手记》《课余履痕—— 一位中学校长的且行且思》《教坛漫拾—— 一位中学校长的育人心得》等著作近 10 部。或许，在习惯了体系性、学术性的大学老师看来，这些随笔性的著作好像有些“简单”——我将这些著作送给一些刚毕业的、准备当中学老师的硕士研究生看，他们的第一反应是“我也能写”。但最大的问题是：他们写了吗？他们不仅现在没有写，恐怕整个职业生涯也不会写。所以说，看起来简单的事情，未必真简单。比如《握手名师》，里面收录的是郭务强的听课心得。试问：有多少大学老师能够自觉地、经常性地听课？又有多少大学老师在听完课后，还带着研究的眼光，将听课心得一篇一篇地写出来？同样值得大学老师学习的还有魏书生、李镇西等著作等身的中学老师。写书只是表象，他们热爱读书、热爱教育才是问题的本质。我最近开始模仿魏书生的《班主任工作漫谈》和李镇西的《做最好的班主任》，着手写一本如何当大学班主任的书，还没有动笔，就已经知道有多难了。

余三定，一位酷爱读书的大学校长，在“爱思想”网上开设了专栏，经常与读者分享自己读书的发现与快乐。2014 年 7 月 18 日晚 9 ： 05，他给文友们发来短信，说自己在湖南理工学院 2014 届毕业典礼暨学位授予仪式上的讲话已经上传到专栏里，请大家多指正。我上网一看，不禁乐了：余校长送给毕业生的“四句话”中，“第一句话”正是他的口头禅——“快乐读书”，里面有几段话写到我心坎里去了，忍不住摘抄如下：

为什么我们在大学毕业后要继续读书，还要快乐读书呢？理由主要有两条：第一条理由，是由于我们工作的需要、事业发展的需要。在传统的农业社会里，一个人的一生，他的读书阶段和工作阶段可以截然分开，他在人生的幼年、少年（或者延伸到青年时期）读了一段时间的书后，他所学到的知识就够他一辈子使用了。但是，在现代社会，在知识爆炸的信息时代，知识更新很快、增长很快，我们每个人要适应未来的工作需要就必须不断地学习，正是在这样的基础上产生了“继续教育”、“终身教育”的理念。第二条理由（也可能是更重要的理由），是由于我们人生的需要。我想先引用中国人民大学著名哲学学者陈先达的话来做论据，他有一篇文章，题目叫《一世读书抵封侯》（发表在《人民日报》2013年10月13日），他说：“一个把阅读当作生活方式、当作生命一部分的人能健康长寿。书是一味最好的保健药。凡是喜欢读书，以读书为乐，勤于用脑的人，都比终日无所事事的人活得健康、活得明白。”培根在《论读书》中也说过：“读书使人充实。”上面是我的提倡大家毕业后“快乐读书”的两条主要理由。在此，我还要引用台湾著名经济学学者高希均的一段话，他提出了一个命题叫“新读书主义”，其要点分为两部分：第一部分为：“身心再累也要读书；工作再忙也要谈书；收入再少也要买书；住室再挤也要藏书；交情再浅也要送书。”第二部分为：“最庸俗的人是不读书的人；最吝啬的人是不买书的人；最可怜的人是与书无缘的人。”我很赞同高希均的“新读书主义”，所以特此在这里与同学们分享。

作为不善交际的一介草民，我认识的校长非常有限。但这并不妨碍我得出这样的结论：和不读书的校长比较起来，读书的校长至少有三个比较突出的优点：一是更善于表达思想，可以用让人舒服的方式说出很多他人想说却说不出的话；二是有很多自己的教育理念或思想，对教育问题有自己独到的思考；三是他们更有一种书卷气和亲和力，更符合民众对教育工作者应有气质的期待。

郭务强是学历史的，余三定是学中文的，可能有人会说，学文科出身的校长，自己写讲话稿，而且写得很好，是理所当然的。这种说法很值得商榷，因为，一方面，学文科出身的校长，也有很多让秘书写讲话稿的，也有很多自己写讲话稿却写得很弱智的，原因很简单：他们工作以后，有时间喝酒却没有时间读书了；另一方面，学理工科出身的校长，也有不少自己写讲话稿子的，并且写得相当不错的，比如张楚廷，原来是学数学的，当校领导后，苦读文学、历史、哲学、宗教、艺术、教育、经济、管理、法学等各方面的书，后来成了著作等身的著述家，写出的教育学论著不仅很哲学，而且很文学。

读书的校长总归是少数，不读书的校长总归是多数，这可能既有所谓体制的原因，也同校长个人的素质和追求有关。在当今社会，校长不读书也可以继续当校长，以至于有网友在讨论“如何成为好校长”时调侃到：“在现有体制下，听领导话的就是好校长。”但是，读书的校长无疑更懂教育，更有个人魅力，更受师生尊敬，至少在讲台上更自信，更洒脱，而不读书的校长，没有自己的思想——要提出一个什么办学观点，还需要弄一个团队帮他想；没有自己的语言——要做个简单的发言，还需要调动整个学校的秘书帮他捉刀。

这不免让人产生两个疑问：一是现在的秘书也未必有时间和心情读书，又能写出什么样精彩的稿子？二是干什么都用替身，还用你当校长干吗？

刘再复的“教育论语”

我一向喜欢读将文学视为信仰的刘再复先生的书，于是看到《教育论语》，便毫不犹豫地买了下来。不出意外，里面果然有很多关于教育的真知灼见，激荡我心。

刘再复先生说，从教育学上说，工具理性是指知识，指逻辑，指人之外的物理、业理、原理等等，而价值理性则是指“人”本身的真、善、美等主体价值。两种理性都重要，但价值理性理应是第一位。如果说“智育”的重心是培育工具理性，那么，德育、美育、体育乃至整个教育的要义则应是培育价值理性。

这段话诱发了我这样的思考：人类的最大问题之一是“太聪明”了。我觉得教育应该引导学生学会变笨一些，尤其是面对自然、面对欲望时，变得痴呆一些，迟钝一些。记得尼采说过，人类将太多的智慧浪费在商业和政治上，这是对人类智慧的侮辱。作为老师，我努力的方向是：在日常讲课和面向社会大众的演讲中，多张扬一些德育、美育和体育的东西，引导他们关注生命本身的价值。

刘再复先生说，不一定要当大学教授，当中学、小学老师，也是最光荣的职业。当中小学老师比当大学老师更有意思。这段话，我深以为然。我一直认为（可能也是一种偏见），当中小学老师比当大学老师更有价值，因为中小学老师水平的高低对中小学学生水平的高低的影响更直接一些，而大学老师水平的高低对大学生水平的高低的影响则没有那么明显。我还认为，当中小学老师也比当大学老师更有难度：大学老师可以比较安全地混一辈子，中小学老师如果“混”一个学期，就有可能引发学生的“暴动”。

刘再复先生说，我把学校、寺庙、医院视为人间的三大净土，而学校则是第一净土。我也认同这个看法。虽然学校偶有龌龊之事，寺庙偶有污浊之人，医院偶有令人愤慨之行径，但整体和相对而言，我们的学校是纯净的，寺庙是超脱的，医院是单纯的。我虽然没有能力做医生，没有想法做和尚，但有能力、有想法成为一名大学教师，在一片净土的大学校园里自由自在地度过此生，实乃上辈子修来的福分。

刘再复先生说，我从事文学，认定文学就是人学、心灵学，终极关怀还是人，这本就与教育学相通。所有的文学大师，也可以称之为教育家。单就文学而言，寓教于乐是它的本质。文学有强大的娱乐功能，这让文学的教育是潜移默化的熏陶而不是粗暴简单的说教；文学还有强大的认识功能和教育功能，这让文学的教育指向的是深沉的美感而不是肤浅的快感。喜爱文学之人，教授文学之人，就算做坏事，坏得也会有底线。

刘再复先生说，“生命质量”的目的大于“生存技能”的目的；学生应品学兼优，而“品”为第一；灵魂的健康大于体魄的健康。刘再复又认为，《三国演义》中的英雄枭雄们，他们都很有本领，都很聪明，但心灵大有问题。我们的教育目标，就不能培育曹操、刘备、孙权、司马懿这类布满心机的“三国中人”，也不能培养满身破坏性格的嗜杀好斗的“水浒中人”。

我的补充是：培养德才兼备之人，永远是教育的最高目标之一。一个人有德无才，至少对社会无害，一个人有才无德，只会增加社会的负能量。如果这种人做了领导，肯定多半会搞垮一个单位。所以但丁说得好：一个无才能的人可以通过道德来弥补，一个无品德的人却不可以通过才能来弥补。只有品行端正又有才能的人，才能推动社会的和谐与发展。

刘再复先生说，中国的教育结构比美国的教育结构更为合理，因为它是三维结构，即包括德育、智育、体育三维。1949 年之后，中国的教育体系仍然保持三维结构，这是好的。然而，德育一维逐步变形变质了，变成意识形态教育。但是意识形态教育说到底只能解决立场问题，而不能解决“做人”的全面问题，例如如何对待社会，如何对待大自然，如何对待他者，如何对待强者，如何对待弱者，如何对待长者，如何对待成功，如何对待失败，如何对待婚姻，如何对待朋友等诸多问题。面对这一切，都需要有一种心灵原则和道德底线。

我的体会是，中国的教育体系，依然是智育占第一位的。德育在理论和形式上也受到特别重视，但在实际操作过程中，由于方法的简单粗暴，不少德育变成了空洞的、抽象的、片面的、居高临下的道德说教，实际效果并不明显。至于体育，也许有一些口头的呼吁或者理论上的阐释，恐怕很少有学校真刀真枪地付诸实践。在我的视野中，小学有体育课，但没有体育老师。中学和大学，也有体育课，也有体育老师，但体育课老师没有用心教过，学生也没有用心学过，而体育老师虽然都非常有型，却是最边缘、最没有话语权的一个群体。

刘再复先生说，孔子讲“学”，有狭义的“学”，即课堂里的学，还有广义的“学”，即课堂之外的“学”，社会中的学。后来禅宗讲处处可以“悟”道，也是指课堂之外处处可以学。所言极是。学习不仅要学习专业知识，还要学习一切与生活、生命有关的知识。与此相应，老师的“教”也不仅局限于专业知识的传授，还应该延伸至精神和人格的熏陶。简单地说，老师要求学生去做的，自己也应该率先做到，还要做得更好。身教胜于言传嘛！从 2015 年开始，我主动要求担任班主任，并且准备好好研究怎样当班主任，正是打算恢复教学的完整性，将课外教学提升到和课堂教学同样的水准。

刘再复说，读书有三个步骤：拥抱书本→穿透书本→提升书本。要读书，这是基础，就像一个人要长身体，一定要吃饭一样。但是，饭吃得多，如果消化不良，有可能还是不长肉或者只长赘肉。所以说，不仅要多读书，还要善于读书，要用智慧去理解书而不仅仅用智商去了解书。理解了书之后，还要能将书的营养转化成生命的动能和力量。

参考书目：

刘再复：《教育论语》，福建教育出版社 2012 年版。

钱理群的“书院教育”

在《我的教师梦——钱理群教育讲演录》中，钱理群先生有一个“书院教育”梦。这个梦起源于他对当今研究生教育的担忧。在他看来，如今的师生关系变了，越来越变成“老板”和“打工者”的关系。师生关系变化的背后是教育的变质，变成只是知识的买卖。即使不是露骨的买卖，也变成纯粹的知识的传授，缺乏心灵的交流，思想的碰撞，人格的影响，性情的熏陶，精神的吸引与传递。

钱理群先生认为，要改善这种现状，或许，中国传统的书院教育可以提供一些灵感和动力。中国古代教育素有尊师爱生的优良传统，但这个传统却并非在官学而在书院，因为官学的师生许多时候以利害关系为主，故关系容易流于冷漠疏远，不及书院的师生往往有着纯粹而真的师生关系。一方面，由于生徒是择师而从的，他们未入门时已对老师的学问和人格十分仰慕，加上入门后得到老师的悉心教导及人格感召，故对老师更加尊崇。以理学家陆象山为例，他与学生有着深厚的感情，当他逝世后灵运回家乡，弟子门人前来吊唁哭丧者近千人。另一方面，老师教导学生，并不重在传授知识，而着重动之以情，说之以理，更重以身作则的人格感召，因此，往往对学生十分爱护和关怀。以朱子为例，他白天忙于公务，晚上才到书院讲学，据说他“随问而答，略无倦色，多训以切己务实，毋厌卑近而慕高远。恳恻至到，闻者感动”。

总之，在钱理群看来，与当今大学相比，虽已没落的书院教育至少具有两个明显的优势：一是书院教育重视师生、同学之间的密切往来，用今天的话说，即所谓零距离接触。二是注重人与自然的感应。概而言之，在人群的和谐以及人与自然的和谐气氛下，人的生命就进入一个沉潜的状态，才能尽情享受读书之乐，切磋学问之乐，同时思考生命、宇宙、人生、人性、中国、世界、人类的大问题，以尽情享受思想之美，进入真正的教育与学术的境界。

应该说，将当下中国的研究生教育全部转变成书院教育，不太现实，也没有必要。但是，一些有条件、有时间、有思想、有追求、有创新精神的导师，可以在个人的研究生培养中借鉴书院教育的优势。比如，喜欢喝茶的导师，不妨每周邀请研究生一起去茶馆喝下午茶，这叫有组织的“茶馆教学法”，当年西南联大有不少导师就是这么做的；喜欢散步的导师，不妨每周邀请研究生围绕着校园转几圈，既锻炼了身体，也交流了思想，当年亚里士多德也是这么做的；喜欢旅游的导师，不妨每周邀请研究生郊游一番，既亲近了大自然，也融洽了师生的情感；喜欢烹饪的导师，不妨每周邀请研究生去家中大吃一顿，既补充了学生的营养，又彰显了学术的人间烟火味；喜欢打篮球的导师，不妨每周邀请研究生一起打一次篮球，大汗淋淋之后，畅谈学术、人生和社会，自然也是别有一番情趣；喜欢打麻将的导师，那就不要邀请研究生一起打麻将了，影响不好。

钱理群先生的“书院教育”梦，之所以只是个梦，不是因为如今的研究生导师缺乏能力、缺乏时间，而是因为缺乏一颗做好导师的“心”。做任何事情，心不在焉，都无法呈现最好的状态和最高的水平。可究竟如何让研究生导师们“收心”，这并非我要考虑以及我能考虑的问题。或许，我一贯的态度就是：不管外界的环境如何，每一位导师都可以像钱理群先生那样，坚守自己的信念和追求，做好自己的分内之事。

陈平原的“大学小言”

不是学教育学的陈平原先生却是中国最好的教育学家之一，他关于大学教育的论著，在我看来，是篇篇精彩，部部绝伦。这不，手头这部新书《大学小言——我眼中的北大与港中大》也不例外，下列言论更是触动我丰富而敏感的心弦。

陈平原先生说，短论就是短论，随笔就是随笔，卸下了学问的盔甲，畅所欲言，未尝不是一件快事。若不拐弯、不加注、不粉饰，直来直去，三言两语就道破天机，或直指人心，那才叫本事呢。

作为一名后学，我对当代学术界的文风是比较失望的。我个人觉得，既能耍长枪，又能使短棒；既能用匕首，又能玩弹弓；既能写长篇大论，又能写精短随笔，是真正有学问之人。可惜，当今人文学者，有几人使过“短棒”、玩过“弹弓”、写过“精短随笔”？是不愿也？还是不能乎？殊不知，用杀鸡的刀宰牛，也是一门艺术。

陈平原先生说，最喜欢谈国外大学如何如何的，多是进修三个月的访问学者。因为，新鲜感还没过去，尽往好处想，且觉得事情就是这么简单。待久了，你知其然也略知其所以然，了解阳光底下的阴影与黑暗，反而不敢轻易下结论。

一个人越缺什么就越喜欢炫耀什么。当然，也可以说，一个人越在乎什么就越喜欢炫耀什么。最喜欢谈国外大学如何如何的，除了在国外短期游学的，还有那些从未到国外大学读过书的。没有关系，我们嘴上谈的是国外的大学，心里想的却是中国的大学。关键不是国外的大学如何如何，而是我们需要把国外的大学描绘得如何如何，以作为彰显（多半是批评）现实的镜子。

陈平原先生说，大学应该有“精神”，但此精神属于“共同（或相近）的思想立场、价值体系与文化资源”。倘若每所大学都要另起炉灶，总结出自己独有的“精神”，然后大家宣传，自我标榜，绝不是好事情。

本人就作为教师代表，参加过提炼湘潭大学精神的研讨会，但结果却是不了了之。每所大学都要提炼出自己学校独有的大学精神，既很难做到，也没有必要。我也终于明白，无论是“艰苦奋斗”还是“为人民服务”都不足以描述湘大独有的大学精神，因为中国乃至世界上任何一所大学都需要“艰苦奋斗”，都需要“为人民服务”。

陈平原先生说，大学校园里如何养出尊重知识、尊重学问、尊重人才的风气，不妨就从一件小事做起——开会时没必要念那么多领导的名字，从书记、校长，到常务副书记、常务副校长，再到副书记、副校长，最后还有校长助理等。连院系开会也都上行下效，介绍嘉宾时先看人家的级别。

对此，我深有同感。我曾在不少文章中呼吁，学校开会，让教授坐主席台接受听众的掌声和欢呼。现在我更大胆进言：学校开会，教授坐主席台，学生代表坐第一排（每个人前面还放瓶矿泉水），全体校领导坐最后一排。相信，校领导会因为他们的谦卑而在师生的心目中越发显得高贵。

陈平原先生说，关于大学管理，我有四句话：第一，展示愿景——让老师们看到国家的、大学的以及自己的前途；第二，了解自家人——切忌引进未必精彩的女婿，而气走好几个能干的儿子；第三，明确自己的位置；第四，善待青年学者。

关于这四句话，我也有四句话作为补充：第一，评教授没有指标，评副教授也没有指标，没有希望的人生多么悲催；第二，宁愿花 20 万引进一个博士，也不愿用 10 万留住一个教授，这账是怎么算的啊？第三，不少二本、三本学校也高喊着冲出亚洲，走向世界，没有发高烧吧？第四，青年学者没有话语权，谁会善待他们？

参考书目：

陈平原：《大学小言——我眼中的北大与港中大》，生活·读书·新知三联书店 2014 年版。

陶行知的素质教育观

何谓素质教育？今天的专家为此争吵不休却又不知所云。殊不知，陶行知早就有了清晰、透彻的阐述。

陶行知认为，受孟子的“劳心者治人，劳力者治于人”的二元论影响，中国的教育向来都是手脑分开的，这导致中国人有两种病，一种是“软手软脚病”，一种是“笨头笨脑病”。害“软手软脚病”的人，便是读书人，他的头脑一定靠不住，是呆头呆脑的；而一般工人农民害的是“笨头笨脑病”，所以都是粗手粗脚。治这两种病需要服用两帖药，一帖叫“脑化手”，使人人都有脑筋变化过的手，这是给读书人吃的；另一帖叫“手化脑”，就是一面用手，一面要有思想，这是给工人和农民吃的。开这两帖药的医生正是“教育”，就是说，教育的目的是让“手脑相长”，让受教育者在“劳力上劳心”，因为只有脑筋和手联合起来，才可以产生力量，把“弱”与“愚”都去掉。陶行知所主张和实践的“手脑相长”和“劳力上劳心”正是素质教育，它纠正的是“手脑分离”和“教劳心者不劳力，不教劳力者劳心”的非素质教育。

在有些场合，陶行知则将素质教育表述为“活的教育”，能使学生获得种种活的能力的教育。他认为，人生有高尚的，有低微的；有暂时的，有永久的；有完全的，有片面的，教育的目标在于：要使暂时的生活变得永久（这里的永久是指“长久”之意）——这需要重视卫生和体育，强健学生的体魄；要使得片面的生活变得完全——这需要教导学生顾及家庭和社会；低微的生活变得高尚——这需要引导学生在身体坚强的基础上塑造出健全、愉快的精神。如果说“手脑相长”和“劳力上劳心”说的是素质教育的手段，那么，这里的“活的教育”说的是素质教育的目标。

在有些场合，陶行知则将素质教育的目标表述为培养“整个的人”。做一个整个的人，有三种要素：一、要有健康的身体——身体好，我们可以在物质的环境里站个稳固。诸君，要做一个80岁的青年，可以担负很重的责任，别做一个18岁的老翁。二、要有独立的思想——要能虚心，要思想透彻，有判断是非的能力。三、要有独立的职业——要有独立的职业，为的是要生利。生利的人，自然可以得到社会的报酬。这个提法和今天有些办学者所言的“培养具有良好人文、科学素质和社会责任感，学科基础扎实，具有自我学习能力、创新精神和创新能力的一流人才”有着异曲同工之妙。不同的是，陶行知的提法更有逻辑，更有层次，更接地气，尤其是将“健康的身体”放在第一位，更是大大的亮点。

在《这一年》中，陶行知不仅对素质教育的阐释更加具体，而且将素质教育的目标和手段结合在一起来谈。他认为，生活教育的目标，分析开来，在乡村小学里，应当包含五种：1. 康健的体魄；2. 农人的身手；3. 科学的头脑；4. 艺术的兴趣；5. 改造社会的精神。“我主张以国术来培养康健的体魄，以园艺来培养农人的身手，以生物学来培养科学的头脑，以戏剧来培养艺术的兴趣，以团体自治来培养改造社会的精神。”这段论述，稍加改造，就可以搬进大学教育中：要用各种形式的体育运动来野蛮大学生的体魄，在体育遭严重“鄙视”的时代，这必须是放在第一位的；要用科学合理的社会实践来训练大学生的身手，以降低眼高手低的可能；要用高效的课堂和课外教学提升大学生的专业素养，以获得生存的基本能力；要用丰富的校园文化陶冶大学生的审美情操，为更有质感的生活打下基础；要用最真实的生活和社会引导大学生胸怀天下，为“小我”和“大我”、“个体价值”和“整体价值”的统一做好准备。

汪达之的素质教育观

1930 年，陶行知提出，教育要培养同时具备五种素质的人：康健的体魄、农人的身手、科学的头脑、艺术的兴趣和改造社会的精神。这实际上就是德智体美劳的另一种表达，自然也是对素质教育的一种清晰明确的界定。需要强调的是，陶行知将“体”（康健的体魄）放在第一位，暗合了“身体是革命的本钱”这一观念。陶行知将“劳”（农人的身手）放在第二位，与他“生活即教育，社会即学校”的理念一脉相承。陶行知将“智”（科学的头脑）只是放在第三位，大概是因为他意识到，人的智力只有类型之别而无绝对的高低之分，即大部分人都是聪明的，只不过聪明的领域不同而已。陶行知还强调了“美”（艺术的兴趣）和“德”（改造社会的精神）的重要性，对忽略了美育，以及虽然重视德育却不得法的当下教育也不无刺激和借鉴作用。

1929 年，陶行知委托其弟子汪达之担任晓庄师范在苏北的特约中心学校——新安小学的校长。汪达之以陶行知的教育思想为指导思想，在 1934 年制定了一份《淮安新安小学第六年计划大纲》（载傅国涌编《过去的小学》，同心出版社 2012 年）。《大纲》分为四个部分：一、经费；二、生活；三、环境；四、口号。其中最能体现陶行知教育理念的是第二部分“生活”。

“生活”部分的前言是这样写的：以“在劳力上劳心”的“教学做合一”的理论与方法，逐求达到五项目标为原则，以实验生活即教育的真实性。以共生活共甘苦为原则，养成生活的正确意识和态度。然后列出了生活的五项目标：1. 康健的体魄；2. 科学的头脑；3. 艺术的兴趣；4. 生产的技能；5. 自由、平等、互助的精神。与陶行知稍有不同的是，汪达之将“智”（科学的头脑）从第三位提升到第二位；将“劳”的表述从“农人的身手”微调为“生产的技能”，并将其地位从第二位下调到第四位；将“美”（艺术的兴趣）“的地位从第四位上调到第三位；将“德”的表述从“改造社会的精神”调整为“自由、平等、互助的精神”。其实，这些局部的调整在实际操作过程中的差别并不大，因为陶行知、汪达之都致力于培养出五种素质基本均衡和统一的“完整的人”，只会在培养过程中，针对不同学生的具体情况做具体的分析，而在培养结果上，并不会对五种指标中的哪一项有所偏颇。

为了保证五项目标的贯彻实行，《大纲》又分“个人生活”和“团体生活”两部分制定了详细的“生活方法”。“个人生活”共 27 项：

一、每天做内体运动一次。

二、每天整洁一次。

三、每天写日记一篇。

四、每天吃开水五大碗和豆浆一大碗。

五、每天大便一次，且有定时。

六、每天看本埠和外埠报各一份。

七、每年种痘一次。

八、每年洗澡约八十次到一百次。

九、每年和国内外小朋友通信十二封。

十、会写字体端正的字，并且写得快。

十一、会计算普通用数。

十二、要认识五百个生字，并且会用。

十三、要教两个以上不识字的人认识五百个字作扫除文盲的基本运动。

十四、要认识环境中最易见的动植矿物各十种以上，并且要观察各一种以上的生长过程，及对于人类关系。

十五、要认识每晚容易看见的恒星和行星十二颗以上，并能懂得风云雨露等自然现象的成因，和人生的关系。

十六、能欣赏名歌名画和自然风景。

十七、能画简单的构图。

十八、会唱十二首新歌。

十九、会弄一种乐器。

二十、会表演六种话剧。

二十一、会打六套拳术。

二十二、会制科学玩具及动植矿物标本各十种以上。

二十三、会开留声机、电影机和无线电收音机。

二十四、会摄影和冲洗、晒、印照片。

二十五、会运用十种以上普通药品。

二十六、要认识社会生活，并择一种构成社会生活之基本的工人生活如种蒲田者、瓦匠、木匠、石匠、铁匠……的生活，详细观察，并加记载，为研察社会科学的基础。

二十七、要学会游泳和撑船。

二十七条，无一不是紧扣“德智体美劳”而展开，体现了一位小学校长的良苦用心和对素质教育的深刻理解。时至今日，读起来依然震撼心魄和无比感动。

绅士教育的四个层次

约翰·洛克的《教育漫话》(发表于1693年，傅任敢的中译本由教育科学出版社于1999年出版）提出，教育的最高目标在于培养具有“德行、智慧、礼仪和学问”的绅士。我结合自己的教育实践，对这个目标加以改造和完善，提出绅士教育的四个层次。

第一个层次是仪表（相当于洛克所言的“礼仪”)。人很难改变自己的相貌(除非去韩国整容)，但可以提升自己的仪表。俗话说，人25岁之前的外表是父母给的，25岁之后的外表是靠自己修炼的。一个人在说话和行动之前，给人的第一印象是他的容貌、衣着、表情、气质等等。大学教育当然可以让人的仪表变得更美丽，以我的观察，每个读过大学的人，都比中学阶段变得更“洋气”了。“洋气”这个东西，是多少钱都买不来的。我的一个大学同学，大一时非常黑，在没有使用任何美白产品的情况下，大四时却无比的美白。看来大学还能够美容！我有一个学生，大一时是一个超级大胖子，经过经常性的体育锻炼，大四时已经是一个经常不穿上衣的肌肉男了。所以，我喜欢和学生们分享四句话：漂亮是先天的，美丽是后天的；女生是先天的，女神是后天的；美男是先天的，型男是后天的；男人是先天的，男神是后天的。

第二个层面是行为举止。爱德华·伯曼在《像新绅士一样生活》中，列举了当下中国很多“土豪”们一些很“土”的举止：昂贵的红酒里掺杂雪碧、西瓜片、柑橘片，一口干掉；最好品牌的大衣被随手扔在汽车的后座上；最贵的皮鞋永远没有擦干净，上面布满了灰尘；在汽车、金表、项链、名牌服饰和昂贵皮鞋上一掷千金，却穿着最廉价、粗短的袜子，并且是白袜子、黑皮鞋和深色裤子搭配；领带的长度很少恰到好处；在餐馆吃饭时，随时点起一支烟，旁若无人地吞云吐雾；在豪车里往大街上扔垃圾；买车只买贵的不买对的；脖子上挂着一条自行车锁一样的大金链子，等等。所以，大学教育要致力培养学生得体乃至优雅的行为举止，让他们努力养成一种让人很舒服的绅士风度——安静、低调、素朴、处处遵从规则等等。绅士风度往往体现在一些细节上，与那些可以彰显的财富和权势没有多大的关系。

第三个层面是谈吐。谈吐大致属于洛克所言的“智慧”和“学问”的范畴。当你的举止给人留下好的印象后，别人自然有和你继续交流、交往的冲动。于是，你们开始了语言上的互动。这时，你的“谈吐”就显得尤为重要。“谈吐”要追求形式，如果和一个说普通话的人讲一口地道的、难懂的方言，你的魅力立刻大打折扣；如果在一个很有逻辑的人面前语无伦次，他倾听的兴致会消失殆尽；如果在一个文学艺术修养很高的人面前高谈阔论美女豪车，他会露出鄙夷的目光。“谈吐”更追求内容，如果言谈中没有丰富的词汇，没有宽阔的视野，没有独特的见解，没有正能量的信息，没有一点点的幽默感，那么，你再怎么富有，别人也会认为你“富而不贵”；你再怎么位高权重，别人也会觉得你是“土鳖”一个；你再怎么声名显赫，别人也会以为你不过如此。

第四个层面是灵魂。这大致相当于洛克所说的“德行”。仪表堂堂，举止潇洒，谈吐不凡，固然难以修炼，但更难修炼的是内在的德行。路遥知马力，日久见人心。和一个人相处久了，知道他的所作所为了，才能真正了解他是不是灵魂层面的绅士。当年的纳粹，仪表难道不堂堂吗？举止难道不潇洒吗？谈吐难道不深刻吗？可是他们是天使的外在魔鬼的内心。真正的绅士，除了外在的风度，还必须是有德之人，诚如洛克所言：“我认为一个人或者一个绅士的多种品质中，德行是第一位的，是最不可缺少的。如果没有德行，我认为他今生今世都得不到幸福。”而德行比人情世故更难获得，一个人如果失掉了德行，很少能再恢复的。也就是说，如果一个人的德行够好，那么，就算他的举止粗鄙了一些，谈吐笨拙了一些，那么，他也算是真正的绅士。

要有幸福，必须先有健康

这些年，我结合自身的教训和经验，四处“鼓吹”体育至于幸福生活的意义。但这毕竟是个人的经验之谈，不是对每个人都有说服力。最近读到几本教育学的书，找到了不少理论上的支撑，以后演讲时，定会底气大增。

柏拉图在《理想国》中提到，6 到 17 岁的小孩，需要进入学校接受正规教育。教育的内容，一是体育，二是音乐：“体操用来训练身体，用音乐来陶冶心灵。”18 到 20 岁的青年，主要进行军事训练和体育锻炼。20 岁以后，学习的重心才转向智力训练。柏拉图希望通过教育培养出“理想国”的管理者、保卫者和生产者，而这三类人，都有一些共同的素质，即健康的体魄、优雅的灵魂和聪明的大脑。

亚里士多德在《政治学》中写到，人的灵魂分为植物的、动物的和理性的三部分，与此相适应，也就有三方面的教育：体育、德育和智育。教育的目的就是要让人的体、德、智得到全面和谐的发展。可见，亚里士多德是将体育放在首位的。在他看来，对孩童进行体育训练，有两个目的：一是使他们拥有强健的体魄；二是使他们具有尚武精神和坚强的意志。

约翰·洛克在《教育漫话》中将培养绅士作为教育的最高目标。而体育则被他作为一切教育的基础。该书的第一句话就是：“健康之精神寓于健康之身体，这是对于人世幸福的一种简短而充分的描绘。”他进一步呼吁：“我们要能工作，要有幸福，必须先有健康；我们要能忍耐劳苦，要能出人头地，也必须先有强健的身体。”在书中，洛克还对如何培养强健的身体提出了诸多详细的建议。

裴斯泰洛齐，一个很奇怪的名字，瑞士人，教育家，他在一部名字更奇怪的教育学著作《葛笃德如何教育她的子女》中，强调了一个并不奇怪的教育观点：体育是把所有潜藏在人身上的生理能量全部发挥出来的重要手段，因此，从小就应该通过抓、蹬、伸、举、拖、拉、走、跑、跳、转等各种活动发展儿童的体力，养成强健的体魄。

一方面，西方社会生活中浓厚的体育文化造就了上述教育学著作对体育重要性的推崇；另一方面，上述教育学著作对体育重要性的推崇反过来推动了西方社会生活中体育文化的发展。因此，我期待，国家顶层设计者将体育上升到国家战略的高度后，中华民族的各层次教育中，体育能够赢得应有的位置，体育老师能够从边缘走向中心，体育课能够从副科成为主科。

刘再复在《教育论语》中说，在青少年时代，我完全不知道有健康的体魄才有健康的灵魂这一道理。不能说身体健康就一定会灵魂健康，但两者是互动的。有健全的体魄，会更热爱生活，会更有力量拥抱生活，这就涉及精神与灵魂。反之，如果有抱负，有崇高的生活目的，心理上非常健康，这又有益于生理的健康。我和我的同一代人，政治意识和事业意识都很强，但缺少健康意识。现在想做的事很多，才觉得力不从心，体力跟不上心力，才想到要好好锻炼身体。如果从小学开始有这种意识与觉悟就好了。如果说德育可以培养学生的道德能力，智育可以培养学生的认知能力，那么，体育则可以培养学生的“意志能力”。体育课更重要的使命在于提高学生的“健康意识”和增强学生的“生活意志”。

热爱体育，前 21 年是我的教训。如今，则是我的经验。希望我们的下一代没有刘再复先生这样的遗憾了。身体健康乃至健美的人，无疑更加自信、乐观、有韧性和有生命力。经常性的体育锻炼不一定会延年益寿，像乌龟一辈子都不太运动，可以活一千年。但是，人一辈子像乌龟那样趴着有意思吗？我作为一名大学老师，在此郑重承诺，也会在力所能及的范围内，大力张扬体育的意义，帮助我身边的学生重塑健康的身体。

有一位老师提出的一个观点让我很兴奋和感动：玩，才能转动天地间的学问。我们老师是不是在课下时间，学习一下怎么玩？我尤其要隆重推荐的就是强身健体的玩法。你可以一个人夜跑，听着自己的脚步声和自己的思想交谈。你可以在家里或公园里练习瑜伽，重新认识你的身体结构。你可以参加骑行俱乐部，和有共同爱好的人一起快乐。你还可以出门旅游，长见识，赏风景。没有健康的体魄，就没有健康的思想。

身体之美与灵魂之美一定成反比吗？

随着观念的改善，这些年我对自己的外貌越来越“在乎”，曾调侃说：“如果做一个有学问的人和做一个帅哥是矛盾的话，我宁愿做一个帅哥。”我要表达的真实意思是：高级知识分子在加强内在修养的同时，也不能无视外在的修炼。网上有一组学生由本科经硕士研究生至博士研究生各阶段的照片比对，很搞笑，也很令人心酸。这组图片自然让人想起一句调侃的话：人的长相与人的学历是成反比的，人的身体之美和人的思想之美是成反比的。为什么会这样？到底是天灾还是人祸？在我看来，人祸的因素远多于天灾。

所谓人祸，即我们的教育从幼儿园开始，就漠视甚至无视体育。诸位看一看，从幼儿园到大学，体育老师是不是最不受待见的？体育课是不是副科中的副科？诸位想一想，我们写过“我的语文老师”、“我的数学老师”，甚至“我的政治老师”，有谁写过“我的体育老师”吗？

我们抛弃体育，体育自然也会抛弃我们。当我们的学历越来越高，知识越来越丰富，思想越来越深刻，灵魂越来越美时，我们的身体也变得越来越虚弱，越来越变形，越来越丑。

所以，当习近平主席提出将体育上升到国家战略的高度时，我为之一震。一个奉郭敬明、于正为偶像的国家，太需要通过体育来塑造阳刚之气了！而习主席的这一决策，如果能够得到很好地贯彻执行的话，必将重振中华民族的勇武精神。我们的下一代，也会获得灵魂之美和身体之美的和谐统一。

在我们的身边，有两个例子很励志。一个是减重的孟畅，东南大学土木工程学院大二学生。刚入学时，他体重 230 多斤，走一步路喘一口气。后来立志跑步，一年跑了 2300 多公里，也甩掉了 90 多斤赘肉，成了一名健步如飞的“男神”。

另一个是增重的笔者。读大学时，我 1.7 米的身高，体重才 106 斤。每次和人吃饭，总会获得这样的关心：“你这么瘦，多吃点!”听得我好心酸啊！体弱自然多病，每年都要感冒三次，一次三个月。读研一时，我步入篮坛，每天打球三小时以上。两年之后，体重慢慢增加，直到有一天，终于突破 130 斤，如今则一直稳定在 140 斤。打篮球属于健身而非健美，所以我并没有明显的腹肌，但是和一群 20 岁左右的小伙子打对抗赛，当他们弯腰喘气腿抽筋的时候，我却可以说一句：“就不行了啊，我才刚热完身呢!”

和高中同学聚会时，他们说我比十几年前还要英俊一些，此时，我更加明白了，其实灵魂之美和身体之美是可以成正比的。

人要为幸福哭泣

有人说，讲课的内容有三个层次：第一层是有知识；第二层是有理论；第三层是有精神。三个层次的统一，自然是最好的讲课。带着这样的信念，我试图通过上“外国文学史”课传递一种精神。渐渐地，我发现，这种精神其实就是“幸福”。

将“外国文学史”课上成了一门“幸福学”，或许有点庸俗。但我就是这么理解的。借用巴金那句“文学就是让人变得更好”，我要说，教育就是要让人变得更好。换言之，教育的终极目标是培养身体健康、人格健全、生活快乐的人。在宁乡实验中学墙上的宣传板上，白纸黑字写着“我们的教育目标：培养幸福的人”。既然教育的目标都是培养幸福的人，那我一门小小的课程，为何不为这个目标尽一份绵薄之力呢?

先从司汤达的《红与黑》说起。小说的主人公叫于连，十八九岁左右，像很多年轻人一样，特别渴望成功，为了成功，他可谓不择手段，不仅出卖了自己的肉体，也出卖了自己的灵魂。但小说的最后，他却对大家说，我过去那样将成功当作人生第一目标的做法是不对的，现在我感到后悔，人是为幸福而生的，不是为成功而生的。

整部小说给我的启发就是：为成功而活，人会变“黑”；为幸福而生，人会变“红”；人一辈子可以哭泣，但不应该是因为失败或者成功，而是因为失去或者得到幸福。所以，我想借助于连的悔悟告诉同学们：成功的人生不一定幸福，但幸福的人生自然成功；一个人成不成功，别人一眼可以看到，但一个人幸不幸福，只有自己可以体会。

人首先要解决的当然是观念的问题，毕竟人的改变首先是观念的改变。到底为幸福而活，还是为成功而活，归根结底属于人生观的范畴。或许，面对一个一无所有的人，大谈幸福比成功重要、精神比物质重要，多少显得虚伪。但是，我需要讲出自己对人生的感悟：为成功而活，可能会只注重能力的增强；为幸福而活，则不仅注重增强自己的能力，还会注重人生整体品味的提升，比如会比单纯的事业上的成功者更珍惜身体、珍惜爱情、珍惜婚姻、珍惜亲情和友情。而对这方方面面的珍惜，反过来也会推动事业的成功。

这些年，社会上还是喜欢将一些单纯的事业上的成功者简单地等同于人生的成功者。如媒体在报道中国科学技术大学一位 28 岁的美女博导时，用的标题正是“人生的赢家”。一个女孩，不仅 28 岁当博导，而且还长得很养眼，的确是事业上的赢家，但说她是人生的赢家，未免言之过早。

事业成功者，在功成名就之际，如果能够意识到幸福和成功的区别、人生与事业的区别，我想一般都不会因为成功而忘却幸福，因为事业而遗忘人生。那些事业成功，而人生缺乏幸福的人，多半是没有搞清楚两者之间的区别，所以，才糊里糊涂地过着下半辈子。

不可否认，我的课里面有很多心灵鸡汤。其实，我一直认为，鸡汤一定是好东西，因为可以暖胃；心灵鸡汤当然更是很珍贵的，因为可以暖心。

幸福不会突然来敲门

将追求个性写在脸上、挂在嘴上的大学生，大部分恰恰是最没有个性的，这主要有两个表现，一是堕落得没有个性，不外乎是逃课、同居、玩游戏、睡懒觉……二是进步得没有个性，不外乎是听课、自习、考级、入党、当干部、拿奖学金……这就是大学生活的“同质化”。从这个角度看，陈送军的诸多经历和经验就很值得其他大学生借鉴了。

陈送军，男，湖南娄底人，2013 年 6 月，毕业于湖南科技大学管理学院公共事业管理专业，获管理学学士学位。现为 80 后超级演说家，湘潭晶口才教育咨询有限公司总裁，上海领航企业管理咨询有限公司金牌讲师。

最近读到陈送军的第一本书《主动出击——做最好的大学生》（中国财富出版社 2014 年），给我的一个启发就是：要想做最好的大学生，首先要争取做不一样的大学生——很明确地知道自己想要什么和最有可能得到什么，以便将自己的个性和特长开发到极致。能够做到这一点，大学生活就基本成功了，以此为基础，未来的人生不说轰轰烈烈，至少也不会平平庸庸。

陈送军有一个观点很好：如果大学时读的是自己很中意的专业，毕业后要靠专业吃饭，要凭借专业实现自己的人生理想，那么就应该花更多的时间和心思在专业学习上，减少专业之外的投入是必需的。但如果对自己的专业不是很满意（哪怕它很“热门”），那么，就应该考虑将自己的业余爱好发展成特长了，比如刘欢大学时期虽然学法语，但却在音乐的道路上一路奔跑。

陈送军属于对自己的专业不太感冒的这一类大学生。所不同的是，在“同类人”唉声叹气、怨天尤人、迷迷糊糊、稀里糊涂的时候，他却早已经找到了自己的兴趣点：演讲，然后将全部的身心投入其中，最终在毕业之际，几乎是通过自学，于“演讲学”领域成了一位博士——博学之士，并且很快在演讲界崭露头角，过上了自己想要的生活。

所以说，方向有时候比努力更重要，尤其是在没有找到方向的时候。可是一旦找到了方向，那么，努力就比方向更重要了。大学里想到了走演讲这条路的人应该不止陈送军一人，其中很多还远比他有演讲天赋，为何大部分还都默默无闻、一无所成呢？我想，在找到方向的人中间，陈送军更努力，更能吃苦，更有韧性和意志力，或许是最好的解释。书中有一段话，读得我眼眶红红的：

大一时，我申请了一份勤工助学岗位，100元/月，工作是打扫一个合班教室……我在一行行课桌中来回穿梭，先把课桌里的垃圾用抹布抹到地上，然后把垃圾扫到走道，把垃圾聚集到一起时就是一座小小的垃圾山了，每到这个时候，心里还是有些成就感的，因为卫生马上就要大功告成啦，也意味着在这半小时里我赚了5块钱，够我当时吃个早餐加中餐了。

这段话给我的感受和电影《幸福突然来敲门》给我的震撼是完全一样的：幸福从来不会突然来敲门，如果有一天幸福来敲我们的门了，那一定是我们曾经的努力和坚持感动了上帝。

做一个好人：寄语大学新生

各位新同学：

你们好！时间对我们中年人来说是一副枷锁，对你们少年来说却是一双翅膀。所以，我现在每天听的歌是“回忆过去，痛苦的相思忘不了”，只希望明天的脚步慢一些，时间哪儿也不去了；而你们却高唱着“我相信我就是我，我相信明天，我相信青春没有地平线”，早已迫不及待、心潮澎湃地告别昨天，迎接新的生活。

那么，在这样的场合，面对你们充满期待和憧憬的眼神，我应该说些什么？我能不能用最简单的话，把我十几年来最深刻的体会告诉各位呢？有人说，一个年轻人会把一句话扩展成一本书，一个老年人却可以把一本书浓缩为成一句话。我既不是年轻人，也不是老年人，那我就将自己这个“过来人”最深刻的体会浓缩成介于一本书和一句话之间的三句话，送给你们吧。

一是强健身体。这首先是我的教训，然后是我的经验。读研究生之前，我从未参加过体育运动，生命中只剩下了读书，然后？然后身体就变成了一颗豆芽。在大四时，我接触到古希腊文化，比如雕塑《掷铁饼者》、电影《特洛伊》，惊讶地发现，古希腊人的身材不仅好“健”，而且好“美”。古希腊人的身材为什么那么好呢？原来他们酷爱体育，这样说吧，古希腊人对体育的热爱就像中华民族对麻将的痴迷。有此发现后，我痛定思痛，决定改变自己的生活方式。所以读研究生以后，我疯狂地爱上了篮球。如果打篮球和写论文冲突怎么办？那就先打篮球。结果？结果研究生提前一年毕业了。打篮球就这样坚持了十几年。我惊喜地发现，原来打篮球可以让一颗豆芽强壮成一根丝瓜。以前，我特别希望有人对我说："你一看就是中文系的，文质彬彬，好儒雅的。"如今，我特别希望有人对我说："你一看就不像中文系的，好威猛、好 man!"

其实，将"体育"放在第一位，是我的体验，但并不是我的发明。著名教育家陶行知在很多年前就呼吁，教育要培养的人才，首先要有康健的体魄，其次才是要有聪明的大脑。特别对于同学们，我更不想强调"智育"的重要性，因为考上大学，已经证明你们很聪明，考上湘潭大学这样的大学，已经证明你们聪明得快要绝顶。所以，我在这里郑重呼吁：走出寝室、走出网吧、走出封闭的内心世界，多到运动场上挥洒青春的臭汗，你会发现，你会讶异，你会流泪，原来运动可以让自己不再打吊针，省下的金钱和时间可以做更有意义的事情；原来运动可以让自己上课想睡觉却睡不着，再难听的课也能听得津津有味；原来运动可以让自己追求爱情的时候，变得更加自信，追求的过程变得更加顺利，结果变得更加美好。所以，郭富城的歌唱得多好啊：动起来，为新的力量喝彩；动起来，每一秒都期待；动起来，为新的纪录喝彩；动起来，就拥有精彩未来!

二是学会独立。最近读到一则令人哭笑不得的报道，说四肢健全、身强体壮的 29 岁当代中国青年匡正轩无所事事，要靠父母养活，父母一气之下将他赶出了家门，他"一气之下"要上法庭告父母"不养"自己。其实匡正轩同志并非富二代，严格意义上说，只能算是"贫二代"。不是说，穷人的孩子早当家吗，他为何违背了这一普遍性规律？邻居戴志高先生一语道破天机："也怪他娘，从小不让他做事，弄得现在不肯做事了。"哦，一个奇葩的崽背后原来有一个更奇葩的娘。同类的新闻还有很多：一个大学新生入学时，带了 600 多双袜子，这样两天换一双，穿完不用洗，直接扔了，而且他时刻都有买袜子的冲动，不然就没有安全感；一新生家长干脆从家里"带"来了洗衣机；一新生家长当众哭诉："我女儿身体里的每一个细胞都需要空调"；一新生家长请求学校开通单人澡堂，因为自己的女儿从小没和别人一起洗澡，不习惯集体澡堂。读完这些新闻，我更加感激小时候父母让我捡柴、做饭、插秧、割稻、喂猪、放牛、赶鸭子……凡是如今的孩子想不到的事情都让我做了。这让我在六七岁的时候就明白一个道理：生活不易，凡事靠自己。教师节那天，我收到了 2007 级学生张思理同学发来的短信，里面写道："宋老师，节日快乐，谢谢您对我的教育与关怀，记得您在第一次班会上教我们要'靠自己'，您的话一直激励着我，指引着我。"但愿你们也能像张思理同学一样，将"靠自己"牢记心中，用自己的双手创造属于自己的幸福。

我想，有了强健的身体，有了强健的意志，那么，大学生活中的其他问题，比如学业的问题、爱情的问题、友情的问题，比如物质层面的问题、精神层面的问题等等，都将不是问题，至少算不得大问题。所以，这两点，也是我首先最想和大家分享的。

三是做一个好人。做损人利己的事，不是好人；做损人不利己的事，不是好人；做损已利人的事，不是好人，是圣人。好人就是做利己不损人或者既利己又利人的事。当然，懂得分享，也是好人。青年人的偶像俞敏洪读大学时，寝室里住了六个人，其中一个人家里比较富裕，星期一来校的时候，带了六个苹果。俞敏洪以为他会给室友一人一个，没想到他每天吃一个。假如这个室友给每人一个苹果，暂且失去了五个苹果，但将来他会得到更多的香蕉、梨子、葡萄，等等。俞敏洪的情商显然高很多，他家境贫寒，没有苹果，但有力气，所以他每次打开水，都顺便帮助室友打一壶，结果，他有了很多朋友。他从不求朋友帮忙，但朋友都主动帮助他，因为人都是有感情的，他的朋友都知道白开水是不能白喝的。所以，我想说，大学里的好人，就是和同学分享除了爱情之外的任何美好事物，比如打篮球时，多给队友传点球，不要只顾着自己投篮；拿奖学金的时候，少拿几个，也给其他同学留一点。要知道，无论是求学还是工作，独占天下风景，都是比较令人讨厌的做法。假如我们生活在一个被他人厌恶的环境中，那真是一件痛苦的事情；假如我们生活在一个被大部分人喜欢的环境中，那身体和心灵一定很健康。

我记得香港有一部电影叫作《无间道》，里面有一个老警察，他问一位年轻的新警察："你是想做一个警察呢？还是仅仅只想看上去像一个警察。”要知道，现在的社会已经越来越让人看不懂了，很多人可以说是做什么不像什么。也因此，这部电影里面提出的问题也就十分深刻。所以，此时此刻，我这个老学生，也问在座的各位新学生一个问题：“你们是想做一个大学生呢？还是仅仅只想看上去像一个大学生?”请你们用四年的行动回答这个问题。

幸福的校友就是杰出的校友

随着某某高官的落马，其母校某某大学立刻推行“去某某”行动，先是刻意遮挡某某的题字署名，随后将学校新闻网上有关“某某”的报道悉数移走。

看来，“母校”和“母亲”还真的不一样，你见过儿子犯错误甚至犯罪，立刻与之断绝关系的“母亲”吗？

其实某些大学的庸俗、功利和虚伪已经到了令人不齿的程度。一个典型的体现是：在其培养的千万毕业生中，以是否有利用价值为尺度，人为地挑选出一些“杰出校友”，不厌其烦地广而告之。我想，一个真正良善的母亲，是绝不会在自己的孩子中挑选出“杰出的”和“不杰出的”，然后区别待之。

而某些大学挑选“杰出校友”，看的是谁官做得大、钱挣得多、社会地位高。一旦确定了谁是杰出校友，大学，严格地说，是大学里的某些人，立刻想方设法以“母校”的身份很自然地大献殷勤，比如请他们担任兼职教授和导师，在校园媒体上长篇累牍地宣传他们，还有就是请他们题词等等，以期换来他们对母校（有时候就是他们自己）有形或者无形的“回报”。

孩子孝顺母亲还需要母亲先大献殷勤的吗？

可是，不是所有的杰出校友都能一直“杰出”下去的。有一个名牌大学校长一直是某大学引以为豪的杰出校友，后来因为私生活问题被罢免，这个大学的“杰出校友”栏里，再也见不到这个人的名字了。有一个重要城市的市长是某大学的函授学员，该市长在自己的简历中从不提自己曾经被某大学“函授”的经历，但某大学却从几十万毕业生中将他挖出来，列入“杰出校友”名单，还在各种学校简介中隆重介绍，后来该市长被双规了，该大学在第一时间将他从“杰出校友”中请出来，甚至也不将他当作“校友”了——函授生和我们有什么关系？你说临时工算是员工吗？当然还有开篇所提及的情况：杰出校友出事后，遮挡、清除杰出校友的题词，恨不得本校从未有过这样的学生。

这些大学啊，脸变得真快。

其实，大学是可以评选“杰出校友”的，但尺度必须变一变，那就是看谁过得最幸福。一所大学，哪怕是哈佛大学这个层次的，他培养的学生，大部分毕业后都淹没在茫茫人海之中，他们没有做大官，没有发大财，没有值得一提的社会地位，但他们在平凡的工作岗位上做着平凡的工作，没有大事业，却为社会创造“正能量”。他们是一个和谐的小单位不可或缺的组成，是一个幸福家庭的中流砥柱，难道他们不是一所大学的“杰出校友”吗？

去宁乡实验中学演讲，看他们的宣传栏上写着：“教育目标——培养幸福的人”，立刻感到这是一所非常有品位的学校。联系现实，更加能够确信，一所中学就能够这样定位自己的教育目标，的确非同凡响。

我对“成功”的理解

上个月，“晶口才”教育有限公司的一位员工听过我的讲座，便给自己的领导打“小报告”，说湘大的宋德发老师挺能“策”，下次可以请他来给学员做励志演讲。没有想到，这个月我就接到了邀请，在这里和诸位积极进取、渴望成功的大学生朋友们分享我的成长经历和体验。

什么是“成功”呢？小时候，我常常为吃什么、穿什么而焦虑，所以，那个时候我就立志：长大后要过上衣食无忧的生活。今天，这个目标我已经达到了，不仅达到了，而且超越了，因为我不仅解决了吃饭和穿衣问题，而且还拥有自己的时间和空间，可以做自己喜欢做的事情。因此，通过自己的努力过上自己想要的生活，就是成功。

前几天，和几位朋友吃饭。我举起酒杯提议：“为大家都是底层小人物干杯!”我的一位朋友纠正说：“你都是底层小人物，那我算什么？你 33 岁评教授，35 岁当博士生导师，我都快 40 岁了，还只是个小讲师，与我相比，你已经是成功人士了!”这段对话又告诉我，所谓“成功”，只是特定参照系里的成功。比如换个参照系，和中国科学技术大学 28 岁的美女博导方璐作比较，我就比较失败，因为人家不仅比我年轻，还比我长得好看很多。但拿方璐和范冰冰比，哪个更成功呢？可以说没有可比性，就像我分不清马云和姚明，比尔·盖茨和奥巴马哪个更成功一样。因此，在自己所处的范围内，事业和生活获得比较多的认同，就是成功。

我生活的起点比较低，因此，和我的过去比，我很容易对现状满足；湘潭是个小地方，加上大学也不是很多，因此，在我的小圈子里，赢得比较多的认同也不难。那么，从一无所有到拥有自己想要拥有的事业和生活，我有哪些经验或者体验可以向诸位汇报呢？

一是善于选择。大学毕业以后有三条路，一条是做官；一条是经商。这两条路对任何人，包括我，都有吸引力。当今社会的主流大概也认为，所谓成功，要么官做得大，要么钱挣得多。但是，我毅然决然地选择了第三条道路，即教书做学问。我性格比较内向，甚至比较孤僻，做官和经商都看不到希望。但坐得住板凳，口才也不错，尤其从父亲那里继承了两件性感的武器：络腮胡和幽默感，所以在大学里当老师，这些年走得就顺利一些。所以，诸位要就业，要创业，恐怕不能盲从。一个当官的校友做了一场报告，你就去考公务员，十年以后发现自己还是个小科员啊！一个企业家校友做了一场报告，说打拼几年就买了奥迪，你就热血沸腾地做生意，十年以后发现买奥拓都困难啊！今天听我讲做学问挺好，有的学员就准备去当博导，十年以后发现博士还没有考上啊。这是为什么呢？你明明具备A方面的能力，却去做B方面的事情，你明明具备B方面的天赋，却去做C方面的事情，自然不能得偿所愿。别人走的路适不适合你呢？这个问题你搞得清楚，情商很高，搞不清楚，情商就比较低了。

二是培养特长。当今社会不是最好的社会，因为有两种人活得很滋润，一种是有背景的，一种是不要脸的。当今社会不是最坏的社会，因为有一种人同样活得很好，那就是真正有才华的。或许，做一个有才华的人不容易，做一个才华横溢的人更难。但至少可以做一个有特长的人。从读大学时开始，我们就要培养属于自己的特长。有的同学可以将自己的专业培养成特长，像我是学中文的，这十几年来，就一直苦练中文所特有的技能：写作和演讲。我能写文章，至少可以当秘书；我能演讲，至少可以当老师，实在不行，去卖菜刀、卖水果、做婚礼主持也行。有的同学不喜欢自己的专业，就将自己的爱好培养成特长。像晶口才总经理付雪莲女士，专业是外语，但更喜欢演讲，并以此为事业。所以，同学们如果有特长了，要继续发扬光大；如果还没有，回去抓紧培养。在我们事业的起步阶段，有一技之长是非常重要的，像马云擅长翻译，俞敏洪擅长背单词。当然，等你的事业做到相当的程度后，就可以像宋江、唐僧、刘备那样，什么都不会，只需要善于用人就可以了。

三是坚持不懈。选择了一条适合自己的路，就要一直走下去，最怕的是中途放弃。一般来说，做事业从白手起家到做到一定的程度，至少需要十年左右的坚守。我 2002 年硕士毕业，到 2012 年评上教授，刚好十年吧。如果中途放弃了会怎样？我 21 岁开始打篮球，一直坚持了下来，现在成了我们单位打篮球打得最好的。2002 年，69 岁的英国退休护士达西开始练武术，2012 年的时候，她闯荡好莱坞，主演一部功夫片《特工 008》。当然，还有反面的例子。14 岁时，我学吹笛子，半年后，成了全村吹笛子吹得第二好的了，但很快就放弃了，今年拿起笛子发现吹不响了；17 岁时，我想练街舞。教练说，劈个叉看看，我一声惨叫，然后，就没有然后了。所以说，任何事情，你坚持十年肯定是专家，但只坚持三天甚至三分钟，那你就什么都不是。

四是能够吃苦。成功之所以永远只属于少数人，一是因为只有少数人找到了成功的方法，二是因为只有更少的人能够有坚持下去的韧性和毅力。读大学时，我们班有十个同学考研，最后只有我考上了，名曰“九死一生”。原因何在？因为只有我做到了暑假不回家，寒假不回家，早上 6 点起床，晚上 12 点睡觉。诸位想一想，一个拒绝不了被窝勾引的人，一个拒绝不了网游诱惑的人，一个没有学会创造就学会了享受的人，他掌握再多成功的方法和技巧，恐怕也会失败得一塌糊涂。我去浙江工业大学讲学的时候，去他们的校园网吧发邮件，发现黑压压的一片，全是打游戏的大学生。这种生活状态，不要说创业了，就业都很成问题。所以说，大学生活过得像天堂，毕业以后下地狱的可能性比较大；大学生活过得像地狱，毕业以后才有可能上天堂。

五是强身健体。大学生的身体状态比较令人担忧。一是因为食堂太差了，同学们吃的和猪食差不多，二就是太缺乏体育锻炼了。体育能否改变一个国家，我不确定，我可以确定的是，体育至少可以改变我们自己。因此，同学们在努力追寻成功的同时，也要强身健体，强健的体魄不仅帮助我们获得成功，还可以帮助我们享受成功。我有一个同学在上海均瑶集团工作，她说老板王均瑶 38 岁过劳死了，他的老婆就带着丈夫的亿万遗产嫁给了丈夫的司机。司机感慨了一句：“原来我以为自己为老板打工，现在才发现老板一直为我在打工啊!”你们不希望将来给自己的司机打工吧?!

这就是我的“成功学”。我们今天所讲的成功更多是指事业的成功，但事业的成功和人生的成功并不是一回事情。我不仅希望同学们做事业成功的人，而且做人生成功的人。只有人生成功了，才是真正意义上的成功。而人生的成功，有一个重要的标准：你这辈子幸福的时间远远多于不幸的时间。

大学要加强情商教育

“好好努力，上大学后就可以随便玩了!”这算是高中老师为了鼓励学生而撒的一个最善意的谎言了。其实，读过大学的都知道，大学和中学一样，学习依然是不变的使命。但大学和中学的学习，还有很多不一样的地方：方法上，大学更张扬自学，中学更强调老师带着学；目的上，大学更主张为了提升技能和素质，中学更鼓吹为了考上大学；内容上，大学不仅要学习50门以上的课程，还要学习如何恋爱、如何处理人际关系，等等，高中基本只学习高考必考的5门课程，至于如何恋爱、如何处理人际关系等，也只能先放一放，给更重要的智育让路。

简言之，为了一个更直接、更迫切的高考目标，中学侧重智育情有可原。但大学，真应该回归素质教育的本义，除了继续加强智力教育，恐怕还得加强情商教育。

何谓“情商”呢？想起一则旧闻。说棋圣聂卫平听闻有人议论职业棋手情商低，愤然而起，发微博一条：“我们被人说成智商高，情商低，我一个人都有了三个老婆，而且一个比一个好，情商怎么可能低……”那么娶老婆算不算“情商”呢？如果算，聂卫平的情商到底是高还是低呢？聂卫平此番不着调的言论，或许正说明了智商和情商属于两码事。所以，大学要加强情商教育，更加迫在眉睫。

根据自身成长的教训或经验，以及对他人默默地观察，我认为大学的情商教育至少包括这些内容：

1. 认识自我的能力。我是谁？我擅长什么？不擅长什么？需要什么？能够需要什么？都属于自我认识的范畴。我发现有一些学生为这样的问题而纠结：考研还是工作？工作的话，是考公务员还是当老师？考研的话，是考外校还是考本校？他们不仅自己无法判断，甚至在征询了数十人的意见后依然不能做出决断。那认识自我的能力需要加强。

2. 规划人生的能力。有些大学生进入大学后，对每年干什么，每月干什么，每天干什么，什么时候工作，什么时候休闲，等等，毫无头绪。国家、单位的发展尚且需要有条不紊地进行，个人的进步自然也离不开精心的构思。

3. 执行计划的意志力。世界上有一种距离很遥远，那就是从说到做，从知到行。想到了，是一种能力，但做得到更是一种能力。一个人能够克服自身的惰性和外在的诱惑，坚定地按照既定的道路走下去，是一种难得的品质。一个大学生在网吧或者床上度过了四年，说他脑残应该不是污蔑。

4. 与人沟通的能力。人的性格可以外向，也可以内向，内向并不是缺点，像很多工作恰恰就需要性格内向的人去做。但性格孤僻值得警惕。如果一个大学生在任何场合，任何时间，见到谁都无话可说，那么老师应该要找他好好交流一下了。

5. 承担错误的勇气。一个大学生挂科，如果到处找人说情，或者在背后谩骂老师变态，工作以后，很难指望他会为自己的行为负责任。年轻可以犯错误，但犯了错误后，不找任何借口，勇敢地承担错误，的确也是高情商的一种表现。

6. 自我反思和纠错的能力。与上一条密切相关。做错事情，要及时地说“对不起”。这样还不够，还要做到相同的错误不可以犯第二次。唯有如此，才会在犯错误之后成长，而不是在犯错误之中沉沦。比如有些学生，第一次迟到了，老师让他面对全班学生说声“对不起”。这个学生照做了，态度也很诚恳。这说明他有承担错误的勇气。但第二次，他还是迟到了。这说明他自我反思和纠错的能力不足。

7. 与人分享的胸怀。见过不少大学生打球，只顾自己运球、投篮，却从不传球。别人好不容易抢个篮板，他大喊一声“拿过来”，然后随手就投出去。

这种眼里只有篮筐却没有队友的人，很难想象，他们工作以后，会考虑别人的感受，尊重别人的利益。

8. 控制情绪的能力。与之紧密相关的是看待荣耀的态度和抵抗压力的韧性。大学生可以大笑、可以哭泣、可以发怒，但不要动不动喜形于色，动不动号啕大哭，动不动勃然大怒。看到一个关于控制情绪的小段子，写得极好：碰到一点压力就把自己变成不堪重负的样子，碰到一点不确定就把前途描摹成暗淡无光的样子，碰到一点不开心就把它搞得似乎是自己这辈子最黑暗的时候，大概都只是为了逃避而找的最拙劣的借口。你成为不了心态的主人，必然会沦为情绪的奴隶；发脾气是本能，控制脾气是本领；当你自己能控制情绪的时候，你就是优雅的；不要把不良的情绪挂在脸上，因为那是一种令人生厌的表情；我们最大的错误，就是把最差的脾气和最糟糕的一面，都给了自己最亲近的人。

9. 表达情感和思想的能力。无论是通过语言还是通过行动，都可以恰当地表达自己的情感或者思想。不管是哪个专业的大学生，都应该训练写作和说话的能力，能够用文字或者语言精确甚至优美地表达自己的情感和思想。有时候，还能够通过无言的行动，恰当地传递自己真实的内心。

10. 善于学习的能力。大学里学习到的具体内容，或许在以后工作和生活中都用不上，但在具体的学习过程中积淀的学习能力，却是任何时候都有价值的。比如有的女生可以一个晚上通过一门课的考试，还能拿到优秀的成绩。考试之后，这门课程的内容她肯定会很快忘记，但她的记忆能力和短时间内解决问题的能力却保留了下来。将来在工作岗位，她同样可以用一个晚上的时间处理一个临时遇到的难题。

要加强“母能力”的培养

任何一门课程，哪怕看起来多么无趣和无用，其实都包含了值得珍惜的思维训练。比如我学了十几年的马克思主义哲学，虽然痛苦不堪，受益有限，却学会了抓主要矛盾，并且常常付诸实践。

大学读中文系，面对50多门五花八门的课程，我头不晕眼不花，因为马克思主义哲学让我很清醒地知道，这里面只有几门课程是我最感兴趣的，因此对我而言就是最有用的。于是，大学期间，当全班女生都在为门门功课（包括音乐、绘画、书法等）90分而奋斗不息的时候，我却只选择了古代汉语、古代文学、中国现当代文学、外国文学等几门课程作为主攻目标，其他课程一律奉行“60分万岁，多1分浪费”的宗旨。

读研究生时，面对各种各样的“诱惑”（比如第二外语、学生会、勤工俭学），我像唐僧拒绝美女妖怪的示爱一样，毫不心动，因为马克思主义哲学告诉我，读研究生的主要工作就是写论文。于是我没日没夜地写论文，为了写论文，然后就是没日没夜地读书，后来居然得以提前一年毕业。等我自己当导师时，我也经常将自己“抓主要矛盾”的经验传授给弟子们，希望他们读研期间，心不要太散，应该集中主要的心力来写毕业论文。当然现在的孩子心比较大，也比较野，能力和才华也比较全面，读研期间，四处出击，最后“综合素质”都很高，但毕业论文却写得没有期待中的专业。

渐渐地，“抓主要矛盾”就成为我的一种思维习惯。我和中文系的新生或者迷惘的老生聊天的时候，就给他们分析：中文系虽然课程很多，理论上要培养的能力也很多，但是只要抓住中文系的特征，学习的思路就很清晰了。那么中文系的特征是什么呢？其实就是“表达能力”要比其他专业更加突出。而“表达能力”包括“口语表达”和“书面语表达”，如果你们读四年中文，比其他专业的人更能“说”，更能“写”，就不存在学了中文不能实用的困惑。当然，如果读了四年中文，既不能“说”，也不能“写”，或者“说”不过学化学的，“写”不过学物理的，那真的会觉得自己一无是处了。

在法学院开设《基础写作》时，为了让法学院的学生对这门课程的“合法性”没有质疑，我再次运用了“抓主要矛盾”的思维方式，“语重心长”地强调了写作的重要性：法学院的同学可能会觉得在法学院开设一门同专业丝毫没有关系的《基础写作》毫无必要，浪费时间，其实，这个观点值得商榷。我想告诉大家，能力可以分为两种，一种是“子能力”，一种是“母能力”（或称“元能力”）。“子能力”就是“一就是一”的能力，“母能力”却是可以衍生出其他能力的能力，是“一生二，二生三，三生万物”的能力，用斯宾诺莎的话说，是“能够创造出无数锤子的第一把锤子”。对你们来说，学好刑法、民法，自然会掌握新的“子能力”。但是，如何学好刑法，如何学会民法，以及将来如何更好地运用民法和刑法，其实还需要“母能力”，通俗地说，民法和刑法相当于足球、篮球，但是踢好足球、打好篮球的基础却是田径，一个不能跑、不能跳的人可以踢足球和打篮球，但上升空间有限，最多能达到校队的水平，但一个人能跑、能跳，哪怕中途改踢足球、改打篮球，也会前途无量。说到这里，我想大家应该明白，虽然你们是法学院的学生，但需要掌握的“母能力”和中文系的学生是一样的，即“写”的能力和“说”的能力，大家想一想，一个既能“写”又能“说”的人，学法学是不是很轻松自在？是不是前景一片光明？当然，对中文系的学生而言，“写”的能力更重要一些，对你们来说，“说”的能力更关键一些。因此说，你们学习《基础写作》，不仅必要，而且迫切。根据我的理解，大家在大一时期，还需要开设一门《演讲与口才》课。据我所知，目前还没有，将来也不会有这门课，所以，我干脆将《基础写作》改为《写作与演讲》，希望通过一个学期的教学，既训练你们写作的能力，也培养你们演讲的意识。

因材施教的科学基础

哈佛大学教授霍华德·加德纳（Howard Gardner）提出了多元智力理论，认为人的智力包括八种：1. 言语—语言智力（Verbal/Linguistic）。2. 音乐—节奏智力（Musical/Rhythmic）。3. 逻辑—数理智力（Logical/Mathematical）。4. 视觉—空间智力（Visual/Spatial）。5. 身体—动觉智力（Bodily/Kinesthetic）。6. 自知—自省智力（Intra－personal/Introspective）。7. 交往—交流智力（Inter－personal/Social）。8. 自然探索智力（Naturalist）。在霍华德·加德纳看来，不同的智力只有个性差异，没有高低之分，而一般人，只要不是弱智，至少具备这八种智力中的一种。

多元智力理论，从教育者的角度看，给“因材施教”提供了比较可信的理论基础。不少老师虽然有“因材施教”的理念，但具体实践时却发现辨别“材”与“材”的不同是一道难题。多元智力理论让这道难题迎刃而解，它启发教育者，根据智力类型的不同，学生大致可以分为八类：

1. 言语—语言智力型学生，听、说、读、写能力比较强，适合往记者、编辑、作家、演说家、主持人、政治家的方向培养。

2. 音乐—节奏智力型学生，对节奏和旋律比较敏感，适合往作曲家、指挥家、歌唱家、演奏家、乐器制造者、乐器调音师等方向培养。

3. 逻辑—数理智力型学生，对逻辑、数字、推理等比较敏感，适合往侦探、律师、工程师、科学家方向培养。

4. 视觉—空间智力型学生，对色彩、线条、形状、形式、空间及它们之间的关系的敏感性很高，适合往画家、雕刻家、建筑师、航海家、博物家、军事战略家等方向培养。

5. 身体—动觉智力型学生，对自己的身体控制能力强，动手能力强，适合往舞蹈家、外科医生、赛车手、发明家、运动员、手艺人的方向培养。

6. 自知—自省智力型学生，具有很强的自我认识、自我反省的能力，他们对自己的情感、情绪、欲望、动机、过去、现在、未来等，都能够了如指掌，他们喜欢独处和思考，适合往哲学家、心理学家、教师等方向培养。

7. 交往—交流智力型学生，喜欢了解别人，享受与人打交道，适合往律师、推销员、公关员、谈话节目主持人、管理者、政治家等方向培养。

8. 自然探索智力型学生，认识植物、动物和其他自然环境（如云和石头）的能力比较强，适合往猎手、农夫、生物科学家方向培养。

教育者的功能在于：一是塑造学生的品德；二是锻炼学生的身体；三是发掘学生在智力方面的特点。在履行第一、第二个功能时，教育者在主观上应该“一视同仁”，而在履行第三个功能时，在主观上就应该“区别对待”，即能够基本判断出学生的智力类型，然后“扬长避短”，帮助不同智力类型的学生都能够找到大致的职业方向。

举个很简单的例子，我有一个研究生，性格极为内向，喜欢独处、阅读和思考，应该属于“自知—自省”智力型，他本人硬要去考公务员，但我建议他去考博士，将来做一个学者。我的另一个研究生则恰恰相反，性格非常外向，好动，坐不住板凳，喜欢与人交往，属于“交往—交流”型智力，他本人对考博、做学者一往情深，但我建议他最好去考公务员。他们都听从了我的建议，如今在“学者”或“公务员”的路上发展得还算顺利。

多元智力理论，从受教育者的角度看，为更自觉、更充分的自我认识提供了比较可靠的理论支撑。

一方面，它给原本认为自己什么都不行的学生提供了自信。中考也好，高考也好，要考的课程只有那么几门，可是有些学生恰恰对这几门课程都不擅长，他们因此怀疑自己的脑子是不是有问题。当他们了解了多元智力理论后，可能对自己有一个全新的认识：自己考试考不好，并不是智力有问题，而是智力的类型不适合考试而已，原来自己属于“音乐一节奏”智力型或“身体一动觉”智力型或“视觉一空间”智力型学生，只不过当今的评价机制没有给自己提供发现自我和施展特长的机会罢了。没有关系，天生我材必有用，我可以玩音乐、做运动员或者当设计师。

另一方面，它给原本认为自己什么都行的人提供了自省。有一些学生因为善于考试或者擅长点别的什么，常被当作优秀学生而受到表扬，渐渐就以为自己天下无敌，什么都厉害了。如果他了解了多元智力理论，可能会发现，自己的优秀只是某个或者某些方面的优秀，以及某种评价体制中的优秀，那些“不优秀”的同学其实有很多方面都比自己强，或者说，换一种评价标准，自己就什么都不是了，而那些“不优秀”的同学则变得很“优秀”了，因此，自己应该保持一种谦卑的心态，在继续发展已有长处的同时，尽量弥补一些先天的缺陷。

清醒的大学校长

当今社会，大学校长是被骂得比较惨的一个职业。包括我本人，在一些文章中，也对大学校长的不专业和不专心表达了不解和愤怒。

但近日读《大学名校长访谈录》（马国川，华夏出版社 2010 年），发现当今的大学校长没有想象的那么糊涂，他们，至少是他们当中的一部分，头脑其实是比较清醒的，对教育也是很在行的，甚至说是很有见解和思想的，体现了知识分子的深度和风骨。

华中师范大学校长章开沅说：我经常引用的一句诗是：‘治学不为媚时语，独寻真知启后人。’现在学者在学术上的堕落，抄袭还不是主要的。学术品格的堕落，是更大的问题。社会上有一些不良的现象，有些学者不是反思和批判，而是编造种种理论来稳固这些不合理的现象，这个比抄袭还可怕。”说得多一针见血，足以让那些有奶便是娘，跟在权贵屁股后面屁颠屁颠跑的“学者”们无地自容。

北京大学常务副校长王义遒说：新中国成立以后的教育计划里都只说要“培养分析问题、解决问题的能力”，后来我才意识到这里有个大问题，它没有让人们“提出问题”来，似乎“提出问题”是领导的事。环顾四周，就会发现，有多少“学者”一辈子都在分析和解决有关领导、有关部门提出的问题(其中不少是伪问题)，并以此为荣啊！

南京大学校长陈懿说：我们现在常讲“人才的引进和培养”，这话应该倒过来讲，应该讲“人才的培养和引进”，也就是要立足于“培养”，然后再加上必要的“引进”。对学校来说，“引进”归根到底还是为了“培养”……如果自己的培养这条线还没有理顺，那么引进的人才过一段时间恐怕也会走掉。现在有些地方靠高价引进，甚至彼此哄抬出价，这是靠不住的，“赔了夫人又折兵的事不是没有发生过。不少大学在做这样的事：招进一个女婿，忘记了自己的儿子”。

武汉大学校长刘道玉说：大学校长有三种类型，第一类是学者化的职业校长，如蔡元培、蒋梦麟、梅贻琦；第二类是革命化的职业校长，如蒋南翔、江隆基、成仿吾、吴玉章等；第三类是学者型的校长，既当校长又搞业务，从20世纪90年代起，这类校长占据主导。我认为，纵然是天才，一心二用你也搞不好。所以我一直呼吁大学校长职业化。像英国、美国那么多的大学校长，有几个是院士？人家选有教育思想的人当校长，选有管理能力的人当校长。我们这里看谁的学术地位高，谁的名声大，就选（准确地说是任命——引者注）谁当校长。从一开始，我们选校长的标准就走入了误区，比如，有院士的学校一定得找个院士，没有院士的就得搞个博士生导师，没有博士生导师的就得选个教授（等这个教授当了校长后再给他补办个博士生导师头衔——引者补充）。如今的大学校长，搞不清到底是为了当校长做学问，还是为了做学问而当校长。看到那么多的校长在日理万机的同时，还将个人和学科的科研经营得那么好，真感觉到他们是将校长当成了手段而不是目的。

深圳大学校长罗征启说：在校园规划中，深大的图书馆既处于全校地段的中心，又处于最高的一块坡地上，占地面积最大，高度最高，吞吐人流，是师生求知、磋商、研讨学术的中心。我们要求图书馆的书架全部开架，全天开放到晚上12点，全年开放。很多师生直至午夜闭馆时才离去，明显地起到了“心脏”的作用。大学图书馆的品位和大学的品位完全是成正比的。看来深大的突然崛起并不突然。

山东大学校长徐显明说：大学是知识的、学术的、文化的共同体，不能看职位，谁拥有的知识最多，谁的学术水平最高，谁在文化上最有代表性，谁就是最高权威。所以大学里边真正的权威不是来自于书记和校长，而是拥有最高学术水平的学术权威。这就是大学的独特地位。所以谁的知识最多，谁的学术水平最高，谁的文化贡献最大，谁就是这个大学里最受尊重的人。不知道山东大学将徐校长的理念贯彻得如何？

中国科学技术大学校长朱清时说：教育家就要懂得教育的规律，教育的最高规律就是不要以个人的意志去干预教育，而要按照教育的客观规律去做。比如，大学最根本的就是要有一个安静的环境，让大家集中精力读书、想问题、做学问、搞教学，这样才能够把教学搞好。可是过去十年，中国教育界最大的问题就是各个高校都忘记了这个根本，纷纷建校舍、辟新校区、扩招，搞得轰轰烈烈的。我看了很多地方的大学城，里边都盖得很豪华、很漂亮，可是没有老师住在那儿，他们每天要早早地赶班车，慌慌忙忙地把课上完，然后又赶着下午的班车回家，单是耽误在路上的时间就有多少？安静不下来，怎么做研究？怎么思考问题？不知道朱先生当校长的第二站南方科技大学有没有实现他的教育理想？

既然我们有如此多拥有权力又难得清醒的大学校长，为何我们的大学还是让民众失望呢？

参考书目：

马国川：《大学名校长访谈录》，华夏出版社 2010 年版。

校长何妨卖点萌

在北大校友会的一次发言中，擅长冷幽默的崔永元把缺乏幽默感的北大杰出校友们调侃了一把："刚才几位校友的讲话，大都在八分钟左右，很精彩，可是没有一句让人发笑。相反，前任马里兰大学校长莫特博士，他的发言才两分钟，却带来哄堂大笑。他说，当校长好比当墓地管理员：下边虽然有很多人，可是没有人听他的。"在听众大笑的同时，崔永元乘机对中国的大学校长进行思想教育："一个美国校长，在如此严肃的场合，在短短两分钟里，抖了好几个包袱。这就是中美文化的不同。美国人抓住每一个机会秀幽默，因为幽默代表一个人的人格魅力、性感度和气场。"

中国的大学校长在演讲时缺乏幽默感，可能有两个原因，一是没有幽默的能力；二是没有幽默的胆量。有的人天生没有幽默感，又一不小心当了校长，你让他假装很幽默，他自己难受，听众也未必好受。但生而有幽默感的人，仅仅是因为当了校长而不敢幽默，就让人感觉很可惜。不少大学校长其实是有幽默基因的，比如和他一起吃饭的时候，听他讲起各种段子，一套一套的，你会被逗得合不拢嘴。虽然有些段子有些少儿不宜，但从高大上的校长嘴里讲出来，你不仅不觉得低俗，反而觉得很亲切：原来校长这么有生活气息。可是，下次再听他在很隆重的场合演讲，又觉得他怎么如此的无趣。

有幽默感的校长在正式场合不敢幽默，可能是太把自己当成一个"官员"

而不是一个学者和老师了。当然，随着时代的改变（比如国家最高领导人也开始展示幽默感了），我们的校长也在悄悄改变，其中标志性的人物便是华中科技大学校长李培根。李校长在2010年届本科毕业典礼上的演讲可谓惊天地泣鬼神。这场名为《记忆》的演讲，共16分钟，被掌声打断30余次，演讲完毕，全场7700余名学生起立高喊："根叔！根叔！"其实，这场演讲获得空前成功的诀窍就在于"根叔"斗胆秀了一把幽默感：在2000余字的演讲词中，他把四年来的国家大事、学校大事、身边人物等融合在一起，并且借助"俯卧撑"、"躲猫猫"、"打酱油"、"妈妈喊你回家吃饭"、"蜗居"、"蚁族"、"被就业"、"被坚强"等网络热词（我称之为青春的语言）巧妙地表达了出来。有毕业生说，"没想到校长会这么亲切!"

根叔的成功催生了一大批追随者，或者说，激发了不少原本就有幽默感的大学校长幽默的冲动和勇气。每当毕业季，中国的大学校园里便刮起了一股幽默的风。吉林大学校长李元元说："当世界杯小组赛哥斯达黎加3比1战胜乌拉圭时，你们调侃着'躺枪'的中国队；当听说有小行星与地球擦肩而过时，你们幻想着都敏俊教授的华丽降临；当你们吐槽着PM2.5大气污染，讨论着'路边儿老人该不该扶'，怀念着'那些年我们一起追过的女孩'，祭奠着'我们终将逝去的青春'的时候……青葱岁月就这样从指缝中流走，再难追续。"中南大学校长张尧学说："你们对中南大学可能不仅仅有爱，而且也有不满，还有期望。例如，尽管长沙的夏天酷热、冬天奇寒，但是学校直到今年5月，一直没有给你们装上空调。你们在酷热的深夜，一起光着膀子，躺在宿舍楼顶对抗长沙火一般高温的照片，你们的董小姐版'张校长，装空调'的呼唤，不仅让我热泪盈眶，也让我无比汗颜!"北京师范大学校长董奇说："同学们，在这里，我还要感谢你们：在这个炎热的夏天，在你们的推动下，我成功地上了头条。你们写的《董校长》，我听到了！作为曾经的师大学生，在师大校园36年，我从学生时代一路走来，你们的喜怒哀乐我都感同身受。"重庆大学校长李晓红说："对于我，你们可以选择'爱我或者不爱我'，而对于你们，我只能选择'爱你们或者更爱你们'！再过20年，李晓红，一位70岁的退休老人，依旧愿意在这里等你们，将去学点新歌，上台再为你们演唱祝福！华中科大的根叔说：'什么是母校？就是那个你一天骂他八遍却不许别人骂的地方'，我还想再补充一句：'什么是母校？就是那个左看右看不顺眼，但还要回来看的地方!'"

有些同志认为，大学校长还是务实一些为好。所以毕业赠言再动听，再感人，都不如把心思用在抓平时的人才培养上。学生会把学校对他们的好和坏融入四年的学习生活中，刻在大学的时代记忆里，绝不会记得毕业典礼上校长讲了什么。平时面都见不到，几句讲话说得再生动也没用！但我则认为，固然不要低估行动的力量，但也不要低估语言的力量。大学校长在平时固然要以务实为主，但在毕业演讲中，不妨卖点萌，让学生感受到情感的慰藉和幽默的温暖，这难道不也是一辈子的记忆吗?!

韩国德育的启示

一些从韩国求学或工作回来的朋友对韩国的德育交口称赞，理由大致有几点：

一是“德育”为先。韩国人的观点是：“当知识掌握在好人手里时，知识是人类进步的阶梯。当知识掌握在坏人手里时，知识是人类走向灾难与灭亡的阶梯。”这自然让我想起但丁的那句名言：“一个知识不全的人可以用道德去弥补，而一个道德不全的人却难以用知识去弥补。”道理很简单，一个人的道德没有问题，能力不足，虽然对社会贡献有限，但至少不会危害社会；但如果一个人的道德出了问题，能力越强，对社会的危害越大。所以说，将教育的目标定位为培养“德才兼备”的人才是比较合理的——人品端正是第一位的，才能出众是第二位的，在人品端正的基础上兼具才能，自然是社会需要的人才。比较遗憾的是，在如今中国的教育中，多少存在着“才能”为先的倾向，以至于在评选“杰出校友”时只以校友的“才能”为尺度，却不考虑校友的“品行”。

二是注重“小德”的培养。和中国一样的是，韩国的德育也包含了“爱民族”“爱国家”“爱人类”这些“大德”的内容；和中国不一样的是，韩国的德育在“小德”的培养方面做得更到位一些，也就是说，韩国的德育做得更具体、细致一些，也更具有生活气息一些。比如说，他们很重视学生的养成教育，仅礼的教育就包括：(1) 个人生活礼节，如坐、立、走的姿势，待人接物的举止；(2) 家庭生活礼节，如对父母、兄弟姐妹、亲戚邻里的礼节；(3) 社会生活礼节，如对老师、同学的礼节，对国旗、国歌的礼节等。

生活是艺术的源头，中国人看韩剧时就会发现，在韩国，长幼之间礼节很多，像小辈与长辈同桌饮酒时，小辈要给长辈斟酒敬酒，自己喝时则要转头往后“悄悄地”喝，这些“繁文缛节”在中国当下的电视剧中是很难看到的。一个人的“大德”只会偶尔在关键时刻显示出来，但一个人的“小德”却在每一天的生活中时刻显现。中国的德育在“大德”方面做得如何不好评价，但在“小德”方面的不尽如人意却已经能够感受得到了。

三是强调教师的道德。在中国，德育更多是老师教学生如何做人，却没有人告诉教师如何做人。中国学校对教师的道德虽然有所要求，但多停留在白纸黑字的层面，很少落在实处。韩国人深谙上梁不正下梁歪的道理，所以特别强调老师的“德育”。比如 2005 年，韩国圆光大学因为性骚扰曾开除过一名著名教授的公职，2006 年对科研上“谎话连篇”的黄禹锡进行起诉，让他成为“全民公敌”，等等。这些说明韩国人对教师的品德败坏是“零容忍”的，相比较而言，中国对教师的“缺德”还太宽容了。试想一下，“缺德”的老师又如何教出“有德”的学生。

韩国大学老师有多爽？

2013 年，《来自星星的你》的热播让人们对韩国大学老师的地位产生了浓厚的兴趣：在韩国，一个普通的大学老师和一个虽然暂时失意但还算当红的明星热恋，为何没有不搭的感觉。如果一个中国的青年大学教师正和张柏芝谈恋爱，人们的第一反应是："这怎么可能！""张柏芝是不是脑子出问题了？""张柏芝的这个男朋友怎配得上张柏芝？"

但在韩国，大学老师和明星做情侣，的确算是门当户对的。因为在韩国大学老师的地位并不比明星低，甚至还高于明星。很多从韩国回来的同行一提到韩国大学老师的生活，就赞叹和羡慕不已。我问他们："韩国大学老师活得究竟有多爽？"他们回答："要多爽有多爽！"

首先说经济地位。一个韩国教授询问一位中国教授的工资，中国教授很自豪地如实回答："一年 10 万人民币左右。"韩国教授认真地算了算："哦，不到 2 千万韩元啊。"然后看中国教授的目光就充满同情了，再然后就更自豪地透露出自己的工资"一年 1 亿 2 千万韩元左右"。除了工资，韩国教授还有稿费、科研经费等等其他进账，所以说，一个普通的韩国教授年收入 80 万左右人民币是没有问题的，普通的副教授年收入 40 万人民币左右，普通的讲师年收入 20 万人民币左右。总之，韩国的大学老师虽然算不上"富豪"，也不属于"富翁"，但至少称得上"富有"。因此，不难理解，为何普通的韩国教授可以住富人区，可以在五星级酒店请客吃饭不皱一下眉头了。

其次说学术地位。在中国的大学，普通大学教师，包括教授，如果没有行政权做支撑，学术地位是令人同情的，但在韩国的大学，教授本身就是权力的象征。用资金权、进人权、录取学生权、授予学位权、教师晋级权，都由教授会负责。学校的教授会有权利罢免校长等行政职务，系里教师职称的晋升等重要事情都由系里五人小组决定（五名知名教授组成），系主任只是服务角色，而不是领导角色，因此，教授在韩国全民族心目中相当于当今中国的“学者领导”，有双重崇拜价值（既佩服他的学问，又羡慕他的权位）。校园里有教授食堂、教授会馆、教授专门停车场；教授到校长或院长办公室办事，一进门即被热情招待，安排就座，敬上香茶或咖啡，校长或院长即刻停下手头工作，笑容可掬地接待，进入正题。办公室秘书等则一直站在旁侍奉。学生与教授同行，要靠后一段距离，据学生说“连教授的影子也不能踩的”；教授到自习室里，学生要全体起立示礼；学生到教授研究室要事先约好，但不能往教授家里打电话；学生上课时不能戴帽子，不能在老师面前抽烟；师生聚会时，学生绝对不能私自主动给老师敬酒，除非老师指名要求你敬酒，并且在喝酒时不能当着老师面直接端起来就喝掉，必须稍稍侧过身去喝酒，以示尊敬和礼貌。总之，如果说韩国大学老师的经济地位是中等偏上，那么，他们的学术地位称得上是至高无上。

最后说社会地位。韩国人有个说法，人的一生最应该尊敬的是“三老”：老爸、老师、老板。其中最受尊敬的则是“老师”，为什么呢？除了老师生活富裕，在校园里有话语权，另一个重要的原因就是老师在社会上受到无比的尊敬。首尔大学的教授要由总统亲自任命；教授出校从政可当长官、次官（相当于中国的部长、厅局长）；教授去学校赶课，警察要开绿灯；教授买房去贷款，银行信得过；教授去办出国手续，可以说明事情忙而不用排队；在机场，教授因书籍、资料超重可以不罚款；教授看到警察执法不规范可以上前训斥一番，警察只能点头哈腰说对不起；外国学生想到韩国大学去留学，只要有教授做担保，法务部愿意放行，即可办理。

韩国大学老师真有这么爽吗？我只是道听途说，没有亲眼所见，故不敢肯定。问题是，他们那么爽和我有什么关系呢？半毛钱的关系也没有。

剑桥的下午茶

发明DNA测序法的剑桥大学教授弗雷德里克·桑格，在1980年第二次获得诺贝尔化学奖时，很谦虚地说："荣誉是桑格的，也是剑桥的。感谢学校为我们创造了这么自由的研究环境，包括我们每天来喝的下午茶。"

让桑格念念不忘的剑桥下午茶，起源于剑桥大学的卡文迪许实验室。19世纪末期，科学家汤姆逊在实验室组织研讨，每两周一次，中场休息时备有茶点。后来，与会人员越来越广泛——不同专业、爱好、年龄的教授和学生都可以自愿参加；研讨的形式也越来越随性和休闲——在每天英国人习惯的下午茶时间，大家在茶社、咖啡屋，甚至草坪上，随意地坐在一起，边喝茶，边吃点心，边随心所欲地清谈，天马行空地闲聊。

喝下午茶，老师们在乎的并不是喝红茶还是喝绿茶，吃土司还是吃布丁，而是和谁一起喝，以什么样的心情喝。短短的两个多小时，这些平时很孤独、很封闭、很紧张的研究者们喝出了跨专业、跨层次、跨年龄的交流与沟通，喝出了难得的身与心的放松，喝出了启示、视野、创意与灵感。这种自由、平等、漫谈的下午茶被誉为剑桥精神的典型体现。

据说，桑格之所以能发明DNA测序法，正源于一次喝下午茶的经历。20世纪70年代末一个秋日的下午，桑格一边坐在剑桥校园那红褐色砖楼里悠然地品着下午茶，一边注视着窗外一栋建筑上快要凋零的爬山虎，一边在思考着问题："爬山虎虽然凋零了，但明年春天还会发芽的，可是核酸的结构会是什么样子呢？该不会像爬山虎那样沿着一个方向向前延伸吧？"当他抛出自己的疑问后，"茶友们"纷纷各抒己见。

物理系一位教授向他建议："何不用物理的方法来测核酸结构？"这时化学系的教授也插了嘴："化学的普通方法也可以用，比如荧光染色。"生物系的一位白胡子教授听到了感兴趣的话题，凑了过来："是啊，革兰氏染色就很有效果。"说者无意，听者有心，茶喝完了，笼罩在桑格心头的烟雾也渐渐淡化，他快速赶回了实验室。或许，剑桥大学校长布罗厄斯也听过这个故事，所以很自豪地说："瞧，我们喝下午茶喝出了 60 多位诺贝尔奖获得者。"

剑桥的下午茶，就像西南联大的茶馆一样，孕育了思想，培养了人才。从教育学的角度看，再次证明"闲暇"是创造力的源泉，是大学之所以为大学的标志。遗憾的是，在我的视野中，当下中国的大学是没有自己的下午茶的，一是因为没有地方喝，二是因为没有人去喝。没有人去喝，又分为很多种情况：一种情况是为体制内的课题、论文忙得焦头烂额，没有时间和心情去喝；一种情况是虽然很闲，甚至闲得发慌，但是只对睡觉、钓鱼、洗脚、搓麻将、打"三打哈"有感觉，对小清新的喝茶，尤其是谈论学术和人生的喝茶则毫无兴趣；一种情况是偶尔也去喝茶，也去谈天说地，但只愿意和同行好友一起去，至于非同行、非好友，尤其是学生，那打死也不想和他们坐在一起，就算坐在一起也无话可说。

所有的科学都是人文科学

不知道从何时起，有了自然科学、社会科学和人文科学的划分。人们通常认为，自然科学是研究自然的，社会科学是研究社会的，人文科学是研究人本身的。的确，三种科学在研究对象上有着各自的侧重，且研究方法也有所不同。但是，假如我们换个视角，比如从研究目标来看，就会发现，其实所有的科学都是人文科学。

社会科学是研究社会的，问题是，社会是由人构成的，离开了人，就谈不上什么社会，也不可能有什么社会现象。所以说，我们实际上很难分清什么是“社会”，什么是“人文”。正如让·皮亚杰所说：“在人们通常所称的‘社会科学’与‘人文科学’之间不可能做出任何本质上的区别，因为显而易见，社会现象取决于人的一切特征，其中包括心理生理过程。反过来说，人文科学在这方面或那方面也都是社会性的。只有当人们能够在人的身上分辨出哪些是属于他生活的特定社会的东西，哪些是构成普遍人性的东西时，这种区分才有意义。”

因此，尽管把人文社会科学区分为人文科学与社会科学在理论上是必需的，但在实际操作中却相当困难。因为人文科学与社会科学之间的界限在具体问题上往往是模糊不清的，以至于对一些具体的学科到底属于人文科学还是属于社会科学，历来存在着相当大的争议。正因为如此，德国人只把科学分为两大类，一类是自然科学，一类是精神科学（或称文化科学），即是说，社会科学和人文科学都被纳入精神科学或文化科学的范畴。

自然科学似乎和人文科学的区别要明显一些。有人说，制造原子弹属于自然科学，将原子弹往哪里投属于人文科学。其实，制造原子弹也属于人文科学，原因很简单，为何要制造原子弹完全是由人来决定的。也就是说，自然科学的研究主体是人，研究目的也是为了人，因此尽管研究对象不是人，却不得不说也是人文科学。再举一个典型的例子，在大部分人眼中，医学大约是属于自然科学的，但在有识之士看来，医学归根结底也是人文科学，诚如郎景和教授在《一个医生的哲学》（中国文联出版社 2002 年）中提到：医学的对象是人，医生本身的起始实际上是人的一种善良行为的表达，是表明人之间的善良行为，因此，医学是人类情感的一种表达，是维系人类自身价值，并保护其生存、生产能力的重要手段。美国一家报社办过一次“在这世界上谁最快乐”的有奖征文，其最佳答案有三个：1. 历经风险开刀后，终于挽救了危急患者生命的医生。2. 忙碌了一天，为婴儿洗澡的妈妈。3. 作品刚完成，自己吹着口哨欣赏的艺术家。医生的甘苦能为人所知、所理解，足矣！你看，医学不属于人文科学属于什么？在技术层面的医学已经很发达的今天，将医学理解成人文科学更有现实意义。诸位知道，如今人类除了癌症外，几乎没有治不好的病了（少数癌症也能治得好），但为何有人患了个感冒却被治死了呢？为何有人左腿受伤，从医院出来后，右腿被截肢了呢？这是属于技术的问题，还是属于人文的问题？很显然属于人文的问题，是医学中缺乏了人文精神，是某些医生的心坏了。所以说，当今医生最缺的恐怕不是技术的提高，而是人文精神的提升。

教育的功利主义越来越引起人们的警觉和担忧。爱因斯坦说：“首先要成为一个人，其次成为艺术家，最后才成为钢琴家。”“用专业知识教育人是不够的。通过专业教育，他可以成为一种有用的机器，但是不能成为一个和谐发展的人。否则，他连同他的专业知识，就更像一只受过很好训练的狗，而不像一个和谐发展的人。”从教育的角度说，将所有的科学都视为人文科学有一个积极的现实意义：那就是所有的课程，在讲授的过程中，除了传递知识、理论、技能，还应该传递人文精神。比如说医学课程，除了教会学生如何用药开刀外，恐怕还得教会学生如何尊重生命、敬畏生命。

放浪与年代无关

在《胡适留学日记》中，胡适多次提到自己读书期间痴迷于打牌，并且为打牌行为寻找各种冠冕堂皇的理由，读完颇觉亲切和好玩：

一九一一年二月五日：刘千里以电话邀打牌。

一九一一年四月二十九日：天时骤暖至八十度以上，不能读书，与沈、陈诸君打纸牌，又与刘、侯诸君打中国牌，以为消遣之计。夜赴世界会之美国夜。

一九一一年五月六日：打牌。夜赴中国学生会。

一九一一年五月十四日：夜与刘千里诸人打牌。刘君已毕业，云下星期二将归祖国矣。

一九一一年六月五日：下午考德文。夜打牌。

一九一一年七月二日：天热不能做事，打牌消遣。

一九一一年七月三日：今日天气百一十度。打牌。

一九一一年七月五日：往暑期学校注册。下午打牌。

一九一一年七月六日：打牌。

一九一一年七月七日：上课。打牌。

一九一一年七月八日：无事。打牌。天稍稍凉矣。

一九一一年八月四日：化学第四小考，极不称意；平生考试，此为最下。打牌。

一九一一年八月五日：打牌。

一九一一年八月十日：夜早睡；连日或以读书，或以打牌，恒子夜始寝，今日觉有不适，故以此矫之。

一九一一年八月十一日：夜打牌。

一九一一年八月二十三日：夜打牌。

一九一一年八月二十六日：打牌。

一九一一年九月四日：今日为劳动节（Labor Day），为休息之日。打牌。

无独有偶，读大学时曾经痴迷过打牌的还有国学大师季羡林。在《清华园日记》中，随处可见季羡林打牌的记录：

一九三三年七月三十日：归，又打牌，直至两点。

一九三三年七月三十一日：晚上又打牌。

一九三三年八月一日：饭后，打牌。

一九三三年八月二日：晚饭后，同胡二太太打牌，一直到十一点。

一九三三年八月七日：现在成了打牌时代了。几天来，几乎一天打两场，手腕都打得痛了。

一九三三年八月九日：归又打牌。

一九三三年八月十日：晚上又打牌，胜。

一九三三年八月十一日：饭后又打牌。

一九三三年八月十五日：晚上到长之屋去打牌，打的是扑克。

一九三四年一月二日：在长之屋扑克。

一九三四年一月二十一日：过午在张明哲屋打扑克，消磨了一下午。

一九三四年七月十九日：晚上同长之、明哲、蒋豫图在我屋打牌，一直打到十二点，颇为兴奋。

一九三四年七月二十日：过午打网球，晚上又打牌。

大学生季羡林“无聊”和“堕落”远不止如此。对于听课，他经常是心不在焉，学渣气质十足：

一九三三年三月六日：应景上课。

一九三三年三月七日：应景上课，心绪乱极。我真看腻了一般人的死沉麻木的脸。

一九三三年三月九日：应景上课，麻木，麻木，麻木。

一九三三年三月十日：上课——麻木，非见血不会激动了。

一九三三年三月十七日：机械般上课。真无聊。

一九三四年四月二十三日：开始上课，一上课，照例又来了，paper，reading report，test……妈的，一大堆，一大串，我这是来念书吗？

一九三三年九月十四日：早晨上了一课古代文学，有百余人之多，个个都歪头斜眼，不成东西，真讨厌死了。

一九三四年四月二十四日：上课没有别的感觉，只是觉得一点钟比以前长着一倍，屁股都坐痛！仍听不到打铃。晚上上文艺心理学，更显得特别长，简直要睡过去。

对于考试、论文，大学生季羡林和我们如今的大学生一样，也经常表现出厌恶、应付的态度：

一九三三年十二月三日：今天整天都在预备Philology，真无聊。我今年过的是什么生活？不是test，就是reading report，这种生活，我真有点受不了。

一九三四年一月十一日：考古代文学，大抄一阵。

一九三四年一月十四日：这日子过得真无聊，明天要考Philology。说预备，实在用不着，因为太容易了。说不预备，又实在放心不下——就在这预备与不预备之间，呆坐在图书馆里。早晨呆坐在那里。过午仍然。晚上仍然——真无聊。

一九三四年一月三十一日：的确有许多事情等我做，譬如论文，就是其一。但终日仿佛游魂似的，东晃西晃的，踏不下心读书。虽然已不像前两天那样感到无聊，但一想起来，却仍然觉得无聊。

一九三四年三月四日：这几天来，因为无聊的功课太多，心情不能舒缓下来，文章一篇也不能写。

一九三四年三月五日：开始作论文了，真是“论”无可“论”。晚上又作了一晚上，作了一半。听别人说，毕业论文最少要作二十页。说实话，我真写不了二十页，但又不能不勉为其难，只有硬着头皮干了。

一九三四年三月二十一日：Stein要毕业论文，又须赶作交上，这种应制式的论文实在没有什么价值。我们大半对自己所选的题目没有什么话说。文章写不起来，总觉耿耿，心里总仿佛有块似的坠着。

一九三四年三月二十五日：今天开始抄毕业论文，作倒不怎样讨厌，抄比作还厌。

一九三四年三月二十六日：今天抄了一天毕业论文，手痛。

一九三四年三月二十七日：论文终于抄完了。东凑西凑，七抄八抄，这就算是毕业论文。论文虽然当之有愧，毕业却真的毕业了。

至于日常生活，大学生季羡林也常常以颓废、无聊的状态示人，有“多余人”的嫌疑：

一九三二年九月三十日：晚上也没有什么东西，懒病大发，瞪着眼看桌子，却只是不愿意看书。

一九三三年五月二十五日：仍然是，睡觉，打Handball，喝柠檬水，溜圈，聊天，仍然是刻板的生活，真也无聊。

一九三三年十二月五日：今天又犯了老毛病，眼对着书，但是却看不进去，原因我自己明白：因为近几天来又觉到没有功课压脑袋了。我看哪一天能把这毛病改掉了呢？我祈祷上帝。

读大学时，季羡林算是个体育发烧友，喜欢打手球和网球，最喜欢看篮球比赛。不过，他看篮球比赛似乎是“醉翁之意不在酒”：

一九三二年十二月一日：过午看同志成中学赛足球和女子篮球。所谓看女子篮球者实在就是去看大腿。说真的，不然的话，谁还去看呢？

一九三二年十二月二十一日：看清华对附中女子篮球赛。说实话，看女人打篮球，其实不是去看篮球，是在看大腿。附中女同学大腿倍儿黑，只看半场而返。

一九三三年十二月二日：过午看女子篮球赛，不是去看打篮球，我想，只是去看大腿。因为说到篮球，实在打得不好。

季羡林说："我七十年前不是圣人，今天不是圣人，将来也不会是圣人。我不想到孔庙里去陪着吃冷猪肉。我把自己活脱脱地暴露于光天化日之下。"季羡林的真诚与坦白让他更加可爱和亲切，也从一个角度说明，放浪与年代无关，只与年龄有关。青春本来就是容易迷惘、堕落和犯错的年龄，偶尔放浪一番，是不可避免的。因此，无需放大，也不用担忧 90 后的放浪，他们之所以常有"脑残"的表现，只是因为他们刚好处于青春期，而不是因为他们刚好是 90 后。

其实每一代人在上一代人的心目中，都有一点点脑残，都有一点点不可理喻，都有一点点无可救药，都是"垮掉的一代"，但每一代都活得好好的，因为时间和阅历，会让他们终将走向理性和成熟。

坚持的意义

一些大学新生，尤其是一些来自偏远农村的大学新生，刚入学时都有一个共同的惶恐和不安："有的同学会唱歌，有的同学会跳舞，有的同学会踢球，有的同学会弹吉他，……可是我什么特长也没有，该如何是好?"为了安慰这些杞人忧天的学生，我先讲一些自己的故事：

14 岁的时候，我开始学吹笛子，半年后，成了全村庄第二会吹笛的人（第一是教我吹笛子的哥哥），但 15 岁未到的时候，我放弃了吹笛子。今天再拿起笛子，居然吹不响了。

17 岁读大一的时候，看到男生跳街舞时女生在一旁尖叫，我开始学跳街舞，因受不了拉筋、劈叉的疼痛，三天后放弃了。今日再看到别人风骚的舞蹈，还是只能在一旁痴痴地看，痴痴地想："如果当年我能将跳街舞坚持下来，今天一定会成为街舞界职称最高的，教授中街舞跳得最好的。"但是，世上没有如果。

21 岁读研一的时候，我开始学打篮球，居然一直坚持到今天，虽然因为身体条件所限，还只有非常业余的水平，但算是单位里最会打篮球的人之一了。

还是在 21 岁的时候，我开始跟着导师学写论文，两年后我靠它找到一份留校任教的工作，十年后，我写论文的水平已经很专业了，保守估计，也是自己所处空间里最会写论文的1000人之一。如果我中途放弃了会怎样？可以肯定，今天一定没有一个教授宋德发了。

这些非常简单的经历却给了我一个并不简单的启示：有些事情，开始得虽然早，但如果中途放弃了，同样一无所成；有些事情，虽然开始得晚，但只要坚持下去，同样可以成为与众不同乃至安身立命的特长。

再说一些别人的故事：

2014年，英国达人秀的舞台上，79岁的老奶奶帕蒂（Paddy）大秀旋转、抛接、倒空翻等各种舞技，震惊四座！其实她是在老伴去世后才开始练习舞蹈。

2002年，69岁的英国退休助产士凯伊·达西不顾家人劝阻，只身勇闯好莱坞。2012年，凭借着在过去十年里练就的中国功夫，快80岁的凯伊·达西终于闯出一番天地——主演了她的首部系列功夫片《特工88》——饰演一名88岁高龄、身怀绝技的“世界最致命的女刺客”！她有望成为世界年龄最大的“功夫巨星”。

艾达·基林从67岁才开始跑步，当时她的两个儿子在涉毒凶杀案中丧生，之后她发现跑步有助于缓解悲痛。随后，她不断克服年龄的增长和关节炎的障碍，跑了32年。2014年8月15日，在第九届世界同性恋运动会上传来消息，99岁的老奶奶艾达·基林在95—99岁年龄组女子100米跑比赛中，以59秒8的成绩刷新了国际认证赛事中同年龄组百米世界纪录。

目前基林在纽约市独居，每周两次去健身房进行跑步、瑜伽等训练。她计划明年参加另一项赛事，希望能打破100岁以上年龄组世界纪录。

齐白石27岁开始拜师学艺，57岁才去北京当“北漂”，终于成为一代艺术巨擘。

凡·高也是27岁才开始学画，不幸的是37岁就去世了，十年间创作了800多幅油画，如今每一幅都价值连城。

刘邦47岁才开始创业，八年后，完成了从科员到皇帝的跳跃。

这些凡人或者大人物的故事同样告诉我们“坚持”的意义：一个普通人，

只要专注于一个领域，五年可以成为专家，十年可以成为权威，15 年就可以世界顶尖——个体天赋、时代环境等因素对坚持的结果会有延缓或者加速的作用。也就是说，只要你能在一个特定领域，投入 7300 个小时，就能成为专家；投入 14600 个小时就能成为权威；而投入 21900 个小时，就可以成为世界顶尖。但如果你只投入 3 分钟，你就什么也不是。

改用老奶奶帕蒂的舞伴那句"She can，all people can!"我勉励那些为未来担忧的大一新生们：他们能，你们也能。从现在开始专注于一个领域吧，四年后，你们至少可以成为湘潭市级别的专家。

文学的功能

这几年，我受高校、政府、企业、协会、中学、电视台和图书馆等邀请，做了200余场演讲，1/3是关于教育的，1/3是关于励志的，1/3是关于文学的。实话实说，面对社会大众，做文学方面的演讲，心里最没有底，因为教育、励志都是更大众化的话题，而文学在当今社会，恐怕是最曲高和寡的一个领域。但实际上我的担心是多余的。我的文学讲座，无论是听众的数量，还是听众的反响，并不比我的教育和励志讲座差。这些经历也让我渐渐相信：在浮躁的社会，依然有一群淡定的人。

讲一个小故事吧。2013年年底，我接到湘潭市作协的邀请，给市里的作家们做一次文学讲座，我感到无比的荣耀，但更多是惶恐不安。原因至少有三：一是文学是讲究经历和阅历的，而这恰恰是我的短板——我的人生既简约更简单，对万事万物的理解肯定是比较浅显的。二是我搞不清作家们的“底细”——听众中既有耄耋老人，也有多位壮年和青年，甚至还有八个中学生；既有文坛大咖，也有文坛新秀；既有硕士学历者，也有自学成材者；既有小说家，也有诗人、散文家；既有职业是老师的，也有职业是税务局收税的，还有职业是种田的农民的……他们喜欢听什么？我根本无法捉摸。三是我是复述故事的人，而他们是创造故事的人，虽然都是讲故事的人，但我讲的是作家们创造的故事，也就是说，作家是我的衣食父母，在衣食父母面前讲文学，不是典型的班门弄斧吗?!

但既然来了，还是硬着头皮讲吧。我结合自己的阅读和成长经历，讲了文学的娱乐功能、教育功能和认识功能。我很高兴，听众中刚好有八位来自湘潭三中“清源”文学社的中学生，还都坐在第一排。这下可好，我一下子有了讲课的对象感，慢慢找到了平时在大学上课的感觉，开始眉飞色舞、激情四射起来，还不时地问一问：“你们听懂了吗?”的确，我有些担心，一会儿《神曲》，一会儿《悲惨世界》的，这些初中生会不会不知道我在说什么?

一个半小时后，讲座结束。在主持人（市作协主席徐秋良）做总结的时候，我再次悄悄地问了这些小作家们：“你们听得懂吗?”他们肯定地点了点头。徐主席总结完后，一个个头不高的小同学怯怯地问我：“教授，我可以抱一抱你吗?”我说：“当然可以啊!”然后，我拥抱了一下这位未来的大作家。

中午吃饭的时候，这八个中学生的指导老师——湘潭三中的李映红女士很兴奋地对我说：“我的学生刚才对我讲，将来一定要报考湘潭大学，哪怕考600分以上，也要报湘大!”

那一刻，我突然明白：“这就是文学真正的功能!”

学生的情诗

大学里的学习，不仅是学习如何生存，还要学习如何生活。

中文专业在教授学生如何生存方面，可能没有特别的长处，但在教导学生如何生活方面，却有得天独厚的优势，比如我可以在“基础写作”课上专辟两节课，教学生写情诗。为何要教学生写情诗？因为要想更好地生活，懂得爱是必要的一种“技能”。应该说，一个人能够顺利地追求到自己喜欢也适合自己的对象，是一种能力；追求到心爱的人，还能和他/她顺利地组成家庭，是一种能力；和他/她组成家庭后，还能幸福而不是糟糕地过一辈子，是一种能力。而在“爱”的诸多能力中，如何表达“爱”自然不可忽视。一个有品味的人，应该可以通过情诗来传递柔情蜜意。在一番鼓吹之后，我便开始布置作业：请为自己已经爱的人或者准备爱的人写一首情诗。在几百份作业中，真的发现了一些很有水准，至少说很有创意的情诗。比如下面这首《无题》，写得很有情节感，很小清新，很温情脉脉：

在一片沙漠里，
有这样一个湖泊，
曾经是水，现在是沙。

在一座高原上，
有这样一条山脉，
曾经是海，现在是山。

在我的心里，
有这样一个女孩，
曾经是你，现在依然。

不过，这一代的年轻人，不含蓄、重口味的也比较多，于是写出了不少很有爆发力的诗句，比如《羊牯塘之恋》：

与你相遇羊牯塘，
是我一生的惊涛骇浪。
你无声走进我的心里，
像雨水慢慢渗入地表，
柔缓，却无可阻挡。
我想要堵住思念的泉眼，
不料它竟汇成了江河。
想你时，风是柔的，云是轻的。
念你时，饭是香的，梦是甜的。
遇见你，我重获生命。
跟我来吧，或判我死刑。

尤其是最后一句“跟我来吧，或判我死刑”，充满了神奇的想象力，吓了我一大跳。当然，还有比这更狠的发誓：

相信我
在我心里，
比你漂亮的女孩，
明天都会死。

如果说，上面的几首情诗是“情”的因素多于“诗”的因素，那么，下面这三首情诗，就是既有“情”又有“诗”了：

我怕你等
我怕你不等
我怕你说等却不等

从教学楼到宿舍门口
你一共走了 221 步
我躲在远远的后面偷偷地数

我在小黄（校园通行车）上遇见你，情况不妙
钱包没带，你帮我付了一块
给了我一片期待

有人说，恋爱中的人，人人都是诗人。其实想恋爱的人，也人人都是诗人。这些学生，正处于怀春的年纪，根本无需我教他们如何写情诗，我只要稍作点拨，便可以激发他们用语言谈情说爱的激情。而他们的情诗，也将我带回那段激情燃烧的岁月。

听教育部长谈高等教育研究

2013 年 9 月 12 日上午 9 点，湖南省教育科学研究院 10 楼会议厅，博士后工作站顾问，博士后指导老师周远清给数十位博士、博士后开讲“中国高等教育研究的三大工程”。

周远清何许人也？前教育部副部长，分管高等教育。“前”部长也是部长，所以，我这个从未见过大官的草民，见到这位满头银发的老人，还是很激动；一起合影留念，还是很亢奋。

我是普通老师，谈教育，更多是谈教学，谈一堂课如何上好。周部长曾管过一个大国的高等教育，站得高看得远，所以，他谈教育，基本只谈思想和理念。这就叫屁股决定脑袋，不同的身份导致不同的思维方式，不同的角色导致不同的言谈方式。近两个小时中，他用清晰的思路、严密的逻辑和温和的声音，梳理和回顾了中国高等教育的三大工程：

第一个工程是 1993 年至 1997 年搞的“有中国特色高等教育理论要点研究”。该项研究历经五年，从 1993 年 2 月、4 月在北京召开的筹备会和预备会，到 1997 年 9 月正式出版《建设有中国特色社会主义高等教育理论要点》专著。专著共分 14 个大部分，内含 60 个小部分，这 14 个大部分的关键词是：指导思想、国情和国际背景、属性、任务、办学方向、发展战略、结构和布局、体制、人才培养、科研、教师队伍、对外开放、党的领导。通篇看来，其中的基本思想对当今仍具有指导意义，如“坚持规模、结构、质量、效益协调统一的发展战略”、“必须坚持与完善国家统筹规划和宏观管理、学校面向社会依法自主办学的新体制”、“必须以培养人才为中心、以转变教学思想和观念为先导、以教学内容和课程体系改革为重点”等。

第二个工程是建设高等教育强国研究。2007 年，时任中国高等教育学会会长的周远清就不断倡议、酝酿开展“高教强国”研究，并于 2008 年初筹巨资将其正式立项为中国高等教育学会重大研究项目。该项目于 2008 年 6 月正式开题，聘请国家领导人陈至立同志担任顾问，由周远清同志亲任组长，其他负责人 21 人，子课题负责人 100 多人，参与院校 150 多所，研究人员 1500 多名。该项目还分别于 2008 年和 2009 年被批准为国家社会科学基金“十一五”规划教育学重点项目和教育部哲学社会科学研究重大课题攻关项目。该项目旨在回答“什么是高等教育强国、为什么要建设高等教育强国、现有基础能不能建设高等教育强国和怎样建设高等教育强国”四个问题，共分 13 项子课题。

第三个工程是加快建设中国特色高等教育思想体系研究。2010 年 11 月，周远清在“高等教育国际论坛”的主题报告中提出，要加快建设中国特色高等教育思想体系，并详细论述了为什么要“加快建设”和必须坚持“中国特色”。周远清同志提出，要加快建设中国特色高等教育思想体系，是有研究基础和现实需要的，时机已经成熟；而如何开展这项研究，要有国际视野、走中国道路；研究要体现时代性、把握规律性、富于创造性。

应该说，这种纯概念性、理念性、宏观性的课，我听得并不多。不过，偶尔听一听教育最高管理者们的言说，也有一种不一样的感觉和收获。而且，这位管理者已经“不在位”了，反倒可以讲一些真话、心里话和背后的故事，听起来也非常过瘾。尤其是一些肺腑之言，也让整体上偏向宏大叙事的讲座变得饱满和生动起来：

1. 高等教育研究是学术研究中的弱势群体，你看全国优秀博士论文，在很长一段时间中，没有一篇来自高等教育研究。

2. 中国高等教育有很多问题，如果你们能够提出好的解决办法，我愿意照着你们的方法做，如果你们提不出来，那对不起，照着我的方法做。

3. 从未有人提过文化的国际接轨。而一个国家的大学要和他的文化相适应。

4. 教育的落后归根结底是教育思想的落后，改革最难的也是教育思想的改革。

5. 我们的高校是按照中等学生的水平来制订教学计划的。所以一个学生对我说："我们以优秀学生，甚至尖子学生的身份进入大学，但大学把我们培养成一个样子了。"这句话很刺激我。

6. 我不同意"教育去行政化"的说法。什么叫"行政化"？不能动不动就说"化"字。没有行政管我们，我们吃什么？当然，我不认可行政干预学术。

7. 不少人说，高考要改革，比如搞个自主招生、多次高考什么的。但老百姓就说了："连高考这最后一个公平的机会都没有了，我们还怎么活?!"

我的一次选择与坚持

我的大学是在默默无闻中度过的。如果说有什么“亮点”的话，那应该是在大学二年级做出的一次选择：考研。

每个人选择考研的原因都不一样，有的是因为孤独，有的是因为盲从，有的是因为喜欢，有的是因为爱情，有的是因为面子。

在我求学的时候，考研并不像如今这般主流。我记得1996级中文系，有两个班，共64人，有明确考研意图的10人，有实质性考研举动的9人，最后昂首阔步迈入考场的8人。所以我当时选择考研肯定不是因为盲从。

读大学时，我才能平庸，性格乖张，体型瘦弱，气质不佳，不可能有一个准备考研或者已经考上研的女朋友，所以，因为爱情也不是我考研的动因。

今天回想起来，我当时之所以依然决然地选择了考研，大概是因为孤独、喜欢和面子，其中“喜欢”又是最主要的理由。

其实，在决定考研之前，我大概花了一个暑假的时间做了一次充分的自我认识。事关人生方向的选择，我自然不能草率。

我对金钱没有太多的欲望，家族中也没有经商的传统，所以，我不能选择“黄道”——今天称之为“创业”；我极为内向，不善交际，所以，我不能选择“红道”——今天称之为“考公务员”。我的特长就是可以忍受寂寞，甚至是享受寂寞，比如“泡”一天图书馆，我没有丝毫的劳累和烦躁，反而感到无比的放松和愉悦。

这样的特长最适合走“黑道”——读书做学问了。

我义无反顾地踏上了“黑道”。为此，我放弃一切需要放弃的东西，将能够投入的时间、精力、心思和财力统统投入到考研之中。凡是与考研有关的人和事，我都密切关注；凡是和考研无关的人和事，我都不感兴趣。

我每天早上6：30左右起床，去教室或者图书馆学英语；中午小睡一会后，2：30左右去教室或者图书馆看政治，5：30左右去吃晚餐；晚上7：00左右去教室或者图书馆复习三门专业课——文学理论、外国文学和比较文学，10：30左右回寝室。一周七天，我至少有六天过的是这样有节奏和有规律的生活，而第七天，我则选择胡乱玩一下，以作放松。

大三的那个暑假，为了考研，非常恋家的我选择了留校复习。在没有任何外界打扰的情况下，在一个很有年头的阶梯教室，我每一天享受着为梦想苦读的快乐。长沙的天无比的炎热，我的内心却出奇的清凉。头顶的那台老式吊扇，呼哧呼哧地喘气，随时都可能掉下来，我却浑然不觉。

研究生分数出来了，我考了399分，后来才知道，在当年报考湘潭大学比较文学与世界文学专业的40几位考生中，我位列第一名。在整个求学生涯中，这是我第一次，也是最后一次考第一名。

考研原本是我一个人孤独的旅行，没有料到，成绩刚一出来，敏感而专业的媒体（其实就是校报和校电视台）立刻派来精明能干的记者，又是采访，又是摄像，让我产生了“一夜爆红”的错觉。

校报写我考研故事的那篇文章（作者是我的师弟林榕龙先生），我还放在书橱里珍藏，时不时拿出来回味和骄傲一下。校电视台采访我的录像（播音员是我的同学李丹女士），由于缺乏设备，我一直没有打开看过，现在也不知道放到哪里去了。

考研是我读大学期间做的唯一一件“大事”。

因为考研，我的大三和大四变得沉静和沉稳了许多，可以说每天晚上是带着满足的微笑进入梦乡，第二天清晨带着热诚的希望醒来。

因为考研，大学期间的五十多门课程，我终于有几门学得非常的扎实和牢靠。

因为考研，我学会了如何结合自身特点确立人生的目标，并且围绕目标制定详实有效的计划，然后不折不扣地执行它们。

因为考研，我懂得了如何独自面对和克服生活中遭遇到的种种意外和困境。

因为考研，我明白了一个人只有耐得住寂寞才有可能不寂寞。

第三编　教师的修养

从“阅读”到“悦读”

据媒体报道，中国人年均读书 0.7 本，与韩国的人均 7 本，日本的人均 40 本，俄罗斯的人均 55 本相比，中国人的阅读量少得可怜。这个数字是否准确，我觉得并不重要。当今中国人是否真的越来越不喜欢读书，我也不是太关心。

有人喜欢读书，就有人不喜欢读书；有人需要读书，就有人不需要读书。读书或者不读书，都是一辈子，很难说，一辈子读书比一辈子不读书就一定更精彩，更有品位。但问题是，不管别人喜不喜欢读书，需不需要读书，我反正是喜欢读书的，也是需要读书的。

我喜欢读书，是一种天性，无需解释。我需要读书，原因也很简单：我是教书的。别人可以不读书，但一个教书的不读书，可谓天理难容。因为喜欢，因为需要，读书成了我最大的爱好——我的另两大爱好是打篮球和看电视。

最初的读书，可以称之为“阅读”，即读一些必须要读但自己未必真喜欢读的书。比如研一的时候，导师就开了一个“研究生必读书目”。研究生毕业了，发现书单上的第一本还没有读完呢。再比如一本《浮士德》我读了 30 多遍，倒不是真喜欢，而是本科毕业论文就研究它的哲学内涵，不读不行啊。还如但丁的《神曲》，第一次翻看，就被吓得不轻：真乃天书也！但上课要讲，所以硬着头皮，一字一句地研读。

读必须要读的书，过程很痛苦，但或多或少都有一些收获。比如《浮士德》读完 30 多遍后，自觉哲学素养提升了一大截，再去读其他西方文学作品，发现也没有什么障碍了。《神曲》看了几遍后，发现“神曲”其实是“人曲”，它对幸福秘密的揭示非常接地气。再后来，又发现，读任何公开出版了的书，都会有一些体会和收获的，正所谓“开卷有益”吧。

时至今日，“阅读”还是每天都要做的事情，因为要写一些学术论文或者学术专著，有些书还是要硬着头皮去看的。

渐渐地，写学术论文或者专著没有那么迫切了，读书的兴趣就越发广泛了。这几年，开始找一些自己第一感觉就挺好的书去读，渐渐发现在“阅读”之外还有一种“悦读”。比如徐葆耕的《西方文学——心灵的历史》《叩问生命的神性——俄罗斯文学启示录》，易中天的《品三国》《品人录》《中国智慧》，陈平原的《千古文人侠客梦》，刘再复的《双典批判》《思想者十八题》，十年砍柴的《闲看水浒》，潘知常的《说水浒人物》《谁劫持了我们的美感》《职场红楼》，孙绍振的《文学性讲演录》，赵毅衡的《有个半岛叫欧洲》《趣味符号学》，周国平的《周国平人文讲演录》，刘小枫的《拯救与逍遥》，辛可的《逼下梁山》，曾艳兵的《卡夫卡的眼睛》，何云波的《围棋文化讲演录》等等，读完了，不仅有启发，还能获得美学的享受。

正因为越来越享受“悦读”了，这些年开始读教育学的书，但基本不读教育学学者们写的（不是他们写得不好，而是我不喜欢那种一本正经的风格），而是专门读那些非教育学专业的学者们写的，比如北京大学中文系教授钱理群的《走进北大》《语文教育门外谈》《〈新语文读本〉——一段历史，一个故事》《我的教师梦——钱理群教育讲演录》《论北大》《乡土中国与乡村教育》《钱理群语文教育新论》《解读语文》等，福建师范大学文艺理论家孙绍振的《直谏中学语文教育》《孙绍振论高考语文与作文之道》《对话语文》（与钱理群合著）等，北京大学中文系教授陈平原的《老北大的故事》《北大精神及其他》《中国大学十讲》《大学何为》《教育——知识生产与文学传播》《大学有精神》《北大旧事》《历史、传说与精神——中国大学百年》《读书的“风景”——大学生活之春花秋月》《花开叶落中文系》《大学小言——我眼中的北大与港中大》《抗战烽火中的中国大学》等，以及文艺理论家刘再复的《教育论语》和美学家李泽厚的《李泽厚论教育·人生·美——献给中小学教师》等。

如今走进书店，由于受专业思维的限制越来越小，翻书和买书的期待视野也越来越广阔，换言之，外国文学专业之外的书，我看得和买得越来越多。比如2015年暑期去成都，在黄花机场的书店里，我不仅浏览了一本专业范畴之内的《杜拉斯传》，买了一本与专业密切相关的《情人》，而且翻阅了半民间学者张宏杰的几本书，感觉既有思想，也有文笔，就买了其中的一本《千年悖论》。看完后，觉得挺好，回家后就从网上将他其他的著作，包括《中国国民性演变历程》《大明王朝的七张面孔》《坐天下——张宏杰解读中国帝王》《饥饿的盛世——乾隆时代的得与失》《曾国藩的正面与侧面》等，都买了回来，慢慢欣赏。

值得一提的是，在青城山的泰安寺，我发现香案上有好几叠免费赠送的册子。其中一本，是台湾圣严法师写的《正信的佛教》。按照我以前的思维，一本内部资料，关于佛教而不是外国文学的，还是一个世俗世界之外的大和尚写的，没有体系，没有注释，也没有获得过什么学术奖励，我根本不会翻一下。但现在我不仅翻了，而且偷偷放进背包里，回到客栈里仔细看，还带回湘潭认真品读。原因只有一个：写得真好。我甚至由此认为，书还是体制之外，或者在体制内外自由游走的学者，写得更有意思和更有意义一些。当代大学里那些一心顺从体制的著作，大多不仅无法去“悦读”，而且去“阅读”的必要也很小了。

如果说，“阅读”只是为了思想，那么“悦读”不仅为了思想，还为了文字。现如今，我看书更多时候是先看文字，而不是先看书的类型或作者。文字不够潇洒、不够灵动、不够文学性的，很可能就扔到一边。而文字潇洒和风骚的，一般而言，思想性也不会差到哪里去。

能够“阅读”，是一种享受；能够“悦读”，更是一种幸福；能够从“阅读”走向“悦读”，更是一种幸运。

大学老师也要增强综合素质

陶行知说，要用活的人去教活的人，拿活的东西去教活的学生。用如今流行的话说，素质教育的目标是立体的老师培养出“立体”的人。问题是，如今的大学老师越来越“扁平”，又如何培养出立体的人?

大学老师的扁平化，其实就是作为个体，其综合素质令人担忧。综合素质，简单地说，就是“德、智、体、美、劳”均衡发展，不说每一方面都很突出，至少每一方面都能达到一定的水准。大学老师一般都读完博士了，智力水平应该都没有问题，但是其他四个方面，不是缺这就是缺那。教师是最好的教材，教师在教学中鼓吹素质教育，学生心里却在嘀咕：“最需要素质教育的应该是您自个儿吧？我们的综合素质可比您强多了!”

其实，单就“智”方面而言，老师的综合素质也令人担忧：大学老师的“智”更多表现为会写论文，其他方面似乎并没有什么突出之处——最近读到一篇文章，标题很好：《大学里最后剩下的都是只会写论文的》。问题是，100 个大学生中，估计也只有五六个有写论文的兴趣和写论文的需求，另外 90 多个不想写论文，也不需要写论文，你硬要教他们写论文，而且还是一些没有见解、没有语言，只有概念和术语堆砌的论文，岂不是赶鸭子上架？这些学生恳请：“老师，教点别的吧!”老师摊摊手说：“别的我也不会啊!”

如今的大学在教师的选拔上，有着惊人的简单化倾向。比如某高校人事处制定一项人才引进指标：凡新进博士至少需要发表四篇 CSSCI 论文。这个指标看起来科学、公正：他有四篇你没有，我就要他不要你，谁都不能走后门。但诚如萧功秦所言："一个教师的素质是多方面的，写文章是写文章，尤其是在核心刊物上发表的文章，我认为那种文章只应该占所有素质的 1/10，还有很多更重要的东西，比如教育方面的关怀，口头表达能力，发现问题的能力，与学生交流的能力，能不能把知识之美传递给下一代等。"简言之，原本只占教师素质十分之一的写论文被人为地拔高到教师素质的 100%，最后，只会选拔出一些只能写论文其他什么也不会的大学教师。

越来越多的人感叹：有些博士根本不会上课，而且看起来怎么努力也无济于事，所以，这些博士成了教授后，还是不会上课，最后受苦的只能是学生，根源在于有关部门引进这些博士时，并没有将"口头表达"等教师更需要的能力看得很重要——或许在试讲环节，也有人对这些博士的讲课水平提出质疑，但另一个更大的声音说：你看他发表了六篇 CSSCI 呢，是我们最需要的人才，至于口齿不清只能算是小瑕疵，人无完人嘛。"于是，大家都沉默了。

本科教学原本是一个自足的体系，一个老师不会上课，还会有另一个会上课的老师来弥补；一个老师缺乏审美素养，还会有另一个有审美素养的老师来弥补；一个老师传达不了体育的理念，还会有另一个热爱体育的老师来弥补……但在论文（包括相关的课题、奖励）一统天下的时代，新教师只会写论文，原本还会点别的老教师也只会写论文，最后，只会写论文的个体构建起一个只会写论文的整体，而"单向度"的整体能培养出"立体"的人吗？

大学老师需每天四问

有一些同行在研究大学老师的职业倦怠问题。以我的观察，大学老师之所以出现职业倦怠问题，多半和找不到成就感有关。而找不到成就感，可能是外部体制设置的种种障碍所导致的，也可能同自身缺乏反思和自省精神而无法获得成长有关。

1942 年，陶行知在育才学校三周年纪念晚会上的演讲中，提出了四个问题，叫做“每天四问”：第一问：我的身体有没有进步？第二问：我的学问有没有进步？第三问：我的工作有没有进步？第四问：我的道德有没有进步？70 多年过去了，我再读到这“四问”，依然有醍醐灌顶之感。于是，开始每天一一对照，作自我检讨和反省。

第一问：我的身体有没有进步？读研究生之前，我从未重视过体育运动，再加上营养不良，所以骨瘦如柴，体弱多病，每天拖着沉重的脚步，在教室、寝室和食堂之间缓慢地行走，丝毫不见青春的活力，甚至有夭折的嫌疑。故大学期间，我虽然读书用功，还能写文章，但病怏怏的身躯对异性实在无任何的吸引力，有时连自己都讨厌自己为何如此的羸弱。读研究生期间，我将打篮球放在日常生活的第一位，每晚入眠之前，都要问自己：今天打篮球了吗？打够了三个小时没有？从此后，我的身体每天都在进步，如今三十有五了，百米速度比十年前有增无减，在球场上可以像风一样驰骋，体重也随着肌肉的增加而增加，经常可以在大汗淋漓之后，无意或者有意地显露一下强壮的上身，自己都觉得自己性感极了。

第二问：我的学问有没有进步？我每天问完自己有没有打篮球之后，接着就问有没有看书？看了几本书？看完书后有体会吗？有体会后动笔了吗？每年至少读几百本书，每年至少写十几篇文章，每年至少写一本书，已经成了我的一种生活习惯。我既没有渊源的家学，也没有过人的天赋，唯一能做的只有老老实实地努力。幸运的是，这些年，我感觉到自己每日都在进步，越来越有自己的看法，越来越有自己的文笔，相信，只要坚持不懈，在有生之年，我一定可以在自己追求的领域有所建树，在小范围内赢得属于自己的荣誉。如果说，篮球拯救了我的肉体，那么，读书和写作则提升了我的心灵。

第三问：我的工作有没有进步？我的工作就是教书育人。2001 年登上大学讲台至今，我的讲课水平在每日提高吗？为什么 2002—2004 年间，我的讲课水平止步不前？因为我在考博？为什么 2004—2007 年间，我的讲课水平让学生大为不满？因为我在读博？为什么 2010 年以来，我的讲课水平提高得最多？因为我做了非常自觉的研究？在天赋不能改变的情况下，态度和投入直接决定我的教书水平。那么，在课后，我又用了多少的时间、精力和心思来“育人”？我做班主任为什么做得不够好？我指导研究生是不是偷工减料了？我是不是找了很多冠冕堂皇的理由来推卸我“育人”的责任？在没有评职称的压力之后，我要不要将更多的心思放到学生身上？在冒了一通冷汗之后，我也清晰了未来的方向。

第四问：我的道德有没有进步？我从未想过做一个贤人，更未奢望成为一名圣人。但我依然每天要问自己：今天在实现自己的追求的时候有没有损害别人的利益？有没有将自己的快乐建立在别人的痛苦之上？如果没有，便可以安然入睡了。我只希望，通过这样千万次地问，让自己最终成为一个好人。

人生境界有多少？

著名的哲学家苏格拉底讲过：人生最深奥的学问就是不断提高心灵的等级。人开始成熟的一个标志或许就是：努力思考人生的境界。人还没有完全成熟的一个标志是：总是想先看看别人是如何理解人生的境界的。

冯友兰将人生划分为“自然”、“功利”、“道德”和“天地”四境界。自然境界的人以本我为中心，功利境界的人以自我为中心，道德境界的人以超我为中心，天地境界的人以宇宙为中心。生活于“天地境界”的是圣人；生活于“道德境界”的是贤人；生活于“功利境界”的是凡人；生活于“自然境界”的，不是人。

朱光潜说写作有四境界：疵境、稳境、醇境和化境。写作的境界即人生的境界，所以，疵境、稳境、醇境和化境也是人生的四境界。人生处于“疵境”，不合法度，毛病众多；人生处于“稳境”，合乎法度，但趋向庸俗；人生处于“醇境”，合乎法度，又有自己的个性和魅力；人生处于“化境”，则自成法度，顶天立地。

清代的张潮说人生有三境界：“窗内观月”、“庭中望月”和“台上玩月”。我的人生，大部分属于“窗内观月”，在有生之年，有望靠近“庭中望月”，至于“台上玩月”的潇洒和自如，可遇而不可求了。

宋代禅宗认为人生如同参禅，第一重境界是：看山是山，看水是水；第二重境界是：看山不是山，看水不是水；第三层境界是：看山依然是山，看水依然是水。宋代禅宗还说了，生命的修炼，第一重境界是：“落叶满空山，何处寻芳迹”；第二重境界是：“空山无人，水流花开”；第三重境界是：“万古长空，一朝风月”。

丰子恺认为，人的生活可分为三个层次：第一层是物质生活，就是衣食；第二重是精神生活，就是艺术；第三重是灵魂生活，就是宗教。与此相通的论述是：人生的第一重境界是生存之道，谓之解决吃饭问题，通过“生财之道”，达到极致的“财务自由”；人生的第二重境界是生活之道，谓之解决家庭问题，通过“平衡之道”，达到极致的“时间自由”；人生的第三重境界是生命之道，谓之解决心灵问题，通过“圣人之道”，达到极致的“心灵自由”。

湘潭大学的一位老领导在一次演讲时，说了一段非常诗意和哲学的话：我们要十分清楚：价值观是人的思想和行动的总开关。有人是这样描述心灵的层次的，一个“山”字，一个“谷”字，如果将“山”左边加个“人”旁就变成了“仙”，如果将“谷”左边加个“人”旁就变成了“俗”，也就意味着如果人往高处走就会成“仙”，如果人往低处走就会流于“俗”。

其实每一位真切地热爱过生活、拥抱过生活、感受过生活的人，都有资格从自己的角度，用自己的语言来提炼、描述人生的境界。作为一名大学老师，而且还是一位以煲心灵鸡汤为主业的文学老师，要想让自己的讲课超越知识、理论，上升到精神的层面，有必要在内心深处有自己信奉和追寻的生命境界。如果一个大学老师没有关于生命境界的概念，或者永远停留在人生境界的最低层次，那么不管他多么有学识，有知名度，终归是不合格的教育工作者。

改变世界，不如改变自己

早上起来打开QQ，四川大学周鼎老师的“自白书”——《宁鸣而生，不默而死》便闪入眼帘。该文短短一千多字，写出了千万大学教师想说而不敢说（胆量不够），或者想说而说不出来的话（语言表达能力不足）。故在短短时间内，在QQ群里被疯传，引发共鸣之声一片。不妨摘录其中几段：

1. 讲好一门课能折算成几篇论文？学院说，不知道。教务处说，也不知道。校长说，我也不知道。

2. 为什么我们的大学教学质量每况愈下？因为一个老师的职称只与他的科研成果有关。

3. 一门课的工作量如何计算？教务处说，我们按照课时来计算。那一刻，我真希望自己是一部复读机。

4. 从前，科研是副业。现在，教学是副业。

5. 所有高校领导都在说，我们必须重视教学。他们一边说着，一边看着论文发表的数量。

6. 最牛逼的教师是拥有最多科研经费的人，而不是拥有最多学生听众的人。也许最新一版的汉语大词典应该修改教师的定义了。

7. 你以为你在教育学生，其实是学生在教育你。你改变不了世界，只可能被世界改变。

8. 深夜，一名旁听生打来电话，问候冬至。他让我不会后悔这八年来的所有努力。

9. 科研是自留地，教学是公家田。

10. 一个相信讲好一门课比写好一篇论文更重要的人，今夜死去了。他早就该死了。

这篇自白的核心内容是批判当前大学重视科研漠视教学的现状，并且表达了自己的担忧和委屈。其实，我的第一部教育随笔集《大学的痛与梦》中，有将近1/3的文字都是在做这样的工作，只不过，我说得比周鼎老师更啰唆、更复杂一些。但这些文字大多写于35岁之前，评上教授之前。随着年龄的增长，或许更因为没有评职称的烦恼和压抑，这些年，这种批判性的文字我已经很少写了，我现在的体会是：我是个小人物，所以我虽然头脑清醒，却改变不了世界，包括改变不了大学的评价体制。既然如此，唯一能做的只能是改变自己。

改变自己，其实就是将一个批判性的自己变成一个建设性的自己。其实批判人人都会，但建设却不是每个人都愿意做、能够做的事情。所以，这几年，不管体制重不重视教学，我自己都将工作重心转向了教学。关于教学，我还想强调三点：

一是教学≠讲课，一个杰出的老师可不仅仅是会讲课，如果只是因为会讲课而将自己视为好老师的话，未免太片面了一些。

二是会讲课≠不写论著。高校里有一群老师，讲课水平很高，算是青年偶像级别的，但他们有一个共同特点，即很少发表或者也很少撰写论著。大学老师可以不申请课题、不申报奖励、不写体制推崇的那种论著，但是不围绕教学内容，用自己喜欢的方式写论著，仅仅满足于读了不少书，想了很多问题是不够的。科研成果丰厚和讲课好并不矛盾，从更长远的角度看，著作等身不仅会提升讲课的广度和深度，甚至还有可能帮助老师适应体制，评个教授什么的。从生活常识的角度看，一个教授和一个教师，水平一样的话，带给学生的感觉和带给老师自己的感觉其实还是不一样的。所以说，一些讲课好的老师并不需要因为自己讲课好而对评职称持一种拒斥和反感的态度。早些年评教授的要求并不高，甚至说很低，一个真正有才华的人，稍微花点时间，评个教授，不说能提高讲课水平，至少能提高收入和家庭的生活质量，又何乐而不为呢？

三是讲课好≠讲课非常好。80 分是好，90 分也是好，99 分也是好。一个大学老师的讲课能够打 90 分，当然是高水平，大部分学生也可以认可了。但如果老师因此而得意洋洋，并且认为自己虽然没有什么科研成果却早应该评上职称，如果没有评上就天理难容，是评价体制变态的话，那么，他显然也走向了一个极端。要知道，“讲课好”和“讲课非常好”是两个概念。据我的观察，大学里讲课好的老师不少，但讲课非常好，达到艺术境界的却非常少。这主要由于两个原因：第一是很多讲课好的老师“科研”做得很一般（这里的“科研”是指真正意义上的“科研”），几乎没有撰写或者发表过什么论著，更不要说高质量的论著。不仅如此，他们反而出于一种偏见和本能，鄙视那些著述丰厚的人，认为他们不过是在制造精神垃圾。因此，他们的讲课内容并没有达到自诩的深度和厚度。第二是因为很多讲课好的老师，其教学技巧并没有达到最顶尖的水平。其实很多会讲课的老师更多是凭借天赋（比如表达能力比较突出）脱颖而出，但是后天对教学技巧缺乏自觉、系统、长期的钻研。因此，以更高的标准来衡量，他们的讲课水平其实就没有想象的那样高了。

所以，我想说，不在乎评价体制的最好方式，其实不是在网上发表什么“拒绝申报课题”、“拒绝申报教授”之类的宣言，而是什么宣言也不发表，只默默地沿着自己选择和坚信的道路，默默耕耘，将自己讲课方面的特长发挥到极致。

杰出的大学教师杰出在何处？

大学里有平庸的老师，有平凡的老师，也有杰出的老师。那么杰出的大学老师有哪些不一样之处呢？归纳起来，有以下五点。

第一种是对待职业的态度。对待大学教师这个职业，杰出的大学教师是发自内心地热爱，就职之前，就以做大学教师为追寻的目标；就职之后，以做杰出的大学教师为事业的方向。平庸的大学教师谈不上喜欢，也谈不上厌恶，只因某些莫名其妙的原因踏上大学讲台，然后做一天和尚撞一天钟，不求进步，不求超越。最糟糕的大学教师则内心鄙视这个职业，嘴上嘲讽这个职业，通过这个职业，他找不到任何的成就感和自豪感，但不知为何又迟迟不肯更换工作，寻找属于自己的真爱，于是他自己痛苦，别人看着他的痛苦也痛苦。

第二种是对待学生的态度。杰出的大学老师，从不会轻视学生、嘲弄学生、利用学生、冷落学生，恰恰相反，他们会真诚地爱护学生，善待学生，不仅努力提高职业水平，给学生真才实学，而且在日常生活中，和学生保持一种自然、平等、稳定的沟通和交流，让学生感受到真情实感。

第三种是对待学术的态度。杰出的大学教师是为了教学而做科研，所以他们研究得越好，教学就越好，最后成了专家型教师；平庸的大学教师是为了科研而科研，所以，他们研究得越好，教学却不见得越好，最后他们成了著名学者，但没有人承认他们是好老师。杰出的大学教师为了学术而学术，以丰富知识、拓展视野、增强见解、提高思想为研究目标，而不合格的大学教师将学术当作手段，目的是谋取功名和利禄。

第四种是对待团队的态度。杰出的大学教师善解人意，与人为善，具有很强的团队合作意识和团队合作技巧。作为团队成员，他们是不可或缺的骨干，领导赏识，同事喜欢；作为团队领导，他们具有很强的凝聚力和向心力，深得团队成员的拥戴和尊敬。平庸的大学老师不懂得尊重他人、善待他人，以自我为中心，毫无团队合作的意识和能力，以争名夺利为乐，以打压同事为乐，以赢者通吃为乐，以占尽天下风景为乐，最后成了一个不受欢迎的孤家寡人。

第五种是对待社会的态度。杰出的大学教师积极地了解社会、建设社会，又清醒地反思社会、批判社会，从而与社会保持一种“若即若离”的关系，给人的感觉是既能接地气，又保持了知识分子的逍遥之气、浩然之气和书卷气。平庸的大学教师，要么对社会一无所知，要么完全被社会化，不关心学问之道，却精通各种厚黑学，从而落下了一脸的邪气、俗气和臭气。

上课应不应该点名？

大学里有不少喜欢较真的老师。比如华中农业大学的李厚刚，他教了一门《思想道德修养与法律基础》，某年期末考核时直接给 91 名学生判了 0 分，因为他们提交的读书报告完全是抄袭的，其中有两份抄的还是小学生的读书笔记。

“老师这是在故意为难学生，这么多人不及格简直创造了学校的挂科历史。”“老师这是捅了我一刀。”一次性让 91 名抄袭的学生得 0 分，李厚刚投下的这枚“炸弹”，引来了部分学生的反感。

有一位大学老师也异常严格，期末考试时，挂了班上一半的学生。学生评教分数很低。该老师非常委屈和不满，写了一段感想和领悟：

随便吹几句，放个教学片，从不点名，高分给过，这类老师一般最受欢迎，学生评教分数高，学生绩点高，皆大欢喜。如果出于我个人利益最大化考虑，我可以这么安排自己的课程：第一课，讲个人经历；第二课，挂着课件讲例子，随着性子讲；第三课，教学片，随便放个电影……最后一课，划重点。不点名，打分 60 起步。

那么，根据上面两位老师的“遭遇”，我们是否可以据此判断：在大学里，喜欢较真的老师就被学生讨厌呢？不严格的老师就受到学生欢迎呢？

这样的判断是缺乏逻辑依据的，更是缺乏事实依据的。

据我的经验和观察，一个大学老师被不被学生讨厌，同这位老师喜不喜欢较真没有必然的联系。我的大学老师夏先培先生，就特别喜欢较真，他上课喜欢点名，学生迟到了还必须从前门喊报告进来，而不能从后门偷偷溜进去；他每天都抽查我们背古文，背得结结巴巴还不行，还必须背得像朗读的一样流畅才算过关；他的课很难通过，一不小心就被挂了……但每个学生都很尊敬他，都慢慢喜欢上他，因为他对自己的要求更严格。他也的确很有水平，课讲得非常好，好到你不听就觉得损失很严重。

与他相反，另一位年轻一点的老师，也喜欢上课点名，也喜欢抽查我们背古文，也喜欢动不动抓几个学生补考，最后所有的学生都在背后骂他。不知情的人还以为：这个老师因为太严格才被不懂事的学生所反感，其实学生讨厌他的主要原因是：他根本不会上课。

所以说，大学生真正讨厌的老师是没有水平（尤其是不会上课）的老师，而最讨厌的老师则是没有水平（尤其是不会上课）还喜欢较真和自以为是的老师。

大学里还有不少不喜欢较真的老师。我的外国文学老师与夏先培老师风格相差很大，她上课从不点名，也从不看我们的听课笔记，更不会让学生挂科(期末考试平均分都有 80 多)，每个学生都很喜欢她，不知情的人还以为：这个老师因为处处讨好学生才被肤浅的学生所喜欢。其实，大家喜欢她的原因是：她上课上得和夏先培先生一样好，而且她还是一个漂亮、知性、温婉的女性，很有个人魅力。

另有一位老师，人很好，算是老好人的那一种，上课从不点名，考试也很简单，从未听过课的学生也能及格。学生给他的评分，不是很低，但也不是很高。之所以不是很低，因为学生觉得他是个好人，不好意思打太低的分数；之所以不是很高，因为学生觉得他不会讲课，算不上好老师，没有办法给更高的评价。

所以说，大学生真正喜欢的是有水平（尤其是课上得好）的老师，而最喜欢的老师则是有水平（尤其是会上课）人又很好的老师。

老师严格就给他打低分，老师宽松就给他打高分？我们的大学生还没有蠢到这样的程度吧。一个老师，学生对他评价高，我们的第一反应是他会讨好学生；一个老师，学生对他评价低，我们的第一反应是老师太严格，这两种判断都不免带有主观臆测的成分。

大学老师要想获得学生的高评价，不要在严格还是不严格的问题上纠结。我们相信，事实也证明，只要是高水平的老师，严格或者不严格，都会受到学生的尊敬和好评。

那么，一个大学老师，如果没有水平，尤其是不会上课，又该如何做到让学生不讨厌呢（让学生普遍喜欢估计是很难了）？我的建议是：那不妨对学生松一点、对学生好一点，这样就算做不了好老师，也至少可以做一个老好人。其实，根据自己的实际情况，用自己擅长的方式搞好师生关系，让学生不那么反感你，你既可以理解成没有原则，也可以理解为一种工作智慧。假如一个大学老师，水平非常有限，对学生还严而无格，那么，只会给学生带来双重的反感：既反感你的水平，也反感你的为人。

做一个会聊天的大学老师

江龙女士是我大学时期的“外国文学”老师，不仅课上得好，而且还有一项“特长”很受学生欢迎：聊天。课前、课间，只要有点空闲，她都会有意无意地走到某个学生的旁边，以“最近在读什么作品?”“这个学期忙吗?”等话题开头，和学生聊几分钟。下课后，她也不着急离开，而是等一些有问题要问的学生一起走。有时候在路上，学生和她偶遇，喊一声“江老师”，她只要没有急事，也会停下脚步，在路边和学生谈一谈学业、爱情、友谊，经常一谈就是个把小时。

近日偶读唐思群和屠荣生编著的《师生沟通的艺术》（教育科学出版社2001年），才突然发现，江老师乐意和学生聊天、善于和学生聊天，原来是一门高超的教学艺术，也是一门被太多大学老师遗忘的教学艺术。

《师生沟通的艺术》是给中小学老师写的，虽然整体水平一般，但有几个观点很好，触发了我这个大学教师的反省和顿悟：

观点一：成功的教育，取决于多项因素，其中，一个最重要的因素是教师与学生之间的沟通质量。从这个角度讲，教育对学生发生效能是通过师生之间人际关系的有效程度来决定的，教师首先要有能力与学生建立良好的人际关系。

观点二：学生首先是通过与教师的人际关系的感受，来决定是否喜欢这个教师所教的学科，是否愿意来遵守这个教师所提出的要求，是否喜欢学习和参与这个教师所提供的各种活动。这种师生人际关系的游戏运行规则，与其他任何领域的人际关系运行规则没有什么两样。

观点三：师生交往时，如果教师伤害了学生的自尊和感情，学生与教师的人际关系必然僵化，那么，教师无论有怎样的良苦用心，学生也不会接受了，并从内心深处对教师产生了很大的抵触感。当学生喜欢一个教师后，对这个教师所给予的教育影响会产生很大的接纳感，会带着良好的情感来正面理解教师的语言，接受教师的要求。因此，学生是先喜欢教师，再喜欢教师所提供的教育，接受教师所施加的教育影响。

读大学时，大家都觉得江龙老师很亲近，她愿意和学生说话，学生也喜欢向她吐露心声，时间一久，在讲课之余，她和学生通过面对面的语言交流，建立了比较融洽的师生关系，这种关系反过来促进了学生的听课效率——“江姐对我们这么好，逃课多不好意思，听课走神多对不起她。”

反观这些年来，我对“教学”的理解过于狭隘了。一开始我比较重视“讲课”，并为此付出了相当多的努力。当然，在大学里会讲课，算是比较好的老师了。但我逐渐发现，“教学”可不仅仅是讲课，还包括更需要投入的“课外教学”。当意识到“课外教学”的重要性后，我开始注意在课堂之外给予学生一些指导，比如和学生一起打篮球、帮助学生改文章、担任学生辩论队的指导老师等等。和学生在一起的时间多了以后，就有了一点“身教”的感觉。但读了《师生沟通的艺术》里面的上述三段话，再回想起江龙老师在大学时期和我们“聊天”的场景，我必须承认，我的“课外教学”还停留在“面对面”的表层。尽管老师能够和学生“面对面”其实很难得了，但“面对面”却说不上几句话，不能深入到“心对心”的交流，教学效果自然要大打折扣。

我为什么很少像江老师那样，每天都抽空和学生谈谈心呢？有很多事情要去做？不知道和学生说什么？听学生说话也是为了更好地“教训”学生？其实，根由只有一个：对教育的爱、对学生的爱还不够强烈。

习近平讲话对讲课的启示

2014年12月31日傍晚，习近平发表新年贺词。1366个字，字字叩击国人的心扉，其中两句更是在一瞬间传遍大江南北："为了做好这些工作，我们的各级干部也是蛮拼的。当然，没有人民支持，这些工作是难以做好的，我要为我们伟大的人民点赞。"

搜狐网网民"蒸蒸日上"说："习大大运用萌萌哒的流行语为伟大的人民点赞，十三亿人民也为您点赞。'习大大'成为2014年中国网络热词，便是最好的例证。"

新浪微博知名博主"老徐时评"评价说："习大大今天发表2015年新年贺词，没有坚持、高举之类的口号，使用了大量老百姓耳熟能详的网络语言，文风纯朴，很接地气。他说：我要为我们伟大的人民点赞。我们也为这篇接地气的新年贺词点个赞吧!"

新浪微博网民"清澈见底"说："接地气，才有底气，也更有人气；有亲和力，才有魅力，也更有凝聚力。看似寻常的用词，却透露出一种与民众相呼应的用心；将网友最熟悉的流行语，用在全世界周知的新年贺词中，显得更从容、更自信。"

……

习近平的魅力是全方位的，其中说话的魅力是不得不提的。令人振奋的是，他的讲话已经成为语言学研究的热点。像上海交通大学出版社便于2014年出版了《平易近人——习近平的语言力量》一书，相关的论文也相继涌现。

有学者指出，习近平的讲话善于用讲故事、举事例、摆事实的方式同频共振、凝聚共识；善于用大白话、大实话和群众语言深入浅出、解惑释疑；善于用聊天式、谈心式的语气娓娓道来、触及心灵；善于用极其凝练、高度概括的话语提纲挈领、大开大合；善于用问题开刀，拿现象作靶开诚布公、振聋发聩；善于用古今中外的优秀文化元素旁征博引、纵横捭阖；善于用诗一般的语言抒发大情怀、展现真性情；善于用可亲可敬、平易和蔼又从容淡定、沉稳大气的肢体语言和语态眉宇传神、灵动善融。这种语言风格和特点，充满吸引力、感染力、感召力，对纠正领导干部讲话中的假、空、长等不良风气，有很重要的意义。

如今，“老虎苍蝇一起打”、“ 照镜子、正衣冠、洗洗澡、治治病”、“把权力关进制度的笼子”、“块头大不等于强，体重大不等于壮，有时是虚胖”、“敢啃硬骨头，敢于涉险滩”、“鞋子合不合适，自己穿了才知道”等“习式语言”已经成为全民能诵的经典语录。学者们指出，习近平的讲话将会再造中国的官方话语体系。

“对于一个人、一个政党、一个政权、一个民族来说，语言特别能体现他的质量、品格、气象与气数。”李书磊写道，“你一张口就暴露了你是谁，想瞒都瞒不住。修改政治、改善生存必得从改善语言开始。”改善语言，国家最高领导人习近平已经为我们做出了最好的榜样，那我们还等什么？

李书磊还一针见血地指出，在相当长的历史时段内，党内高层比基层的党八股要少一些，体制中心比边缘的党八股要少一些。换言之，当下中国最需要改善语言的其实是很多地方领导。因此，我们真诚地期待，在习大大的引导和感染下，他们能够转变文风、话风，少讲废话、大话、假话、套话、鬼话，多讲实话、真话、人话、有情感和有思想的话。

其实，需要再造的又何止官方话语体系？难道我们的学术话语体系不需要再造吗？一打开学术论文或者专著，映入眼球的几乎都是没有经过任何消化的各种专业术语，原本简单明了的道理，有些学者偏偏要用复杂晦涩的概念、范畴和体系包装得神神秘秘，只为达到一个目的：不让你看懂。

还有，我们的大学教学话语体系不需要再造吗？学生一走入课堂，在耳边回旋却永远听不进去的是一些语无伦次、不知所云的“念经式”语言。很多大学老师，永远不懂“深入浅出”、“寓教于乐”、“通俗易懂”这些最简单的教学理念，把简单的问题复杂化是他们最大的特长。

所以说，习近平的讲话风格震动的不应该只有党员干部，还应该包括那些自认为非常高雅和深刻的大学老师们。

上课如何举例子？

我是一个上课喜欢举例子的老师。每当讲到一个知识点，我一般会举至少一个以上的例子来辅助说明，这样不仅会帮助学生更轻松地理解这个知识点，而且会引导学生在知识点和现实问题之间很自然地建立某种联系。当然，丰富、恰当、有意思和有意义的例子，主要是来自日常生活中点点滴滴的积累，这就需要老师做生活的有心人，要“眼观六路，耳听八方”，随时带着职业的敏感，发现、辨别、记录和整理例子。为了更好地说明我上课是如何举例子的，不妨举几个例子。

在《写作课》的第一讲“写作的意义”中，我引用了哈佛大学前校长德雷克·博克的一段话作为佐证：“所有的本科生都需要提高各种形式的表达能力，其中最广为人知的，是精确而优美的书面表达能力，其次是清晰而有说服力的口头表达能力，这些是学生在大学期间和毕业之后都会广泛运用的能力，也是作为公民和一切从业人员所应具备的能力。当被问及聘用大学毕业生最看重什么时，许多用人单位反复强调了书面表达和口头表达的重要性。”

何谓“精确而优美的书面表达”？“优美”，那是书面表达的更高境界，是兼具文学性、哲学性和幽默感的一种表达，这需要长期的修炼，暂且不论。先只说说什么是“精确的”书面表达。为了更好地理解什么是“精确的”书面表达，不妨先看看什么是“不精确的”书面表达（肯定比“精确的”书面表达更有“喜剧”效果，而学生在哈哈大笑中也更深刻地理解了“精确的”书面表达有多重要）。

这些年，电视台播放了不少“抗日神剧”。“抗日神剧”不仅“神”在情节、造型、场景，而且“神”在台词，有些台词由于表达太不精确，可谓“雷死人”不偿命：

1.（一个八路军将领的战前动员）同志们，八年抗战开始了。

2.（一个八路军将领的战前动员）同志们，抗日战争已经第七个年头了，还有最后一年，大家一定不要放弃。

3.（一个抗日大侠的自述）我爷爷九岁的时候被日本鬼子残忍地杀害了，我恨日本人！

4.（一个八路军神枪手的承诺）八百里开外，一枪干掉鬼子的机枪手。

5.（一个八路军领导的命令）每人携带150公斤炸药。

6.（日本鬼子中的一个中国通卖弄中国俗语）中国有句话叫以彼之身还彼之道。

7.（一个抗日大侠对日本人发狠话）阎王叫你五更死，你活不到三更。

8.（一个抗日女侠对日本鬼子说）哈哈哈哈你中了我的奸计了。

9.（一个抗日大侠对未婚妻说）为了安全，我把咱娘送到安全的地方安全保护起来了。

10.（一个八路军狙击手）皇军比伪军好打；皇军他哪敢冲锋。

我自己不会唱歌，但却喜欢听歌。听着，听着，就发现有些歌词实在有些无厘头，真要打作词人的语文老师的屁股了：

1. 不要问我太阳有多高，我会告诉你我有多真。（杨钰莹《轻轻地告诉你》）

2. 还记得多年前和你手牵手，你都害羞得不敢抬头，只会傻傻地看着天上的星星，你就是那么的纯净。（陶喆《小镇姑娘》）

3. 我应该在车底，不应该在车里。（阿杜《他一定很爱你》）（引者注：这句话有好几种可能：阿杜是补胎工；阿杜是排气管；阿杜是备胎；阿杜是流浪猫；阿杜是碰瓷儿老头；阿杜心爱的人被车撞了，他心痛为什么被撞的不是自己。）

4. 我们背对背拥抱，滥用沉默在咆哮。(林俊杰《背对背拥抱》)

5. 他不懂你的心为何哭泣，窒息到快要不能呼吸。(张杰《他不懂》)(引者注：难道还有可以呼吸的“窒息”?)

6. 不远地方你远远吟唱。(蔡依林《布拉格广场》)

7. 父亲牵着我的双手，轻轻走过清晨那安安静静的石板路。(周杰伦《以父之名》)

这些歌词，过于追求“优美”，但却丧失了“准确”，由于丧失了“准确”，所以根本谈不上优美。只有那些既优美又准确的歌词才是真正的好歌词。比如李宗盛作词的《漂洋过海来看你》写道：“为你，我用了半年的积蓄，漂洋过海的来看你/为了这次相聚/我连见面时的呼吸，都曾反复练习/言语从来没能将我的情意，表达千万分之一/为了这个遗憾，我在夜里想了又想不肯睡去。”李宗盛作词的《往事不要再提》同样是经典：“往事不要再提/人生已多风雨/纵然记忆抹不去/爱与恨都还在心里/真的要断了过去/让明天好好继续/你就不要再苦苦追问我的消息/爱情它是个难题/让人目眩神迷/忘了痛或许可以/忘了你却太不容易/你不曾真的离去/你始终在我心里/我对你仍有爱意/我对自己无能为力/因为我仍有梦/依然将你放在我心中/总是容易被往事打动/总是为了你心痛/别留恋岁月中/我无意的柔情万种/不要问我是否再相逢/不要管我是否言不由衷/为何你不懂/只要有爱就有痛/有一天你会知道/人生没有我并不会不同/人生已经太匆匆/我好害怕总是泪眼朦胧/忘了我就没有痛/将往事留在风中。”

在现实生活中，有时候说错了话，真的会摊上大事。在天津塘沽大爆炸发生后，影视明星乔任梁第一时间在微博上表示关切和慰问：“不是飞蛾仍扑火，自取灭亡只为津，发达的网络、万能的微博，请人肉出那些英雄们，记住他们的模样，帮助他们家属，共同度过当下的难关，因为一切都会好起来的。”古语云，东西可以乱吃，话不能乱讲。不怕明星没文化，就怕明星乱说话。在这样一个信息爆炸的时代，不会说话才更可怕。尤其在娱乐圈，那些成天面对镜头的明星们，如何说话已成为必修课。可是娱乐圈却有些大嘴巴，说话总不经大脑，分分钟给自己拉仇恨。

不能轻视讲课的能力

一首歌，词曲很重要。如果有好的歌词＋好的曲调，那么哪个歌手唱出来都好听。比如《漂洋过海来看你》，娃娃唱，好听；周华健唱，好听；杨宗纬唱，好听；刘明湘唱，好像更好听。但是，如果我来唱，就肯定不好听。因为我不是歌手。我不仅不是歌手，我还是个五音不全的乐盲。所以说，歌本身写得如何很重要，演唱者的演唱能力同样重要。像《狮子座》就写得挺好，但“歌手”曾轶可却唱得很难听，不，是难听死了！因为曾轶可虽然拥有一个歌手的身份，却缺乏一个歌手应有的演唱能力。就是说，用心唱歌、用生命唱歌、用灵魂唱歌之类的追求显然并不适合曾轶可，更不适合我。所以，曾轶可更适合做幕后工作者而不是走向台前当明星，我更适合做默默的听众而不是做享受掌声的主角。曾轶可和我，现在要努力的方向是：如何唱歌不跑调。

我表面上说的是唱歌，其实讲的是讲课。讲课的内容重不重要？当然重要！没有知识、没有思想、没有意思的课，易中天来讲，或许能勉强听一听，但肯定算不得精彩。但是，讲课仅仅有内容就可以了吗？如果是这样的话，会写文章的老师也就是最好的老师了。但实际情况并非如此：会写文章的老师可能是最好的老师，也可能是最糟糕的讲授者；最好的老师可能非常会写文章，也可能不太会写文章。我说这话的意思是：一个大学老师，如果很善于写作，相当于一个音乐人可以自己创作一样，无疑是可喜可贺的。但从站讲台的角度看，如果这位大学老师的讲课能力相当于曾轶可的唱歌水平，那最好还是转行到研究所，安心去做研究比较好。

在我的印象中，中小学老师对讲课能力更重视一些，大学老师不仅不太重视讲课能力，有些甚至还没有“讲课能力”的概念。所以，很少看到大学老师主动去练习普通话、朗诵和演讲的，也很少看到大学老师去研究讲课的方法和技巧的。在不少人看来，这些工作只能算“雕虫小技”，花精力去研究简直是侮辱和亵渎大学老师的广度和深度。不过，从学生的角度看，一个大学老师如果缺乏基本的语言能力和基本的叙事能力，很难算是合格的讲授者。

我大学读的是师范专业，学过一门课叫作《中学语文教学法》。这门课的主要目的就是提高我们的讲课能力。上完这门课，我不仅提高了讲课能力，而且提高了要不断提高讲课能力的意识。也就是说，自从打算做老师后，我就开始做一件不少人不屑于去做的事情：提高表达能力，包括勤练普通话。我是安徽庐江人，并不打算回故乡教书，所以不会讲普通话是万万不能的。我第一次参加普通话等级考试，由于基础太差，勉强过了二级乙等。这个等级也符合当老师的最低要求了。我们班那些和我一样的南方的男同学，大部分都通过了二级乙等，他们看自己好不容易达标了，自然也非常满足。我自觉还有提升的空间，也有提升的必要，所以决定先把其他的事情放到一边，再考一次。经过三个多月的“魔鬼训练”，我终于通过了二级甲等考试。后来在湘潭大学教书，还算是标准的普通话无疑给我加了不少分，也帮助我获得了不少“冲出湘大，走向全国”的机会。

因为有这段经历，所以我一般会给更年轻的青年教师提一个真诚的建议：如果真想把课上好，不妨先检测一下自己的语言水平（包括普通话），如果自觉语言能力有不足的话，不如先用个一年半载，练练普通话，练练朗诵，练练演讲，语言表达水平提高了，讲课的精彩程度也就上去了。

我讲课能力的四次质变

2002年，我留校任教，头几年，由于将太多的精力投入讲课内容的准备上，所以对讲课能力的提升考虑得很少。2004－2007年，虽然说是一边读博士，一边上课，但其实心思都在读博士上面，上课有些心不在焉了。2007年博士毕业，还评上了副教授，开始思考“将来的路怎么走”这样严肃的问题了。最后作出的选择是：还得要回归教师的角色，认认真真地搞教学；而衡量一个老师教学水平的高低，首先还是要看他会不会上课。所以，从2007年底开始，我为了提高讲课能力努力自学，甚至还算得上是“系统”地努力。生活的经验告诉我们，做一件事情，如果方向对了，方法也没有错，那量变总会带来质变的。

第一次质变是2009年参加湘潭大学青年教师讲课比赛，并且获得一等奖。我一共参加过三次学校的青年教师讲课比赛。第一次是2003年，我刚毕业不久，对比赛几乎没有概念，对讲课比赛更是茫然无知，完全是凭借着“本能”，很仓促地去了，稀里糊涂地回来了。虽然得了个第三名，但只能算是找到一点参加“武林大会”的感觉。第二次是2006年，这次我是“有备而来”：讲稿写了又写，还反复试讲了好几次，院里还组织数位专家提建议。这次比赛得了第二名，由于和期望值有差距，所以郁闷了好久。第三次是2009年，我决定“放手一搏”：讲稿修改了10遍，听院里组织的专家集中“批判”了一次，再找一间无人的教室独自试讲了 15 遍。比赛结果也得偿所愿，获得了第一名。三次比赛，尤其是最后一次比赛，至少从三个方面提高了我的讲课能力：与别人“针锋相对”的竞争极大地锻炼了我的心理素质；20 分钟内讲一节完整而又有吸引力的课极大地改善了我对课堂谋篇布局的能力；获得的好名次极大地增强了我站讲台的自信，让我变得更加从容。

第二次质变是 2012 年写作了《如何走上大学讲台——青年教师提高讲课能力的途径与方法研究》（该书 2013 年出版）。我顶着不务正业的压力，2012 年着手写一本专门研究大学教学法的专著。为了写这本书，我有意识观看了不少讲课高手的讲课视频，观摩了不少讲课达人的示范课，还翻看了能够找到的教学法方面的书（主要是中学老师写的）。这本书的写作，很好地帮助我将讲课经历提升为讲课经验，又将讲课经验提升为讲课理论。而这些经验和理论反过来又指导了我的讲课实践。

第三次是 2013 年录制中国大学视频公开课《故事中的人生——西方古典文学选讲》。考虑到这门课是“全球公映”，我感到前所未有的压力，而前所未有的压力也极大地激发了我的潜能。在录制这门课之前，我很少面对摄像机讲话，偶尔几次面对镜头，也是手发抖、脚发颤、舌头结巴、额头冒汗。而拍摄这门课程，让我的形象和声音第一次“系统地”接受摄像机（而且是五台摄像机）的考验。其最大的收获就是：如今讲课时看到摄像机，不再有恐惧感，更不会发挥失常。

第四次质变是 2014 年和 2015 年做了几十场演讲。由于我讲课追求“用青春的语言讲成人的故事”和“用大众的语言讲小众的学问”，所以，从 2014 年开始，除了给大学青年教师做培训报告，我还获得了不少“服务社会”的机会，一是面向中学生做演讲，一是面向社会各界做演讲。两年来，我应政府、企业、协会、中学、图书馆和电视台等邀请，做了文学、教育和励志方面的演讲 100 余场。记得第一次去双峰一中，在体育场面对 1500 名高三学生做励志演讲前，十几度的气温，我却紧张得浑身冒冷汗。可以说，200 多场演讲经历，增大了我的胆量，增厚了我的脸皮，提升了我的激情，丰富了我的无声语言，改善了我的表达技巧，增强了我的气场，提升了我的气质，带着这些进步，再返回大学讲台，讲课自然又会步入新的层次。

仅仅会上课是不够的

几个硕士研究生要去中小学当老师了，问我有什么祝福和建议。我说，我的祝福和建议都是一样的：希望大家不仅课要讲得好，而且要做教育学家。会上课的老师不一定是教育学家，教育学家则一定会上课，不仅会上课，还有教育方面的著述。著述不一定要等身，但一定要有几本；著述不一定要多好，只要是自己真诚写出来的就好。

这其实是经验之谈了。我发现大学里会上课的老师，从相对数上讲不多，从绝对数上讲并不少，但绝大部分仅仅满足于会上课而已，并没有将自己的经验付诸文字，所以影响力和知名度仅限于一个学院，最多一个学校而已。一旦付诸文字，影响力和知名度则不可同日而语。像我本人，近两年之所以被很多大学和培训机构邀请去做教学方面的报告，主要乃至唯一的原因是我发表了不少教学方面的文章，尤其是出版了《如何走上大学讲台》一书。其实，在我们学校，上课水平和我差不多或者比我高的老师有好多位，但外界并不知道。

当然，我之所以勤于著述，多少受一些中小学教育学家的启示。中小学里会上课的老师成千上万，但能够成为教育学家的屈指可数，能被视为教育家的更是凤毛麟角。稍微观察一下就会发现，那些中小学的教育学家和教育家，如魏书生、张思明、李镇西、刘彭芝、龚正行、康岫岩等等，几乎都是著作等身的。其实他们的书，主要是教学实录，最多算是教学经验谈，无理论和体系可言，但毕竟有那么多，能够很集中地表达对教学教育的思考和探索了，这也成了他们超越那些只顾埋头教书的老师的主要证据。当然有的老师说，写东西是语文老师的强项，我不是语文老师，想到了也写不出来啊。应该说，中小学教育学家和教育家中语文老师的确更多一些，这同他们会写不无关系，但还有很多并不是语文老师，比如张思明、刘彭芝、龚正行、康岫岩等就是数学老师。其实，大家都是中国人，从小就学语文，至少学到高中，就算后来没有读中文系，写点自己的心得体会还是没有任何问题的。

相比较而言，大学老师写教学著述的就更少得可怜了。诗人和散文家王小妮在大学里教了八年书，出版了《上课记》和《上课记2》，算是填补空白了。我在很多文章中都写到的张楚廷，教过20多门课，也写了10多本教学方面的书（至于教育管理、原理方面的书则更多）。还有北京理工大学物理学教授杜和戎写了一本《讲授学》（高等教育出版社1995年，华语教学出版社2007年），已经非常理论化和体系化了，值得一读。遗憾的是，绝大部分老师教了一辈子书，不管教得好不好，却没有留下点文字作为存念。

这些书都是关于本科教学的。至于研究生教学方面，最近读到了于光远的《导师与研究生的对话》（湖南教育出版社1989年），里面收录了于先生写给博士生的50多封信，可谓用心良苦。还有冯长根的《如何当好博士生导师》（中国科学技术出版社2013年），专谈博士生如何读博士以及博导如何带博士。两本书虽然都写得比较简单，但毕竟写出来了，而且写得很真诚，说明这两位大学问家都有做教育家的企图。

做科研在哪里做或许很重要，但教书育人在哪里其实都一样，北大校长蔡元培是一流的教育家，师专校长陶行知、农村中学校长苏霍姆林斯基也可以成为一流的教育家。所以，我作为一名二流大学的教师，虽然对成为学术大家毫无奢望，却对成为教育学家充满期待，并为此付出了切实的努力。而我的一个体会就是：要想在普通老师中崭露头角，只要会上课就够了；要想在会上课的老师中脱颖而出，必须要有自己的教学著述，而且越多越好。

大学理应重视教学学术

最近读到一位中学老师写的文章，也让我更加确信大学老师要加强对教学方法的学习。这位中学老师叫张学炬，他写的文章发表在《中国青年报》上，题为《别再搞费力费事低效的教师培训了》。文章的大意是一些高校著名专家学者在“中小学骨干教师教育教学高级培训班”上给中小学老师讲教育教学方面的课，结果却是出尽了洋相：“培训的主题很好，正是目前教育中的热点问题，但讲课的内容散而无趣。部分主讲老师把讲课的主题用 PPT 课件呈现出来之后，不是紧紧围绕着主题集中讲述，而是天南地北聊起来了，主要的一个话题就是某年某月某日在哪儿讲过学，取得哪些骄人的成绩，自己目前有什么样的名头……有的主讲专家授课语言不够严谨，逻辑性不强，而且缺乏趣味性。好多老师一直在聚精会神地听，但实在不知道有用的东西是什么，如何记笔记。因此，几天下来，收获微乎其微，有的大呼上当，千里迢迢跑这儿来就是为了学习这些东西吗?”

应该说，能够被邀请做国际级培训班导师的这些人，都算是大学里的学术大腕，可他们的讲课为什么连那些中小学老师都不买账呢？说实话，这些学术大腕在大学里做点专业讲座还凑合，要他们面对真正的教学专家（虽然是中小学的）讲教育教学，还真的是充分暴露了自己的缺点。大学老师和中小学老师相比，可能在深度上有优势（广度上就未必了），但他们的知识结构却是不完整的。

大学教师的知识结构应该包含三个部分：内容知识；教育学知识；有关特定内容的教育学知识。这样说或许有些抽象，不如举例说明。一个外国文学老师的知识结构应该包含三个部分：外国文学的知识；如何教学的知识；如何教外国文学的知识。一个物理学老师的知识结构应该包含三个部分：物理学的知识；如何教学的知识；如何教物理学的知识。

一般而言，大学老师只重视“内容知识”的重要性，却基本忽视了“教育学知识”和“有关特定内容的教育学知识”。甚至有老师说，自己从未学过或者认真学过教育学，更从未研究过具体课程的教育学，就是说，当前大学老师的知识结构大都是不完整的，三个部分至少缺了两个。

大学教师要想让自己的知识结构变得完整，就应该重视教学学术而非单纯的专业学术。

教学学术包含了两大方面：一是内容知识的研究——解决教什么的问题；二是大学教学法的研究——解决如何教的问题。

教学学术所倡导的“内容知识的研究”相当于主流的“专业学术”。像我教外国文学，肯定也要研究外国文学。但必须强调的是，教学学术视野中的“专业研究”和通常所见的“专业研究”有一些差异，具体体现为两个方面：

一方面，前者更强调研究对象和教学对象的统一，即教什么就研究什么，而后者往往由于过于崇拜创新而导致研究对象和教学对象的割裂，即教什么就不研究什么。有不少大学老师科研成果很多，但上课却没有什么深度和广度，一个很重要的原因是：他的研究对象太窄，甚至根本不属于上课要讲的范围，所以，对于上课要讲的内容他反而知之甚少。从这个角度上说，大学老师应该要做“杂家”而非“专家”。“杂家”其实也是“专家”，是多个领域的“专家”。

另一方面，前者更强调表述的口语化和大众化，而这也恰恰是教学语言的特点；后者更推崇表述的书面化和精英化，而这恰恰是教学语言所忌讳的。有的大学老师不懂得教学是口语的艺术，写论文是书面语的艺术；教学是将理论还原为生活，写论文是将生活提升为理论，所以将论文照搬到课堂之上，导致课堂非常无趣、枯燥和沉闷。高明的大学老师不仅善于将书面语转化为口语，而且善于直接用口语写文章，这样，他的论文和他的讲稿就可以统一起来。

教学学术和传统的专业研究还有一个明显的区别就是：强调大学教学法的研究。说有的大学老师没有发表过一篇教学法方面的文章，并非危言耸听和血口喷人。在教学法研究方面，小学老师、中学老师和国外的大学老师都比我们做得好很多。所以说，中国的大学老师不仅缺教学内容，更缺教学方法。很多大学老师差不多是将自己通过专业研究获得的教学内容硬塞给学生，自己痛苦，更让学生痛苦。假如我们用一些时间和心思去研究一下教学的技术和艺术，恐怕让学生失望和讨厌的几率就会降低很多。

大学老师可向民间高手学习

没有声音，再好的戏也出不来。看完电影《国王的演讲》，由衷地感叹这么一句。

《国王的演讲》讲述了一个演讲拯救国家的故事。艾伯特王子是英国国王乔治五世的第二个儿子，也是著名的“不爱江山爱美人”的温莎公爵的弟弟。艾伯特王子被父亲钦点为“太子”，而他也的确具备做一个未来的国王应具备的所有素质，除了口才——很遗憾，他是天生的结巴，患有演讲恐惧症。可是演讲就像如今的领导讲话一样，是国王的日常工作的一部分，是逃也逃不掉的。艾伯特还是顺利地成了国王乔治六世，尽管他本人对做国王毫无兴趣。平时有些演讲活动，他能逃则逃，不能逃就简单敷衍几句。但这一次，国家真的需要他站出来“讲几句”了，它不仅不能逃，也不能简单敷衍几句——1939 年 9 月 3 日，德国军队进攻波兰，英国被迫向德国宣战，英国国王必须要向民众发表抗击希特勒的演讲了。强烈的责任感迫使乔治六世开始了系统而艰苦的演讲训练。在语言治疗师莱昂纳尔的帮助下，艾伯特从“口吃王子”蜕变为“演讲达人”，在广播里发表了一场惊天地泣鬼神的战前演讲。

政治人物的三寸不烂之舌，可胜百万雄兵，可拨动万众心弦，可不战而屈人之兵，可驱懦夫慷慨赴死。或许口才不能代表一切，就像有的人，也许言辞流利，善于煽动，却可能是恶魔，比如著名演讲家希特勒。有些人羞涩、木讷、笨拙，却有一颗善良的心，比如乔治六世。但是，为了更好地打击邪恶，张扬善良，乔治六世最终还是要借助声音的力量。

做政治人物需要好的口才，当大学老师同样如此。在大学教师这个职业所要求的众多能力中，我个人认为，排在第一位的应该是口才。一位大学老师，如果口才不好，他内心所有的雄心、温柔、激情、焦切和才华都会被痉挛的两唇牢牢封锁。

从整体上看，大学老师的口才是堪忧的。而口才的欠缺必然会影响课堂讲课甚至课外教学的效果。因此，大学老师要想提升自己的教学水平，需要做一个基础性工作：努力提高自己的口语表达能力。如何提高口语表达能力呢？最常见的思路有两个：一是向语言专家学——电影中的乔治六世便是如此；二是向民间的表达高手学。

向语言专家学，很多老师可能不一定亲自去做，但至少是比较认同的。比如为了提高朗诵水平，我们可以选择一首适合朗诵的诗歌，自己先朗诵一遍，再从网上下载朗诵家们的朗诵，跟着朗诵若干遍。像我有事没事的时候，就对照着著名主持人朱军朗诵的《相信未来》，反复练习普通话和讲话的节奏感。再比如为了提高演讲能力，我就在网上反复观看一些著名演讲家，如李燕杰、胡哲、邹越、金学健等人的演讲视频，揣摩演讲的技能。

向民间高手学，很多老师可能从未做过，估计也难以认同。不过，有生活经验的人都知道，高手不一定在民间，但民间一定有很多高手，在口语表达方面同样如此。

2014 年 8 月 7 日，我在昆明街头候车，突然被路边一家杂货店播放的广告吸引：件件 9 块 9，样样 9 块 9，统统 9 块 9；9 块 9，旅游到不了香港，度假去不了新加坡；9 块 9，很实惠，每个家庭都必备；9 块 9，不算贵，不用回家开个家庭会；9 块 9，少喝几两酒，少抽几包烟，家里样样都会有；9 块 9 也不敢花，你啥时候才能当企业家……广告还没有听完，我箭步走进这家杂货店，半个小时后，抱着一堆锤子、剪子、钳子、手电筒……心满意足地走了出来。

2009 年寒假，单位组织去江西武功山旅游，我们被导游带进当地一家卖菜刀的店子，一个很高大帅气的推销员一边拿着菜刀在木板、钢管、猪肉上有规划地砍一通，一边用洪亮的声音念起了顺口溜：

菜刀谁家都有，用着要看是否顺手，用着不顺手，有了等于没有；

俗话说谁干活谁挨累，谁下厨房谁受罪，现在不是旧社会，所以也不用受那菜刀罪；

山外青山楼外楼，无名派菜刀质量是一流；

无名派菜刀质量顶呱呱，你要是懂货就把它带回家，回到家，你老婆一定把你夸；

耳听为虚眼见为实，当场给你切一切，剁一剁，让你看看我的菜刀怎么样；

切肉如同切豆腐，切肉皮如同切面条；

十年八年用不坏，还可以传给下一代，虽然不是传家宝，家家却也少不了；

长江水浪涛涛，千家万户都需要；长江水浪打浪，买咱的菜刀不上当。

……

半个小时后，我毅然决然地掏出200块钱，买了一把菜刀，我夫人拉也没有拉住，回家一用，发现果然上当。

这些经历虽然让我在物质上有些损失，也让我在专业上获得了不少的启发：他们可以让非常假的、非常丑的、非常有害的东西深入人心，为什么大学老师却不能让非常真的、非常美的、非常好的东西走进学生的内心？为什么他们说的明明是假的，我们听着听着就当成真的，很多大学老师说的明明是真的，学生听着听着就不相信了。

所以，我每次在给青年教师做培训时，都会提出这样一个主张：大学教师要想提高讲课能力，应该放低身段，虚心向那些隐藏在贩夫走卒中的民间高手学习，因为这些民间高手虽然学历低，普通话未必标准，也没有什么思想深度，可能还“心怀不轨”，但却深谙心理学、传播学和通俗易懂的表达技巧，大学老师的讲课技巧哪怕有他们的1/2水平，相信传达真善美的效果就会增加一倍。

专注教学也是一条生存之道

一个大学老师重不重视教学，愿不愿意在教学上投入精力、时间和心思，可能取决于他所处的环境。像国防科技大学，据该校教务处处长雷教授介绍，为了调动教师热爱教学、钻研教学的积极性，学校可谓不惜血本。比如教学奖励的奖金是同等级科研奖励的5倍；每年定期举行青年教师讲课比赛，授予一等奖获得者三等功——在和平年代，军人获三等功有多难啊！老师制作国家精品资源共享课、中国大学视频公开课、慕课等，一节课的工作量相当于平时上一节课的5到10倍；优秀教师可以获得出国游学半年的机会；每年举行盛大的颁奖典礼，校长亲自给优秀教师授奖。

但是，像国防科技大学这样重视教学的高校实在很少。所以，作为普通老师，我们不能过多抱怨所在学校不重视教学，因为这既不能改变学校，也不能改变自己。大家想一想，重赏之下有勇夫，但如果没有重赏，勇夫就可以冠冕堂皇地做懦夫吗？其实，学校虽然不重视教学，但也没有阻止老师们个人去重视教学，就像我们国家没有重视体育（口头上或许重视），但作为个人不能以此为借口，远离体育运动。周边没有体育锻炼的氛围，也丝毫不影响个人成为运动达人。我想说的其实就是：学校在不在乎教学不重要，重要的是我们自己在乎就可以了！

只是在如今的大学里，如果有人特别专注教学，就会被视为甘于清贫、甘于奉献的高尚之人。高尚的人有，但没有想象的那么多，我只想说，有些人，比如我，特别专注教学其实是一种不得已的选择。

我将大学老师粗略地分为四种：第一种，既不擅长上课又不擅长科研；第二种，既会上课又会科研；第三种，擅长科研不擅长上课；第四种，擅长上课不擅长科研。

第一种老师，估计怎么努力都不行了，或许转岗去做管理不失为一种好的选择，否则不管评价体制是偏重教学还是偏重科研，都很难找到成就感。第二种老师也不想多分析了，不管体制是偏重教学还是偏重科研，都前景一片光明。第三种老师在目前的评价体制中，很占便宜，如今各所大学里活得最滋润的就是他们。第四种老师在目前的评价体制下有些吃亏，他们自以为生不逢时，但其实只要平衡心态，转变观念，还是能走出属于自己的路。我大概属于这第四种老师，所以说，我之所以选择以教学为重，不是我多崇高，而是我别无选择。

我最不愿意看到的情况是：一个大学老师明明很擅长教学，或者他所处的环境只为他提供了教学方面上升的空间（比如大学英语部的老师、艺术学院的老师），他却完全被评价体制牵着鼻子走，扬短避长，拼命地搞科研，最后却一无所得，连教学方面也两手空空。如果他们不那么痴迷于科研，而是发挥自己的特长，一心一意搞教学，最后或许不能大富大贵，但至少也能有点收获——比如说上海交通大学的晏才宏，虽然去世前也只有讲师职称，但好歹得到了学生的认同和赞誉，这样的人生其实也算比较成功的。除了精神层面的收获外，也还是有少数老师在极为偏重科研的评价体制下，通过教学收获了精神之外的东西，如职称、荣誉等等。

如果专注于教学还能想点招数的话，可能不仅会获得精神上的满足感以及“好老师”的象征身份，也可能解决生存问题，甚至还能寻得发展的空间。在这里，我必须纠正几个未必正确的观点：一是搞教学就应该获得晋升。问题是，哪个一线的大学教师没有搞教学呢？二是教学好就应该获得晋升。问题是，评职称时，哪个老师会承认自己的教学不好？还有，大学里教学好的老师虽然不多，但也不少，应该晋升哪一个？三是教学工作量多就应该获得晋升。问题是，大英部的老师每周 30 节课，岂不是人人都可以晋升为教授？

就算大学将评价体制转为偏重教学，老师也需要通过激烈的竞争来获取晋升。那么，如何在专注教学的老师中脱颖而出呢？答案只能是：研究教学。举一个很简单的例子，全中国教语文教得和魏书生一样好的老师成千上万，但只有魏书生等少数语文老师被大家熟知，被誉为教育家，就是因为只有魏书生等少数语文老师写文章、出版著作。

所以说，在大学里除了会教学，还应该做教学研究。我认为，在任何领域，要想从一般意义上的“好”通向卓越，都应该做研究。不做教学研究，最多成为小范围里认可的好老师，做教学研究则可能成为大范围内认可的教育专家。做教学研究就要申请教改课题，如果认为申请教改课题是被体制化了，不能体现自己的个性，那么，就应该写教学论文，出版教学专著，将自己的经验甚至理论公布于天下。做教学研究不仅能够反过来提升自己的教学水平，而且还可以适应体制、超越体制，乃至创建一个属于自己的体制：大家想一想，就算我们未能成为体制所认同的科研达人，但若能够做一个教育专家，甚至教育家，那么，是不是绕过了无趣的体制，换一个角度充分实现了人生的价值?!

一个大学老师的暑假

2015年8月13日，暑假的最高潮时期，学校的“社科群”里，还闪现出这样温情的提示：“和大家啰唆一下科研那些事。暑假是科研的黄金时间，大家在放松休假的时候也请科学安排，劳逸结合。9月10号受理截止的省社科基金项目是一类省级项目，适合新进教师或手头科研任务不重的老师，或有高级别项目选取一个小的专题范围顺带一起研究，作为国家项目前期基础申报。此类项目结题比较简单，申请人为第一作者的与项目名称相关的省级刊物两篇论文即可，是否标注不是很讲究，标注国家项目同时再标省级项目也可以结题。”

由此可见，大学里的行政人员有多敬业，大学里的老师们又有多辛苦。好不容易等到暑假，还被人不断提醒“暑假是科研的黄金时间”。研究所的研究员全年都是科研时间，大学老师却不行。对他们来说，每年的上学期和下学期均属于教学时间，除了教书育人，其他的工作几乎做不了。因此，如何安排两个假期，尤其是更漫长的暑假，就是一门学问。据我的了解，不少大学老师都会将暑假变成真正的工作时间，用来读书和写作。像我本人，出于生存的压力以及“宅”的性格，自2002年工作以来的十几个暑假，基本都用在了充电上。最近的2014年暑假也是如此。

2014年7月9日，我率领妻儿去桃江岳母家度暑假，直到8月30日回湘潭大学，这50天左右的时间完完全全属于我自己。整个暑假，连电话都没有接到几个，可以说，我享受了一个宁静的夏天。因为这个夏天太宁静，所以才更加体会到没有放假的日子，自己的内心是多么的烦躁。

暑假之前，除了正常的教学工作外，还填了一些乱七八糟的表，开了一些莫名其妙的会，吃了一些不知道吃了些什么的饭，没有完整的时间阅读，没有完整的时间思考，没有完整的时间写作。我和同事开玩笑说：我不是领导，却总觉得比领导还忙。同事们听后频频点头："我也有同样的感觉。"看来，我的一句话描绘了很多大学老师的生活状态：忙忙碌碌，却不知道忙些什么。

假期看了天津美院学生李宝玖在退学前拍摄的一段视频，很绝望地抨击母校老师没有教给他想要的东西，并强烈要求母校给他道歉。这段视频虽然有无理取闹、神经不正常的嫌疑，但站在老师的角度看，我们真的要自省：我们到底有没有认真地围绕着自己的专业，不断地提高自己？如果没有的话，难道不应该给学生道歉吗？都说老师要爱学生，可是"爱"不只是一句口号，一种观念，"爱"还应该是一种行动，一种能力。教书育人的水平不行，又如何爱学生？

我有一种感觉，如今的大学老师被一些职责之外的事情纠缠得太厉害。虽然大家看起来都很努力，但都偏离了正确的方向。举一个很简单的例子，到桃江后，我接到了不少建议我申报课题的电话，思考再三后，还是婉拒了。获得课题，对我个人的确有很多看得见的好处，但一个暑假就搭在一个课题申请书的撰写上了，会不会得不偿失？我没有申报这些课题，而是用"省下来"的时间，读书、看文章、写教育随笔，完成了专著《大学教学名师》的写作。与填写一个几千字的课题申请书相比，这些工作无疑对以后的教学更有帮助。

当然，由于学校有种种考核，所以，虽然这个暑假没有申报课题，但为了保住饭碗和教授的"尊严"，我以后还必须补做这样的工作。就是说，这个知了也睡了的"宁静的夏天"对我而言或许只是暂时的，一开学，我的内心就不免要像醒了的知了一样聒噪起来。

是授课还是授教材？

一位在成都某高校任教的师弟“请教”我一个问题：自己初登讲台，开始上一门新课，国内关于这门课的教材，他几乎都买了回来，暑假用这些教材备课，开学后上课效果并不是很好。所以，自己该如何备课？具体一点，自己该如何使用教材？

其实这位师弟的困惑也曾是我的困惑。刚开始上课的时候，激情肯定是有的，技巧虽然有欠缺，但上课最大的技巧其实是语言表达能力，而这点其实我也是具备的，所以，技巧也没有大问题。今天回想起来，教书的头几年，最缺乏的还是讲课的内容。我的硕士论文写的是“普希金的伦理思想”，所以读了两年研究生，主要都是看有关普希金和伦理学的书，对其他方面的书涉及极少。第一年留校任教，要给大学生上课，只有一个暑假备课，再去做大量阅读肯定来不及了。所以，第一次备课，我基本是综合图书馆里的相关教材来准备内容的，空洞和无趣的程度可想而知。后来慢慢有了时间和精力去读教材之外的书，讲课内容也逐渐“丰满”起来，课堂效果也越来越好。

如今，作为“老教师”，新学期的第一堂课，我一般都会建议学生：下次课请大家不要带教材了，因为教材挺沉，拿着费劲，更重要的是，根本没啥用，只要大家带着一颗心和一双耳朵进教室就足够了。

好老师都应该认识到：老师是授课而不是授教材，就是说，老师应该有

“课”的概念，而不应有“教材”的概念。既然老师是在讲“课”而不是在讲“教材”，学生是在听“课”而不是在听“教材”，那么，老师上课何必带教材！学生听课何必带教材！

在我们看来，课是活的，教材是死的。一门课，像大海一样浩瀚，像天空一样广阔；但是一门课的教材，不管是授课人自己编写的，还是其他人所编写的，所能呈现的只是一片海水或几朵云彩，而且还是死的海水和一动不动的云彩。“课”永远是开放性的，充满生命力的，但教材却是封闭的，其出版之日即死亡之日。如果老师只是讲教材，那么课堂变得死气沉沉也在所难免。

教材是死的，中国的大学教材更是死得很难看。恕我以小人之心度君子之腹，中国编教材的人，大多不是为了教学，而是为了挣钱——至少可以说挣钱是主要目标。由于目标不高尚，行为自然也就不纯洁。一般编教材的程序是：主编先弄一个提纲，再召集若干人马（本单位的加上能够使用该教材单位的），每人写一点，三五个月后再拼凑到一起，然后提交出版社。这样的教材，如果老师再照着它讲，岂不是愚蠢到家了？

就算是比较有良心、有个性的教材，最多当作学习参考书的一部分，供学生在课下阅读，决不可作为教师授课的范本。文科的老师更应该有不看指定教材，只根据课程自身的内容和特点进行备课的勇气和能力。

在有“授课而非授教材”的观念之前，市场上出现一本“新”教材我就立刻买一本，买回来后就大呼上当。自从有了“授课而非授教材”的观念之后，我每年都能省下一大笔买教材的巨款。我也建议：管理部门不要给老师指定教材了，老师也不要给学生指定教材了。这样，每年可以给国家节省不少的纸张。不过与此同时，我买书的投入却逐年增加。道理很简单，老师要想超越教材，就必须在教材之外，看更多有意思和有意义的书，写更多有意思和有意义的书。而这恰恰就是真正意义上的为教学而展开的科研。

科研的意义

这些年，我之所以在不同场合呼吁要重视讲课技巧，是因为太多的大学教师毫无讲课技巧可言，从而大大降低了知识传播的效果。我的一个基本主张是：技巧不是万能的，没有技巧是万万不能的；技巧可以在一定程度上弥补内容的不足。

但我绝不是一个“技巧主义者”，认为技巧可以取代内容成为大学讲课的全部。尤其是每个老师常用的技巧是有限的，一个青年教师只要头几年在观念上比较重视，并且用心琢磨一番，很快就会掌握一些常用技巧，而以后讲课，更多是要拼内容。所以，我的另一个观点时：内容不是万能的，没有内容是万万不能的；内容也可以在一定程度上弥补技巧的不足。

内容一方面来自于综合，另一方面来自于独创，不管是“综合”还是“独创”，都属于科研的范畴，随着教师年龄的增加、经历的丰富、视野的拓展、学力的提升等等，其科研中“综合”的比重会越来越小，“独创”的比重会越来越大。一言以蔽之，科研，尤其是那种“真”的科研，而不是为发文章而发文章，为报课题而报课题的科研，其主要意义在于保证讲课内容有持续的吸引力。

我差不多用五年的时间钻研讲课技巧，讲课水平的确有很大的提高，这说明大学老师重视和研究讲课技巧是必需的。但我也渐渐发现，要想在讲课方面有更大的进步和突破，不能再迷恋讲课技巧，而要在内容上下更大的工夫了。尤其是 2015 年暑假，读了不少有见解、有思想、有文字的著述，比如潘新知的、李泽厚的、刘再复的、陈平原的、朱光潜的、潘知常的等等，更觉得，未来几十年里，我的主要使命是读一些真正的好书，在此基础上再写几本“独创”多于“综合”的书。

科研对教学的促进，南京大学潘知常的经验很有说服力。从讲课技巧上讲，潘知常算是中等偏上——他的优点是全程脱稿，善于举例子，善于联系现实，思路清晰，层次分明，有一定的幽默感，缺点是他不是演说家，声音偏于细腻和温柔，离“南京好声音”的距离有点远。但是，他的讲课，从整体上看，是高水平的，是有观众缘的。这样说吧，他的表达能力不如我——我有这个自信，但他的课比我讲得好，一个主要的原因是，他讲的内容独创的多，综合的少，人云亦云的几乎没有。比如他讲《红楼梦》《水浒传》《三国演义》《金瓶梅》《悲惨世界》，以及杜甫、李煜、安徒生等等，讲出的基本是独特而有品位的见解，令人耳目一新，甚至拍案叫绝。打个很恰当的比方，他好比是一个创作型歌手，虽然唱功不是最好的，但由于唱自己作词谱曲的歌，所以，其魅力无法阻挡，星途一片坦荡。而我目前讲课，综合的多，独创的少，人云亦云的也有一定比重，所以，我讲课有时候不是那么的自立、自信和自如。

全部唱自己写的歌，这就是我对自己未来的期许。

教师岗前培训需要真刀真枪

我大学读的是师范专业，所以在准备做中学老师之前，我受过严格且高水平的“岗前培训”。其中有两个培训环节，我认为是真刀真枪的。一个是《中学语文教学法》课上的“试讲”：每位学生选一首古诗，按照老师教的备课步骤和方法，认真准备半个月，再拿到课堂上讲10分钟左右，然后全班同学提出建议，最后任课老师李维鼎教授做总结。另一个是实习之前的内部练习：每几个同学一组，选择中学语文课本上的课文进行“实弹演习”，即轮流试讲，相互提意见，带队老师再做点评。虽然后来做了大学老师，但这段魔鬼般训练的经历却让我受益匪浅，毕竟教学是相通的。

做大学老师之前的那个暑假，我也参加了学校有关部门组织的岗前培训，明显感觉没有什么效果。今天回想起来，终于发现问题所在：大学教师的岗前培训流于形式主义，真刀真枪的太少。概括起来，至少有以下四点不足：

岗前培训是大学教师入职之前必须要走的“程序”。但不少高校的岗前培训在实践中往往流于形式，让很多老师感觉到既浪费了时间，又收获甚微。大学教师岗前培训的主要问题，概而言之，主要体现在四个方面：

第一，培训目标的偏差。大学教师的知识结构应该包括三个方面：(1) 内容知识。(2) 教育学知识。(3) 特定课程的教育学知识。大学新老师刚刚获得博士学位，在“内容知识”方面已经算是丰富。但他们大部分不是师范专业毕业，所以欠缺“教育学知识”。他们也极少从事过具体的教学活动，所以还欠缺“特定课程的教育学知识”。因此，针对他们的短期岗前培训，应该偏向“教学技能”而非“科研技能”。但很多岗前培训，更侧重于提高他们已经较高的科研素养，即“教师培训”却被有意无意地置换成“学者培训”。

第二，培训方式的单一。当前的岗前培训主要开设四门课：高等教育法规、高等教育学、高等教育心理学和高校教师职业道德，采取集中授课的方式，分别由四位“培训师”主讲。真实的课堂场景往往是：“培训师”读稿子（或 PPT），学员记笔记（或做其他事情）。这种培训方式，就算是面向大学生，也算是比较保守和落后了，何况是面向“见多识广”，具有创新精神和叛逆精神的博士们，其培训效果的不佳和不受欢迎程度完全可以预见。

第三，培训老师的不专业。由于培训目标出现偏差，对培训方式也不太“讲究”，所以有关部门在聘请培训老师时，过于看重他们的学术背景，即通常会邀请一些学术知名度高，最好有一定行政职位的学者来授课。学员们认为，不少培训老师在“科研”或管理方面可能是专家，但在“教学”，尤其在“本科教学”方面，却不够专业：1. 他们主要讲科研话题。2. 他们讲科研话题时，主要讲在体制内如何申报课题、如何发表论文、如何获得奖励这些表层的科研技巧，很少涉及科研的真正内涵。3. 他们对教学知之甚少。他们给年轻老师做培训，本身也是一种讲课，在此过程中，他们展示出来的教师素养无法令年轻老师信服，自然也起不到示范的作用。4. 他们偶尔涉及教学话题，也只是泛泛而谈，缺乏饱满的内容和现实指导性，通俗地说，讲不到点子上。

第四，考核方式的简单化。目前最主要的考核方式就是：学员们像大学生一样，考前突击背一背，然后在考场上写一写，60 分万岁，90 分浪费。通过这样的培训，学员们的教学技能到底有没有达标，有没有获得实质性的提升，无从得知。

要想提升大学教师的教学水平，其岗前培训就应该真刀真枪起来，即至少从四个方面做出改变：

第一，培训目标，从“培训学者”转向“培训老师”。大学新老师已接受过多年严格的科研训练，在科研方面已经算是专家。当前大学又极为重视科研，在新老师就职后，还会为他们安排各种各样的科研培训。因此，针对新老师的短期岗前培训，可以将科研能力先放一放，将他们最欠缺的，也是最急迫的教学素养放到中心位置。

第二，培训方式，从“单一”转向“多元”。集中授课依然可以保留，但课时不妨缩减。还可以增加几种更有效的方式：1. 专题讲座。即邀请教学专家，通过一次或数次讲座，分享他们一辈子教书育人的经验。和集中授课相比，专题讲座时间短，主题集中，内容饱满，学员们会听得更专注和投入。2. 典型报告。典型报告也是一种专题讲座，不过在内容上更侧重于师德方面的熏陶（可以替代以前纯理论的“高校教师职业道德”课），以及课外教学经验的分享。像湖南科技大学的教师岗前培训，就邀请了全国优秀教师吴广平做了一场内容饱满的典型报告。这场近两个小时的典型报告，将吴老师的教学经验、教学方法、教学思想和教学效果，以及他对教学发自心灵深处的热爱展现得淋漓尽致。3. 教学观摩。可在全国，至少在全校范围内精心挑选几位公认的讲课高手上示范课，全体新教师现场观摩（文科、理科和工科可以分开进行），然后大家作面对面的交流。在这方面，湘潭大学教务处已经做出了榜样。他们在全校范围里，挑选了 20 名左右的教学能手，每人给 5000 元的资助，让他们每人给青年老师们上四堂示范课。4. 学员的教学实践和相互点评。可选择三位学员（文科、理科和工科可以各选几名老师），让他们按照各自理解和擅长的方式，上一堂 20 分钟的微课，其他学员和培训老师现场点评。

第三，培训老师，从“科研专家”转向“教学专家”。选择培训老师不仅看名气，还看水平和口碑；不仅看科研水平，还看教学水平；不仅看理论素养，还看实践能力。即尽量选择既有知名度，又有真才实学；既有科研水平又是教学专家；既有相当理论研究又有高水平教学实践的老师。如果两者不可兼得，最好选择教学专家而不是科研达人。岗前培训，开对了课程，选对了方式固然很重要，挑对了培训老师则更重要。在这方面，有些单位做得很好。比如浙江工业大学的教师教学发展中心、河北师范大学教务处、湖南科技大学人事处，等等，他们在选择培训老师时，带着苛刻而又专业的眼光，不厌其烦地在全国范围内精挑细选人才。

第四，考核方式，从简单的“做卷子”转向更见真功夫的“教学展示”。培训结束后，检验培训效果的方式可以选择两种：一种是学员讲一堂 20 分钟左右的课；另一种是学员做一次教学方面的演讲（话题可以是“我准备如何讲课”，“我准备如何当班主任”，“我看大学的职责”等等）。第一种方式可以有效检测学员的讲课能力；第二种方式可以有效检测学员的理论水平（其实演讲本身也可以检测学员的讲课能力)。

相信，真刀真枪的岗前培训，既是有效果的，也是会受大学年轻老师们欢迎的。

不疯魔不成活

电影《霸王别姬》中有一句台词触动我心："不疯魔不成活。"这其实是戏剧界的一句行话，推而广之，"疯魔"指的是一种高度的敬业精神，一个从业者只有进入极度痴迷和癫狂的境界，才能有大的成就。

在我的印象中，大学里很多科研狂人之所以在科研上取得傲人的成就，同他们的"疯魔"是密不可分的。我就知道，一位30岁评上文科副教授、31岁评上文科正教授的彭姓先生，长年累月趴在马桶盖上写论著。一位三年内主持三项国家自然科学基金的钟姓女士，在大年三十的晚上和正月初一的白天还泡在实验室里做实验。

同样的道理，大学老师要想在教学上开发自己的潜能，抵达教学的巅峰，也需要一种"疯魔"精神。我可以举几个大学名嘴备课的例子。

中国科学技术大学教授陈国良，每当有课，便谢绝一切事务，闭门备课。灯影之下，面对教案若有所感，时而喃喃自语，时而点点画画，时而下笔纵横，天长地久，积累的教案竟达数十本，堆积起来有几尺高，虽看上去似为一堆废纸，但却是一笔一画涂写出来的。

南开大学教授程鹏，接到一门新课后，立刻停下正在做的科研课题和正在写作中的论文，借来大量的教学参考书，全副身心都投入备课当中。白天，看书学习，准备资料，并且不时登门向退休的老教师取经。晚上，当年幼的孩子睡着之后，他就在两家合用的客厅一角写教案。微黄的灯光，浸透衣衫的汗水和一沓沓密密麻麻写满了字、画满了化学符号的稿纸，伴随着程鹏度过了一个又一个不眠之夜。

暨南大学教授王生涌 20 世纪 80 年代初，在宁夏农村服务了 21 年后调到大学当老师。为了上好他调到大学的第一堂课，在讲课的前一个星期天，他面对空教室把要讲的课从头到尾预讲了一遍。此后，每个星期天，他都对着空教室把下周要讲的课预讲一遍。这一预讲就预讲了一年半。他说，这一年半的苦练，一是练表达，二是练计时，因为“不能贪污学生的时间”，三是练板书。

厦门大学一沈姓教授为了讲好第一堂课，先写讲稿，一下子写了 13 张，修改后定稿抄正，又害怕自己断了思路就背讲稿，可是背好和讲出去还是有差距，就干脆找了块床板当黑板，又找了个录音机关在宿舍里试讲，什么地方要板书，写在什么地方，什么情景需要什么肢体语言，一遍一遍不厌其烦。

被誉为武汉大学四大名嘴之一的哲学教授赵林，一次下课回家，塞着耳麦走在校园里，迎面而来的同事打趣说道：“赵老师还真时尚，走路都听着歌!”赵林说：“这是我刚上课的录音，我正好在路上再听一遍，看哪些地方讲得不好。”同事把耳机拿过来一听，果然是讲课录音。

暨南大学教授张世君，为了让讲课图文并茂，年过 50，却“不爱红装爱科技”：为了制作真正的融文字、图像、视频、声音于一体的多媒体课件，做到插播的视频小而精，要哪段有哪段，鼠标一点视频就出现，她长期收集图像视频资源，熟悉影碟，大量看片，记录播放时间，确定需要的内容，精心剪辑视频段落，一帧一帧截取视频图像。为此，她搞垮了两台电脑，玩烂了三台影碟机和两架照相机，剪辑了 1200 段视频段落。

……

关于“不疯魔不成活”这个话题，我自己也算有一些切身体会。记得第一次上讲台，我教案修改了八遍，然后找一间无人的教室独自试讲了 15 遍。讲最后一遍时，连吐的感觉都有了。总之，这样去试讲，是一个极为无聊、枯燥和压抑的过程，之所以能够坚持下来，只为了做到烂熟于胸，正式上课时不要掉链子。其实，我的试讲是不分时间和场合的。有时候，走在路上，我会突然手舞足蹈起来；有时候我一边洗脸，一边念念有词；有时候正看着电视呢，我会突然坐在地上，只是为了还原一下耶鲁大学哲学教授谢利·卡根盘腿坐在讲台上的教态。

很多事业，要想抵达最高的层次，其实都离不开天赋。所以，我从未奢望成为一个最好的老师。但是，至少在态度上，我表达了对“教师”这个身份以及相应职责的尊重，我朝着成为最好的老师的方向眺望过、努力过、奔跑过。

党课有多难上？

湘潭市委党校在教学副校长周教授的亲自指挥下，倾尽全力，要打造一堂面向社会大众的精品示范党课。他们邀请撰稿专家数人，教学专家若干，数易其稿，历时一年半载，终于写出“剧本”的初稿。又诚邀 PPT 制作高手一批，讲课达人三位（两位男士、一位女士），反复演练，终于迎来了“首演”。

2014 年 3 月 12 日，湘潭大学公共管理学院五楼学术报告厅，融汇了集体智慧的堂课《青春岁月稠——毛泽东的成长之路》揭开了神秘的面纱。由于中国人对毛主席的故事已经非常熟悉，所以，以毛主席故事为中心内容的党课也就成了最难上的课之一。作为一名听众以及所谓的专家，在观摩该课程之后，我还是指出了这次“首演”的十点不足：

第一，开场好像央视春晚的开场白，有些严肃、沉重、机械，自然也让听众感到有些压抑。

第二，三位主讲人对稿子不太熟悉，都是拿着稿子或者厚厚一叠卡片在断断续续地朗读，这其实犯了讲课的大忌。要知道，脱稿对讲授者来说，是一个最低而非最高的要求。

第三，专家意见环节，出场的两位专家太年轻，权威感不足，而且说得有些多，有些乱，最好找两位年长的，白发苍苍的专家，用地道的湘潭方言，不紧不慢地分析毛泽东青少年时代的性格，然后录制成视频，播放出来。

第四，现场组织出了点问题，显得有些混乱——一会站出来一个主持人说几句，一会儿站出来一个专家说几句，人员走动和换位过于频繁。

第五，内容有些平淡，没有笑声——偶有笑声，但和毛泽东的故事无关；没有掌声，没有叹息声，更没有哭泣声，因为没有什么高潮。

第六，整体风格太抒情了，哲理的和幽默的风格不足。太抒情了，会让人感觉空洞；缺乏哲理性，会降低毛泽东成长之路的启发性——像从毛泽东的酷爱读书推演读书的普遍意义这个部分，就有些苍白无力；没有幽默感，让课堂显得沉闷和漫长。

第七，中间穿插主讲人和学生做“六段健身操”的环节，时间太长，有些跑题了。

第八，人工设计的痕迹太明显，整堂课显得不自然。

第九，一堂课的时间太长，控制在一个半小时左右会更好。

第十，一号“男主角”和“女主角”的综合素质很高，但整体气场不足，无法驾驭这种带有表演性质的讲课方式——反倒是戏份很少的二号“男主角”，那位年长的老师，声音浑厚，有磁性，有弹性，很性感，才是我心目中的“羊牯塘好声音”。

当然，我是在站着说话，站着说话不腰疼，如果让我上这次党课，肯定没有这三位老师讲得好。但由于今天是“首演”，用专业术语说，叫“磨课”，是给“自己人”看的，我也是以“找茬”为主，说好话为辅。希望我有些凌乱的建议对这堂课的改进有所帮助，并且早日达到可以“卖门票”的水平。

最后，我还想谈一点感触。贵校愿意耗费如此多的人力、物力、财力和精力，只为上好一堂课，效果非常不错，精神更是可嘉，我由衷地表达自己的感动和敬意。如果有哪一所大学，哪一位老师，愿意用这样的态度去重视讲课，用这样的方式去改进讲课，相信，大学课堂成为一个充满魅力和魔力的磁场指日可待。

讲课如何穿插“段子”？

由于比较笨，所以上新课前，我喜欢先将讲稿一字一句写出来。由于讲稿是自己用心写出来的，加上比较口语化，再加上早已经养成了脱稿的习惯，所以，一般讲稿写完了，我基本就记住了内容。像我 2014 年年底以《文学的功能》为题，申报教育部的“精彩一课”，头天晚上熬夜写出来讲稿，第二天上午九点录像，在几乎没有试讲的情况下，没有任何的 NG，一次顺利完成录制工作。下面和读者分享一下我的讲稿开头的一部分“作家因何而创作”，从中可以看出我追求的讲课方式：轻松一点、调侃一点。而让讲课变得轻松一点、调侃一点，“秘诀”之一便是穿插一些“段子”。

作家因何而创作呢？据我的观察，大致有五种情况。

第一种情况是弥补生活。最典型的莫过于司汤达。生活中，司汤达是一个女人看了都躲着走的丑男，因此，在自己的小说《红与黑》中，他将主人公于连塑造成一个人见人爱、花见花开，连酒瓶见了都自动掉盖的“小鲜肉”，算是弥补了一下心灵的创伤。以此类推，如果我是作家，我一定在自己的小说中将主人公塑造成一个丑男，因为丑，所以同性朋友很多，因为我生活中最大的缺憾就是：没有朋友。为何？因为帅得没有朋友！

第二种情况是改善生活。在这方面，巴尔扎克算是代表。青年时代的巴尔扎克擅长写作，却并不喜欢写作，偏偏对各种自己不擅长的“创业”很痴迷，然后，然后就破产了，欠了一屁股债。所以，对巴尔扎克这辈子来说，钱不是问题，问题是没钱。为了还债，为了给青春期的激情抑或脑残买单，后半辈子的巴尔扎克迫不得已退守到自己最擅长却不喜欢的写作领域，没日没夜、夜以继日地写作，在年仅51岁时就活活累死了，也为世人留下了91部小说。这也说明，为了“钱”而写作，也可以写出很超越、很有品位的作品。

第三种情况是再现生活。生活是最好的编剧，有些作家个人及其时代的生活太丰富、太刺激、太戏剧化了，加上自己有些文学爱好和文学素养，就很自然地要将这样的生活形成为文字。这就好比母鸡肚子里有很多蛋了，不下出来会憋死的。八路军战士曲波1946年率领一支小分队，深入东北地区的茫茫林海里，经过近半年的艰苦斗争，终于歼灭了一股顽匪。1952—1956年，他便以自己的经历为基础，创作了长篇小说《林海雪原》。很多作家个人及其时代有些重要特征，都会在自己的作品中或多或少有所反映。像普希金生活中特别喜欢“单挑”，加上当时的俄罗斯上流社会也非常推崇“单挑”，因此，在普希金的作品中，“决斗”的场景随处可见。再比如台湾人柯景腾初三时喜欢后座的女生沈佳宜。2005年，沈佳宜结婚了，但新郎不是柯景腾。柯景腾参加完沈佳宜的婚礼后，将自己的故事写成了小说《那些年，我们一起追的女孩》，小说的男主人公也叫柯景腾，女主人公叫沈佳宜。如果我要写一篇关于大学生活的小说《那些年，我们一起不敢追的女孩》，里面一定会有这样的情节：大一时候迷惘的我，就像一只趴在玻璃上的苍蝇，前途光明，出路没有。

第四种情况是表达思想。作家一般也是思想家。他们不仅要讲故事，还要通过故事表达自己对人生、社会、世界的看法和见解。列夫·托尔斯泰借助小说告诉世人：只要人人都献出一点爱，世界将会变成美好的人间。但丁借助《神曲》告诉读者：没有爱，叫生存；有爱，才叫生活。雨果借助《悲惨世界》，传达一个道理：用仇恨消除仇恨，只会带来双倍的仇恨；以血还血，会血流成河；用黑暗替代黑暗，永远等不到光明，唯有仁爱、宽恕、原谅，才会拥有美好的未来。莎士比亚借助《李尔王》解释一个普遍的悖论：人在拥有权力的时候往往不清醒，人在清醒的时候往往没有权力……

第五种情况是宣泄情感。这方面，如果不提歌德，那实在是没文化了。青年时代的歌德爱上了少女绿蒂，爱得是那么深，爱得是那么真。只可惜，他在一个错误的时间遇到了一个对的人——绿蒂已经有男朋友了。歌德在纠结了一番之后，只能在“可惜不是你，陪我到最后”的歌声中悄然离场。在哪里跌倒，就在哪里爬起，不久后歌德又爱上了一个有男朋友的女孩，叫夏洛特·布夫。歌德这次不仅没有爬起来，而且跌得伤心绝望了，相信此时他对 Twins 唱的那句“不是说努力吗，坚定就能得到吗，为什么现实里面有落差?”体会得更深了。他想不通，便想到了自杀。但在自杀前，他决定把自己的故事写出来，四周之后便有了《少年维特之烦恼》。小说写出来后，他所有的悲伤和忧郁也就消散了，然后很顺利地活到了 83 岁。在这部小说的读者中，原本有可以活到 83 岁的，因为读了这部小说而不能自拔，选择了自杀而只活了 38 岁。

当然，每个人之所以专注地做一件事，只因为一种动因的情况是很少的。所以，作家因何而创作，可能是多种缘由合力的结果，只不过，有的缘由是看得见、可以说的，有的缘由是看不见、不好说的。

讲课如何紧密联系现实？

紧密联系现实，算是我上课的一个特点。这不，讲古希腊神话中的“那喀索斯”故事时，便补充了一个最新的案例——大众对孙扬“挑衅”广告的争议，颇有说服力和现场效果。

那喀索斯是古希腊神话中的美男子，眼中永远没有别人，只有他自己，最后对着水中的倒影，孤芳自赏，直至憔悴而死，然后化作一株水仙花。因此，Narcissus 成了多义词——既指“水仙花”，也指“自恋”。

其实人人皆是那喀索斯，换言之，人人皆有自恋的本性。无论是古人还是今人、西方人还是东方人、白人还是黑人、男人还是女人、帝王将相还是普通大众……无一例外。但不同的人对自恋的态度却不一样。比如说，西方人对自恋更宽容一些，既敢于自恋，也认同别人的自恋；中国人对自恋更谨慎一点：一方面不敢自恋，另一方面也不太接受他人的自恋。而孙杨“挑衅”广告的热播，让中西方自恋文化的差异有了一次集中的、正面的交锋。

事情是这样的。在仁川亚运会之前，中国游泳名将孙扬为运动品牌 361°拍了一组广告。广告中，孙扬向自己的老对手，韩国游泳巨星朴泰桓下战书：“朴先生，你真厉害，上次亚运会，你打破了亚洲纪录。不过，那个纪录已经被我破掉了哦，你想夺回去吗？那得看你的真本事了，咱们仁川见!”“你是韩国的骄傲，有无数的粉丝，连这次比赛的游泳馆都是用你的名字命名的。可是，朴先生，那又能怎样？请别让我赢得太轻松哦！打个赌吧，朴先生，输的请吃烤肉。”

这组广告的创意出自广告商而非孙扬本人。显然，广告商是按着西方文化的思路来构思广告的，但广告却是在中国播出的，所以立刻引发了巨大的争议。大部分中国人信奉中国传统文化中的内敛、谦逊和低调，觉得这样的广告是赤裸裸的挑衅，让人很不舒服。像央视著名主持人白岩松公开发文，认为此广告只有害处没有益处，只有智商却完全没有情商，不仅冒犯韩国观众，也有违体育精神，所以“恳请”撤换或停播孙扬的亚运广告，然后道歉，再然后共同反思。但也有不少网友，特别是年轻网友，更认同西方的自恋文化，所以力挺孙扬的广告不是“嚣张”而是“霸气”，不是“高调”而是“自信”：

网友“无与伦比的风骚”说：“年轻人不嚣张叫什么年轻人，加油。”

网友“大汉天子”说：“朴泰桓说狠话，韩国媒体跟着捧。孙扬说狠话，很多人就冷嘲热讽。国人有时候就缺点霸气，加油，挺你!”

网友“混吃等死”说：“只要有实力，没啥不妥的。日韩不也看不起中国足球来挑衅过么。何必轮到自己有能力显示霸气就说是不尊重对手呢?”

网友“第一球迷胖哥”说：“拳王阿里曾经说过：‘你要是和我一样伟大，你就会明白，谦虚是件很难做到的事。’直到现在，还被奉为充满个人英雄主义色彩的‘传世金句’。而孙扬隔空叫板韩国‘海洋男孩’朴泰桓的广告，则被一些人贬斥为‘狂妄、嚣张’。孙扬，支持你!”

孙扬的这组广告如果放在西方播出，大概不会有什么争议，因为这样的公开“挑衅”在体育竞技中太稀疏平常了。放在改革开放前的中国播出，也不会有什么争议，因为只会引发全民大批判，或者说，这样的广告根本就不会拍，也不会播。而如今，一个中国人，拍出如此张扬的广告；拍出后还能在主流的央视热播；热播后，虽然有批评之声，但力挺者却众多，这不能不说，我们的社会越来越开明，越来越多元，越来越包容。

大学教师可以更阳光一些

几年前，辽宁某高校的一位老师在课堂上对现实发表了一些负面评价，让听课的学生忍无可忍。其中几位借助网络，对老师的“口无遮拦”表达了不满：

不知从何时起，说中国坏话、骂这个社会成了时尚，我们一个老师，逢课必讲“瞧瞧人家国外”。他进行案例教学时，负面的例子全是中国的。如果中国真像老师们讲的这么灰暗，我们毕业之后将以怎样的姿态去面对这个社会？谁来给予我们建设这个国家的信心和力量？

有的老师把自己生活中的不如意变成课堂上的牢骚，让学生做无聊的“仲裁”；把“我就是不入党”视为个性，显示自己“有骨气”；把社会上的顺口溜和网络上的灰色段子当作论据，吓唬学生“社会险恶”，劝导学生“厚黑保身”。

学生们这些不满的言论，被某纸质媒体整合成文章《老师，请不要这样讲中国》，引起热烈的讨论。有人认为学生的不满是合情合理的，也有人认为学生误读了老师深刻的思想和忧国忧民的情怀。

我做过多年的学生和多年的老师，以我的经历和经验，我相信大学生对讲课内容的好与坏是有基本判断力的。因此，尽管我并没有听过辽宁某高校的那位老师到底是怎样讲中国的，但依然可以想象，他对现实的批判大概属于“伪深刻”的范畴。

很多年前，在我还算是个“愤青”的时候，有幸和一位哲学系老师一同参加了学生操办的一场学术活动。这位老师以讲课富有激情和深度而著称，我也是仰慕已久。按照约定，这位老师有 15 分钟的演讲时间，殊不知，他站上讲台之后，无法克制自己的“才情”，一口气讲了一个多小时还丝毫没有停下的迹象。这时坐在最后一排的一位学生终于忍无可忍，腾地站起来说：“老师，你能不能不要再讲了！”

学生之所以如此“胆大包天”，当众发起了脾气，并不是因为这位老师没有时间观念，讲得太久，而是因为这位老师给人胡言乱语的感觉。他一个多小时的演讲，让我见识了所谓的“激情”不过是声嘶力竭却又缺乏起码节奏感的大喊大叫；所谓的“深度”，不过是从头到尾，毫无节制、毫无理性的谩骂——一会儿骂中国社会，一会儿骂中国大学，我印象最深的一句是：“我博士是从某某大学（中国一所名牌大学）毕业的，这所大学就是一所野鸡大学。”我和我的同事们，平时也不时批评中国高等教育，但基本秉承有事说事的原则，并且以调侃为主。至于说到自己的母校，永远都是心怀敬畏和感恩的。这位大学老师当着那么多学生的面，如此讥讽自己的母校——他的母校还是中国最好的大学之一，真是闻所未闻，自然我也无法理解。同样无法理解的还有现场的学生，以至于有代表站起来“造反”了。

被青年人尊为人生导师的钱理群先生，上课也以深刻的批判而著名。不过，钱理群先生自己也意识到，年轻人涉世未深，可能处处以老师为偶像，时时以老师的话为人生指南，因此，老师们在课堂上痛快淋漓地批判，有时候会给学生的生活造成困扰。比如山东一个男孩，非常聪明，在读高中时，读了不少钱理群先生的书，对中学教育产生怀疑，开始反抗当下教育，后来干脆退学回家里自学。这个男孩考上了北京医科大学，学校有一些不合理的地方让他无法忍受，他又开始反抗了——写文章批评学校，经常逃课。学校准备开除他，他拒绝检讨后，学校就真的开除他了。他打电话找钱理群先生，钱理群先生劝他：“你别跑了，回到你父亲那里去吧。鲁迅说过，第一要生存，第二要温饱，第三要发展，你还要学会保护自己。”这个学生对钱理群先生说：“你为什么不早说，来不及了!”说完“啪”的挂了电话。钱理群先生后来再也找不到这个学生，心里非常痛苦和自责：“是我唤醒了他，但我却不能保护他。我当初讲鲁迅的时候，只讲鲁迅号召反抗的一面，却没有强调年轻人要善于保护自己这一同样重要的鲁迅思想。作为我这样一个学者，而且是一个比较有影响的学者，我的言和行必须十分谨慎，稍有偏激之处就可能给年轻一代带来灾难。”

那位在公开场合连自己的母校都谩骂的哲学老师，不知道是否有钱理群先生一样的自省和反思？至少我本人已经意识到，忧郁固然是大学老师一种迷人的气质，但阳光一点，难道不能体现大学老师的魅力？

今天我对大学老师喜欢“批判”的习惯是持谨慎态度的。大学老师上课总要不时联系现实，一联系现实，就必须要评价现实（主要是社会和人性）。可是，该用什么样的语气、什么样的角度和什么样的语言评价现实？每个老师掌握的度是不一样的。掌握好了这个度，可能就是学生喜欢的激情和深度；没有掌握好这个度，可能就是学生所厌恶的空洞的情绪发泄。学生遇到这种喜欢发泄情绪的老师，温柔一点的是站起来抗议，猛烈一点的，恐怕就是在网上公开“挑战”了。

应该说，现实的中国，肯定存在灰暗的东西，但又有哪个时代、哪个国家是完全光明的呢？现实的人生，自然也是美好与丑陋并存。大学老师，作为最有思想性的群体之一，如果仅仅满足于简单地揭示、斥骂社会的灰暗和人生的丑陋，那是远远不够的。因此，我对大学老师在课堂上应该怎样讲社会、讲人生，有三点不成熟的建议：

一是灰暗的东西，能少讲尽量少讲。原因有二：第一是灰暗的东西是人人都可以看到的——比如中国高等教育存在的问题，有谁不清楚吗？讲人人都知道的东西，怎能体现自己独特而深刻的思想？第二是大学老师对世界灰暗面的了解主要源于自己真实的生活而非他人的教导，因此，世界灰暗的一面也应该交给学生自己去发现、去辨别、去感受、去评判，大学老师无需越俎代庖，那么着急告诉学生这儿有问题，那儿好可怕。

二是讲灰暗的东西，要有一个底线。比如反人类、反社会、反祖国和反政府的话不能讲，在毕业多年之后嘲讽自己母校的话也不能讲。尤为重要的是，讲灰暗的东西，不能停留在表层的揭示和情绪化的责骂，还应该站在学术的立场，辩证地分析灰暗面产生的历史和现实的原因，并加以理性的评判。

三是建设性的意见多讲。当今中国，或许有这样那样的问题，但必须承认，它正处于一个千载难逢的盛世。在这样一个盛世，我们更有理由感受到社会和人生美好的一面。大学老师如果能以自己的行动和言论，很艺术地引导学生以一种建设性的心态，充满希望和阳光地直面现实，迎接未来，同样也能体现自身的水平。

从批判走向建设

我算不上严格意义上的学者，但算是宽泛意义上的知识分子。通常而言，知识分子的使命，一是批判；二是建设。

李绍章，笔名“土生阿耿”，上海政法学院教师，英年早逝。生前撰有博文《学者的唯一使命就是批判》，文中写道：那么多违章建筑，拆都拆不完，拆都拆不动，甚至说个“拆”字都要“暂不发布”，哪来得及去建、建、建。真要建，也轮不到学者。轮到了，也未必是你；即便是你，也得先拆。我不去拆，你咋去建？术业有专攻，事业有分工。学者的唯一使命就是批判，批判是学者身份证明和存在价值的唯一标准。不去批判，不配学者。

李绍章先生短暂的人生以“拆迁”学术界的“违章建筑”为事业，奋笔疾书了《大学教育——开始就完蛋?》《好色导师面面观》《博士生教育的“十个看不懂”》等脍炙人口的战斗檄文，并且出版了“界之戒”文丛——《法界之戒》《学界之戒》《世界之戒》，对法学界、学术界和整个世俗社会的种种歪风邪气嬉笑怒骂、讽刺鞭挞。

李绍章先生的勇气、骨气和正气值得敬佩。

姜亮夫，著名的楚辞学专家、敦煌学专家、语言音韵学专家、历史文献学家、教育家。在清华研究院读书时，写了一篇批评容庚的文章，送到《燕京学报》，容庚又送给陈寅恪看。事后陈寅恪找来了弟子姜亮夫，对他说：“你花这么大的精力批评别人，为什么不把这精力集中在建立自己的研究工作上!”这件事对姜震动很大，从此专事研究，再不写批评文章，终成一代国家大师。

陈寅恪的包容、大度和胸襟值得学习。

窃以为，一位学者在青年阶段，可以批判为业；在老年阶段，可以建设为主。而我正处介于两者之间的中年阶段，故一边批判，一边建设，并且逐渐从批判走向建设。

这部随笔集，见证了我的心态和职责的转型。该书正文共收长短不一文章100篇左右，其中60多篇写于2014年那个漫长而无聊的暑假，其他则是开学后断断续续写成，话题杂乱而有章，丰富而不多样——基本围绕大学教育和教学而展开。它的问世，也算见证了一个36岁的老男人情感和观念的转变：多做少说；多建设少批判；多修炼自身少指点江山；多改变自己少改变世界（世界我也改变不了啊）。

有一天和球友们打完球，便去学校附近最物美价廉的火锅店“魔锅天下”吃火锅，边吃边喝特供“屌丝”们的“酒中酒霸”（10块钱1瓶）。酒过三巡之后，一群自认为天下最有学历、最有知识、最有品位、最有思想、最有担当的男人在火锅边开始纵论天下。话题中没有儿女情长，没有柴米油盐，没有私人恩怨，最小的是湘潭大学的现状与问题，中等的是国家的民主与法治，最大的是人类的和平与发展。说到高潮处，手舞足蹈；说到动情处，群情激昂；说到伤心处，唉声叹气，只差泪眼婆娑了。这时，不知道是谁冒出一句话，让现场沉默了30秒：“大家别说了，都是吃地沟油的命，操中南海的心!”

“吃地沟油的命，操中南海的心”，我对这句话的感慨和体会更多一些。或许是因为读过莎士比亚的《李尔王》。这部悲剧最哲学的地方在于揭示了一个普遍性的悖论：当人拥有权力的时候，往往不清醒，当人清醒的时候，往往没有权力；能够改变现实的却不想改变现实，想改变现实的却无法改变现实。

显然，我属于清醒却无法改变现实的人，平时做得最多的事情或许就是“过过嘴瘾”。我觉得自己是在履行知识分子“批判”的责任，但更多时候，可能只是因为个人生活不如意在发发牢骚而已。或者说，当胸怀天下的理想与卑微的身份发生冲突的时候，我除了伤心、绝望和抱怨外，似乎什么也做不了。

既然无法用“嘴”改变世界，为何不用“手”改变自己呢。就是说，既然批判世界无用，为何不走向建设自己呢？批判难不难？如果很难，为何人人都可以批判？建设容不容易？如果很容易，为何一肚子思想和正义感但让学生满意的大学老师却少之又少？

这样说吧，随着阅历的增加，“愤怒”渐渐离我远去；随着年龄的增长，“青春”也已经和我说拜拜。所以，我不想再做一个将批判随时挂在嘴上的“愤青”，尽管“愤青”是个中性词，甚至是一个褒义词。其实我的激情依旧，只不过被深沉的理性渐渐抚慰了而已。

第四编　大学的疼痛

不读书的大学老师

最近读到一篇文章，内容算是一般，但题目“读书，是门槛最低的高贵之举”却是相当的有水准。该文的核心是对比中国和其他几个国家的读书情况。以色列，450 万人，100 万人办了图书证，有图书馆 1000 家，平均 4500 人就有一座图书馆。可以说，在人均拥有图书、出版社以及读书量上，以色列居世界第一。再比如德国。在德国的大街上，腋下夹着一本书，目光祥和，举止优雅，慢悠悠行走的，既有白发老者，又有青春美女，还有身着蓝色工装的技工。与以色列、德国形成强烈反差的是，中国十几亿人口，扣除教科书，平均每人一年读书不到 1 本。

这样的文章，虽然文学的演绎多于科学的考证，但基本揭示出一个令人担忧的现实：当下中国，有钱之人不读书的越来越多，有闲之人不读书的越来越多，甚至连教书之人不读书的也越来越多。不是所有的人都需要会开枪，但警察则必须要会，不仅要会，而且要打得比较准。我要表达的意思其实很明确：读书是教书人的宿命，逃也逃不掉。

社会学著作《工蜂》中有两个紧密相连的调查。第一个调查显示，98.5％的大学青年教师家中有藏书（除课本、教材和报纸杂志以外）。藏书量在 101－300 本之间的最多，占到 27.8％；藏书量在 301－600 本之间的其次，占 25.5％；藏书量在 1－100 本之间的排第三，占到 21.1％；藏书量在 1000 本以上的，占到 9.8％。第二个调查发现，与藏书量的“可观”相比，大学青年教师的读书状况则十分令人担忧：有 2.4％的青年教师在近一年内没有读过任何书籍（除了课本、教材和报纸杂志外），在过去的一年中，读书在10本以下的占43.9%，在11—20本之间的占33.6%，在21—50本之间的占15.9%，在50本以上的只占4.2%。调查者因此很忧伤地说："与上面藏书量的调查结果相结合，可以发现青年教师在知识积累上存在着'只藏不读'的现象。"

这两个调查或许都不精确，但大体反映了实情。那么，以写书和教书为职业的大学教师为何却不读书了呢？解答这个疑问当然需要很耐心、很科学的调查，但我不是专门研究这门学问的，加上缺乏耐心和时间，所以先凭借观察和"胡乱"猜测，作几点总结。

第一个理由是觉得不需要了。青年教师刚好博士毕业，故有些自信之人，认为自己作为"博学之士"，在过去十多年求学生涯中所读之书足以应对眼前的基础教学之需。而一些教授由于职称已经抵达顶峰，更会有这样的自信和自满。当然，以我的观察，书读得越多，就越会发现自己的无知，所以真正觉得自己不需要读书的大学老师少之又少。所以，或许是如今值得读的书越来越少，导致一些真正读书的大学老师感觉已经无书可读了。

第二个理由是没有心情了。读完硕士又读博士，为了做论文读了太多奇奇怪怪、味同嚼蜡的书，有些青年教师读书的乐趣早已消失殆尽，再看到书都有些反胃了。还有些青年教师怀揣教书育人或献身的梦想，走进大学校园，却不料遭无情的现实当头一棒，被打得晕晕乎乎，然后在半睡半醒、半痴半呆中，为究竟是顺从体制还是逃离体制而焦灼和痛苦。至于一些教授们，大约是"看破红尘"的缘故，早没有了内在的动力，再加上缺乏评职称之类的外在压力，开始以"享受"人生为主要的信念了。

第三个理由是没有时间了。这或许是最普遍的一个原因吧。可是没有时间的原因却又不好说了：为了生计在外面奔波劳累？为了幸福到处相亲交友？为了舒适四处游山玩水？我有个不到35岁的朋友有一天好不容易见到他一面，只听他一声长叹：三年没有看过一本书了。我知道三年前他刚当了领导，的确是忙得不可开交。这大概属于为了仕途而殚精竭虑吧。

有识之士都意识到，闲暇是创造力的源头之一，大学青年教师个个忙得晕头转向、糊里糊涂，三年不读书却还干着写书和教书的活，又能写出什么样有见解的书，教出什么样有创新思维的学生？

刑场或祭坛上的老师

这些年，因为个人兴趣，我读了不少的教育随笔集，大多温和有余，麻辣不足；平实有余，文采不足；套话有余，思想不足。好在吴志翔的《为教师声辩》（广西师范大学出版社 2008 年）算个例外，它要辣味有辣味，要文笔有文笔，要深度有深度。该书内收短文 170 余篇，其共同主旨是“为教师声辩”，因为在作者看来，当今社会的教师完全是一个弱势群体。

首先，在家长面前是弱势群体。苏州一位女教师上英语公开课，从全班 48 人中选择 30 人，有位学生未被选上，其家长就赶到学校兴师问罪，并且殴打了女教师。温州灵昆中学校长黄玉生在家访之际被家长残忍杀害，媒体报道如此悲剧，居然有家长幸灾乐祸，甚至还有人说“活该”。

其次，在学生面前是弱势群体。一些学生从小接受“学生是主体”的教育，读书后，把自己当成了“有一些任性，有一些嚣张，有一些叛逆，有一些疯狂”的上帝，以“整蛊”老师和颠覆校园秩序为乐。比如 2007 年 5 月 25 日，北京某艺术职业学校的课堂上，学生随意吵闹、嬉笑、走动，嘴里吐脏话，向老师扔瓶盖，到讲台上摘下老师的帽子恣意侮辱……

再次，在“专家”面前是弱势群体。专家说了，“没有教不好的学生，只有教不好的老师”，所以学生被送到学校，一切后果由教师负责；专家还说了，调皮捣蛋，像古惑仔一样的学生是最有个性，最有创造力的，所以老师要以鼓励为主，批评为辅，最好不要有任何的批评，否则有可能会扼杀下一个爱迪生或爱因斯坦；专家还说了……

最后，在媒体面前是弱势群体。比如媒体在报道上述被殴打的女教师的新闻时，没有正面批评打人的野蛮行为，反而在那儿唱起“如此选拔本不该”的高调。

总之，吴志翔认为，当今社会上存在着一种对教师极其不公平的盲动情绪。凡是教师犯了错，则群情汹汹，全民声讨之，并且很容易把教师的无心之失放大为恶意罪过，把极少数教师的个别行为泛化为普遍现象。他不无痛心地为教师声辩到：“教师难道不会犯错误吗？当然会。教师没有脾气吗？当然有。可为什么一旦教师犯了错误就仿佛十恶不赦了呢?”

吴志翔的深度在于，他不仅看到了教师随时会被拉上古老的刑场，每个人都可以上去砸一石头，然后骂骂咧咧地走开，还看到了教师随时会被推上神圣的祭坛，每个人都可以上去糊里糊涂地祭奠一番，然后心满意足地走开。被推上祭坛的教师，不再拥有自己的躯体，也不再拥有自己的心灵。在社会的惯性思维中，“抱病工作”、“废寝忘食”、“小孩子生病没有时间陪”已经成了教师的标签，于是，很多感天动地其实也无比不幸的事情发生了，比如年仅 31 岁的河南滑县万古镇一中初二（3）班班主任杜继红老师，因为“劳累过度引发脑血管病变”，在她那间办公室兼宿舍的屋子里猝然去世。

吴志翔不无悲愤地写道：“我们总是习惯于赞美那些在苦境中挣扎的不屈灵魂，但是较少想到再坚强的灵魂也有一个血肉之躯……所以事情往往变成这样：一方面是在超高标准的道德期许下，众多未必‘神圣’的教师被‘妖魔化’，他们作为普通人的正当权益反而被漠视；另一方面是少数极具奉献精神、牺牲精神的教师终于成就了‘神圣’，然而常常，他们作为普通人的使命也就宣告终结，生命以一种悲剧性的方式落幕，他们被推上了神圣的祭坛。光荣与耻辱，天堂或地狱，就以如此尖锐的方式对峙着，人们对教师少了宽容度，好像他们必须承担全社会道德水准有所下降的责任，再苦再累也得坚持，直到坚持不了而累死，感动才源源而来，神圣价值才算最终落实。”

网上流行一首打油诗《当教师真累》，虽然带有自嘲和宣泄的成分，但也不能说毫无道理：“满腔热血把师学会，当了教师吃苦受罪。急难险重必须到位，教师育人终日疲惫。学生告状回回都对，工资不高还要交费。从早到晚比牛还累，一日三餐时间不对。一时一刻不敢离位，下班不休还要开会。迎接检查让人崩溃，天天学习不懂社会。晋升职称回回被退，抛家舍业愧对长辈。回到家中还要惧内，囊中羞涩见人惭愧。百姓还说我们受贿，青春年华如此狼狈。仰望青天欲哭无泪，唉，当教师真累！”

作为教师，我不甘心被拉上刑场，也不愿意被推上祭坛。我不是魔鬼，也不是神灵，我愿做一个爱岗敬业但生活幸福的好人。

名教授≠好老师

2014 年 8 月 9 日的《福建日报》上有一则评论，叫《教授给本科生上课，不该成“新闻”》。文中写道：据报道，6 日，上海一副市长做客广播电台节目时说，上海今年已作出规定，要求所有市属高校的每位教授必须进课堂为本科生上课，并对教师晋升高级职称的本科教学水平评价实行“一票否决”。教授给本科生上课，这是“教授”职称的应有之义。如今回归上课，还要人喊，还要硬约束，还成了“新闻”，这不能不说是一个莫大的讽刺……

不愿给本科生上课，算什么教授？且不说大学资源的浪费，对学生而言更是一大损失。事实上，不少学子当初就是冲着一些教授的声望选择了相应的大学和专业。教学质量是高等教育的“生命线”，试问，没有一流的教授亲自教学，培养出一流学生的目标是不是会更难实现？……如何让教授回到本科生的课堂？学校和有关部门当有所作为。把教授们“抓回”课堂，只是第一步。接下来，还应在导向和考评机制上下工夫，留住教授们的心。

这篇评论的观点和导向都是对的，我举双手赞成，但是它的前提却未必是成立的。在评论者看来，教授＝好老师，所以教授不上讲台是大学的损失。可如果我们了解大学的现实后就会发现，教授≠好老师，所以，教授不给本科生上课，的确不算教授，但对学生而言未必是一大损失，让教授回到本科生的课堂也可能是好心办了坏事。

我必须承认，一个大学老师成为教授后的上课水平应该比当助教、讲师时要高（至于高多少另当别论），所以，一个大学老师当助教、讲师时还给本科生上课，晋升教授后却不给本科生上课了，那的确说不过去。但问题是，A 教授不见得比 B 讲师甚至 C 助教上课水平高，这大学里是一种普遍的情况，假如已有的课程已经由更会上课的 B 讲师或者 C 助教承担，又何必强求不太会上课的 A 教授“重回”讲台，分担更会上课的另外两位非教授的课程？

以我的观察，大学老师会不会上课同他的职称没有必然的关系。有一位网友说，“到底什么是好老师？所谓教授就一定是好老师？老师的本质到底是什么？如果从传道授业解惑的角度来说，只要大多数学生觉得好的，那就是好老师！就应该给个职称。至于发表论文一大堆，所谓满腹经纶的教授，却经常发表荒谬言论，学生不满意，这种人都能当教授，只能说是我国教育界出了很大问题！”上课需要天赋，也需要用心，很多教授其实并没有上课的天赋，加上主观上的不努力，以及晋升机制过于重视论文和课题，所以他们的上课水平其实非常一般，有的连刚毕业的研究生都不如。请看报道：

阿涵在某政法大学读书，在他的印象中，虽然教《物权法》的老师名气很大，有自己的专著，但学生就是不喜欢他：“他不太会讲课，一味地翻 PPT，也从不和学生交流细讲。每节课都通过签到的方式强制学生听课。”

就读于广东某高校传媒专业的小黄也有类似的感觉。某专业课是一位教授开的，“总是提到自己最近写的论文如何如何，或者自己最近又和哪些业界高层相聚，不然就是在某某活动发表了怎样的见解”。对于学生感兴趣的专业话题却极少涉及，或淡淡地留下一句：“课上的时间有限，这些话题就不一一展开了。有兴趣的同学可以在课下找我讨论。”小黄心里只想默默吐槽一句：“你把那些无谓的吹嘘省去，不知道有多少时间能讲专业问题。”久而久之，来听这位教授的课的学生也就越来越少。

在这种情况下，教育部也好，上海市也罢，明文规定教授必须上课，意图是好的，效果却可能是坏的：一群既没有上课水平，也根本没有上课之心的教授重回讲台，只会让大学生对大学更失望——据我了解，大学生只希望有更多的好老师上课，却从未希望有更多的教授上课，因为生活的经验早就告诉他们：名教授≠好老师。就是说，有的记者猜测大学生期待有更多教授给他们上课，大概是缺乏大学经历所导致的。

所以，我想说的是，有关部门应该这样规定：让会上课的教授必须给本科生上课，让不会上课的教授继续做他们的“科研”去吧，这才是实事求是的做法。

该如何面对名利？

最近读到作家马德写的一篇趣文《一辈子的光阴扔在单位》，里面有一段话让我印象深刻："每个人，都是为利益而飞进飞出的雀子。最肥美的单位，是油水足；最舒心的单位，是人事简单。会不会有这样一种单位，两全其美，既油水足，又人事简单呢？答案是：没有。因为，它违背了两个原则：一是有利益必纷争原则；二是人性贪婪原则。大凡油水肥美的地方，周围总会埋伏着无数的欲望。而欲望丛生的地方，不会有优雅和谦让。"

我所在的单位是大学。当今大学与过去大学有很多不同，"油水"越来越多就是一个典型体现。大部分大学教师毕竟是凡夫俗子，面对各种各样的油水，不心动是不可能的，心动后不行动也是有难度的。这不，H大学要推荐一个国家级荣誉候选人，参评者众多，最后M处长成功突围，代表该校参与全国竞争。一位实力派的E教授对自己的被淘汰深感愤怒，忍不住在校园QQ群上发了一条"怨言"：

我以为自己东西不太多，才评不上各种称号，所以还要努力。刚才做了一个梦，梦中有高人指点，不是东西不够，而是自己没有资源。他说，你查查，整个H大学的人文社科领域，谁的东西比你多。我不知道是不是这样。希望那些评上各种荣誉称号的人文社科老师把自己的东西晒出来。

可能是心中的委屈太多，三言两语发泄不出来，数秒钟后，E教授又发了一段文字：

鲁迅用一个“血”字形容当时社会的黑暗，H大学评各种荣誉称号就是一个“抢”字，有些人抢了太多的称号，利用资源明目张胆地抢、暗箱操作地抢。抢了也罢，有些人还以抢来的荣誉炫耀。现在评奖、评各种称号太奇怪了，首选标准是看有没有奖和称号，而不看你有多少成果。所以抢了一个称号以后，抢别的就有平台了。那些没有抢到称号的人，东西再多也是枉然。

E教授平时潜心学术，成果的数量多，质量高，且为人敦厚老实，谦卑有礼，颇有人缘，再加上每个人天生有正义感，故他的伤心离开引来好心人的种种安慰。

A老师说：“E教授，这些年来我也慢慢看透人生中的是是非非，这世界上属于自己的东西只有一个，那就是自己的身体！有时候想，活着真好！”

B老师说：“E教授说得太对了！我觉得抢的人自有他的命数，但不抢的人获得的是大家的尊重！这是更重要的人生财富，无价之宝！”

C老师说：“E教授千万别为身外之物所困扰。用哲学原理解释，公平是相对的，不公平才是绝对的。”

D老师为了安慰得彻底一些，干脆发来一条链接，打开一看，原来是长篇调查报道《中国人的健康大数据，惨!!》在这条链接后面，D老师做了一个总结：“不管多么高级的名号与健康相比，都不值一提。职称、评奖之类的负重让中国76%的知识分子都处于亚健康状态，实在是得不偿失。放下负重，笑看江湖风起云涌，笑到最后，笑得最好。”

……

大家你一言我一语，温暖了E教授的心窝。E教授坦言：“我是学哲学的，在荣誉的失落面前，还没有诸位不学哲学的看得透。不过，感谢大家的开导，我现在心情好多了。好的，不说了，我要出去散步了。”

我有时候有点怀念20世纪80年代的大学，原因之一就是，那个时期的大学比较清汤寡水——课题少、奖励少、荣誉少，甚至连工资都少。马德说了，其实，待在一个清贫的单位，是美的。至少，你会活得简单。此间，没有尔虞我诈，没有钩心斗角，没有争名夺利，没有得宠失宠，没有欺辱霸占，什么都没有，除了几个干巴工资，几个干巴人，一轮朗月，几缕清风，没有大风光，却有大自在。

可是，昨日的大学已经回不去了。身处诱惑越来越多的大学校园，能够做到的就是：顺其自然——得之我幸，不得我命；有则偷着乐，没有也绝不闹情绪，绝不动肝火。

社会活动家型学者

在演艺圈，有一种人我们到处都能看到他们的身影，给人以一线红星的错觉，但他们到底有什么拿得出手的作品，谁也说不上来。还有一种人，刚出道的时候，还是有点作品——不管好坏，至少叫得上名字，比如唱《纤夫的爱》的尹相杰，唱《知心爱人》的付笛声和任静，但此后数十年，他们没有新歌，却还在观众的眼前晃来晃去。

学术界其实也一样，没有作品却还挺出名的学者，曾经有作品但后来靠瞎混来维持学术地位的人也大有人在。在《记住北大有个叫王瑶的教授》中，钱理群写到，王瑶私底下与弟子聊天的时候，说学界有一类学者，与其说是学者，不如说是社会活动家，是“社会活动家型的学者”。这种人或者根本没有学问，但极善公关，或者也有点学问，开始阶段还下了点工夫，取得了一定成绩，然后就通过社会公关极力推销自己的产品，以取得最大报酬，得到最大限度的好处，包括政治和物质的好处，通常情况下，还要超值，他们一旦掌握权力就会充分利用手中的权力，为自己谋取更大利益，拉帮结派，“武大郎开店”，压制才华高于自己的同辈或年轻人，有的就成了“学霸”。

王瑶先生说这段话应该是在很多年前了。看来，社会活动家型学者由来已久，并非今日之特产。只不过，时至今日，这样的学者越来越多，越来越猖獗，越来越活得滋润。近日又读到木然先生一篇非常生猛的文章《大学之癌——有的教授他是官》，里面有一段话写得极为辛辣：

在大学，有那么一种教授，你说他是教授，可他是当官的，你说他是当官的，他又是教授。你说他不学无术，可他著作等身，你要说他著作等身，可他言之无物。你说他是上课教授，他又很少上课，你说他不上课，可他又拿着课时费，而且还是全国教学名师，你要说他是学者，他是官员，你要说他是官员，可人家是著名学者。你要说他不会论证课题，可他拿到的课题又着实让人吓一跳，动辄就是国家级课题。申请到的课题又按时完成，可你要问他什么时间完成的课题，这又成了公开的秘密。这种人，张鸣老师叫学官，我倒是觉得，这种人称官学最合适。他们对于读书，对于搞学问，对于教学，可以什么都不懂，他们只要懂了官场厚黑学，就可以横跨官学两界。

无论是“社会活动家型学者”，还是“官学”，都不是真正意义上的学者，但他们还要打着“学者”的旗号四处活动。对他们而言，“学术就不再是学术，而成了资本，他们当年的研究，不过是一种投资，现在就要获取最大的利息了”。所以，我常和同事们开玩笑说：“要想在学术界‘混’出个模样，除了一定的学术能力，最需要的恐怕还是聪明的政治头脑、审时度势的投机智慧和为达目的不择手段的无耻精神。”

著名学者刘再复认为，学界中人（也包括部分社会中人）大约可分为四类：一是学深人深；二是学深人浅；三是学浅人浅；四是学浅人深。第四类人学问差做人却很世故圆滑，甚至很有心机，最后变成“老狐狸”。第三类人没有什么学问但做人也很简单，属于一般的“老百姓”。第一类人学问做得深可是人也做得深，两样都有“深心”，都有深谋远虑，这种人可畏而不可亲，也未必可敬。最好的是第二类，学问、思想都深邃，却保持人的本真性情，甚至天真天籁，这类人极难得。

很显然，社会活动家型学者就是刘再复先生所言的的学界中第四类人：学浅人深。有人说，从《三国演义》中，我们看到的是无限的权术，是为权术而权术，它作为人性之恶，成为所有人的人性痼疾，进入了个人的生活，也进入了社会的生活。大学虽然说是相对纯净的地方，但从社会活动家型学者身上依然可以看到《三国演义》的深远影响。

不难发现，大学里活得最“滋润”的既不是教学最好的，也不是科研最好的，当然也不是教学最差的和科研最差的，而是教学、科研中等但政治头脑一流的。所谓政治头脑一流，就是指能够放下知识分子的清高、尊严和面子，有为达目的不择手段的“勇气”，有溜须拍马、钻山打洞、请客送礼、厚颜无耻等必备的社会技能，有脸不红心不跳，玩弄一些普通老师玩不了的权术的“胆量”，这些权术放在政界，都是小儿科，但放在学界，足以大杀四方。

比如说一个课题需要校内、院内竞争，脸皮薄的老师坚持以实力说话，申请书交上去就不管了，脸皮厚的老师交上申请书后，则要四处活动，最纯洁的也要给评委或者可能的评委打个电话。评审结果，不出意外的话，肯定是后者中标。

比如说有的老师，通过种种不懈的努力，获得了一官半职，再利用这一官半职打通各个环节，再然后发论文、报课题、申请政府奖励就畅通无阻了。等积累到一定程度，他们就成了学界大腕、著名学者乃至教学名师了。他们自以为是方圆百里学问最好的人，但是只要一开口，一动笔，学生和同行就知道他们有几斤几两。

一个大学老师的水平再高，用学术的手段达到非学术的目标，似乎怎么也搞不赢用非学术的手段达到学术的目标的同行。利用权术在大学里通吃的人，等功成名就之后，就逐渐暴露了其最终目标也并非是学术，而是权术本身：要么继续为获取更大的权力“奋斗”，要么沉迷于用权术获得的金钱或美色的享受之中。

如何让有权术但无学术之人在大学里活得没有那么“成功”，这真是一个大课题。

带病上课值得鼓励吗？

有学生给我发短信："希望老师做照耀别人的太阳，而不是燃烧自己的蜡烛。"这让我想起一篇文章：《老师最伟大的地方不应是牺牲》。虽然文章的内容和我今天要谈的主题无关，但题目却让我回想起一段往事。

某个周日晚上，我应邀为某学院上党课，提前十分钟来到指定的教室，发现话筒居然是坏的。联系到管理员，管理员说已经坏了一段时间，还没来得及修，好在教室不大，不用话筒，学生也听得见。

教室的确不大，但好像也不小，要想让学生听得见，听得清晰，听得过瘾，我必须要将嗓子的音量开到最大。毕竟好多年没上过"不插电"的课了，所以，我对自己的嗓子隐约有些担忧，甚至有"罢课"的冲动。但我知道自己不能一走了之，只要自己前脚离开教室，学生就会在背后开骂："以为自己是谁啊，没有话筒就不上课了？"

一个半小时后，党课顺利结束，果然不出所料，我的嗓子冒烟了，有痒痒的感觉，这是咽炎发作的前兆。如果有机会休息一天，多喝点水，就能将症状扼杀在萌芽状态。不幸的是，周一我还有两节外国文学课。问题是，我能请病假吗？当然不能，只是疑似咽炎，又不是真的咽炎。

周一上完两节课，嗓子开始冒火了，不仅痒，而且有轻微的疼痛。看来咽炎不可阻挡地要发作了。这时只要能够休息几天，不要就医也能逐渐好转。但是，周二又有两节外国文学课。我能请病假吗？当然还是不能，没有发高烧，不需要打点滴，算是病吗？因为嗓子有点痛就请病假，就算别人不说，自己也过意不去。

周二两节课上完，咽炎就彻底爆发了。不得已，周三早上去看医生。做了一次“雾化”，吃了几颗“亮嗓”。医生说，嗓子注意休息，问题不大。最大的问题是，周四晚上又有研究生的课，嗓子还是没有办法休息。

周四下午，我一度想过要办个停课手续，因为炎症不仅让我声音嘶哑，而且引起我不停地打嗝。但一想到前不久有关部门刚刚号召我们向某某模范学习，说人家身患绝症都能坚守三尺讲台，我毅然决然地断了停课的念头：一个小小的咽炎就要休息，岂不是职业道德有问题?！结果，周四晚上上课，我讲半句话，就要打一次几秒钟长的嗝，学生先是哈哈大笑，然后则是不忍心看下去了。那天晚上，我上了有史以来最尴尬的一堂课。回想起来，真丢人啊。

这些年，带病上课的事已经干过好多回了。其实，我也明白留得青山在不怕没柴烧的道理，但从学生时代起，就一直被带病坚持上课的老师们感动着。比如一边打点滴，一边讲课或者改作业，媒体配发的文章，标题大致又是“史上最美丽的乡村教师”之类的。在这样的教育中长大的我，做了大学老师之后，休个病假，岂不成了“史上最丑陋的大学老师”了。可是，我自己的痛苦经历却让我不得不质疑：带病上课真的值得鼓励吗？

会教书的老师应有一席之地

1993 年，以清华、北大为首的国内高校开始酝酿人事制度改革，试图为高校引入一种流动、开放且具有活力的竞争与淘汰机制。1994 年，清华出台规定，讲师、副教授在规定时间内学术成果不足以提高职称，应自行走人，即“非升即走”，后来调整为非升即转，对那些走不了的人进行分流，为此专门成立人才流动中心。

这条十年前的规定最近因为外语系老师方艳华被转岗，数学系老师闫浩被解聘而再次引发公众热议。据 2014 年 7 月 18 日的《中国青年报》报道，2004 年起担任讲师的方艳华因为就职九年未能评上副教授，已被校方转岗，与她同病相怜的是数学系助教闫浩，因为在规定时间内没有科研成果而被数学系“劝退”。

清华大学毕竟是科研型大学，所以重视教师的科研倒也无可厚非。问题是，科研型大学也是大学，不是研究所，培养本科生还是它无法推卸的职责。如果方艳华老师和闫浩老师是研究所的研究人员，那么因为科研成果不够而被转移出科研岗位，也是合情合理的。可是，他们是大学里的老师，因为科研成果不够被转移出教学岗位，是不是有些无厘头？是不是和一位篮球运动员因为踢足球的水平不行而被篮球队开除一样搞笑？一个大学老师，只有当他的教学水平不行时，学校才可以解聘他的教职，现在并没有任何证据证明方艳华老师和闫浩老师的教学水平不行啊？恰恰相反，已经有充足的证据证明他们的教学水平在清华大学是名列前茅的。

方艳华老师被转岗的消息刚一传出，就有不少她教过的学生发起了请愿活动，恳请学校收回成命。大家想一想，如果方老师教学不行，那么遭此一劫，当年受教于她的学生还不拍手称快：这么差的老师早就该下岗了。但她的学生很显然为老师的遭遇鸣不平，他们很难理解，这么好的方老师却要被学校取消站讲台的资格，要知道，毕业生都叫方艳华“小方姐姐”。一个叫王蕾的学生评价她的教学时说：“通过英文写作课，我们学习以全新的视角观察这个世界，拷问那些不经审视的观点，重塑自己的价值观。小方老师的课让我第一次感受到：大学果然不一样！这是一个思想自由碰撞、激发火花的地方。”另一位被赶下讲台的闫浩，主讲的微积分习题课在清华赫赫有名，他因此被称为“清华第一助教”，清华大学航天航空学院还曾特批他主讲过一门线性代数课程。

清华大学的科研达人那么多，少几个搞科研的无关痛痒，它缺的倒正是一些在基础教学岗位兢兢业业、勤勤恳恳、默默无闻、不求闻达的普通老师。如今，这些普通老师在清华大学，乃至在其他众多的大学里却没有了容身之地，只能说明，在校领导的眼里，直接受益于这些普通老师的本科生们不过是大学里可有可无的摆设而已。

对于清华大学这一做法，一位有良心和有见识的网友实在忍无可忍，痛斥道：“从清华大学更可以看出中国高等教育前途基本无望。大学的主体学生在评价教师的体系中毫无发言权，多荒诞的事情！在国外，可是有教学型教授的。以后大学的很多人还是改为‘研究员’算了，别枉称老师了。本来评不上职称、一心教学的人已经受到不公正的待遇了，现在连教书的权利都没有了，以后大家觉得在大学里还能遇到你所认为的好老师吗？”

大学的培养目标是多元化的（科学家仅仅是众多目标之一），大学老师也应该是多元化的，那些科研能力一般但会教书的老师，理应获得一席之地。

谁不适合当大学老师？

最近翻阅廉思主编的《工蜂——大学青年教师生存实录》（中信出版社2012年），读到了一个很有意思的故事，说1976年出生的余磬音2008年以博士后的身份，被A大学中文系聘为教师，他上课很努力（至少他自己是这么认为的），但鲜有学生买账。

一名中文系2007级的学生说："我翘了好几次课。余老师有比较重的口音，听不懂。而且板书又是竖排繁体的草书，跟不太上。刚开始的时候，到了教室坐前排，很想认真地听。但往往是听到一半就听不下去了，中途走掉或是干其他事情。"另一位从未翘课的学生则表示，她虽然尽力听讲，但还是很容易走神，因为不知道余老师在讲什么。更有学生将不满发到网上，引来一片共鸣：

作为一门通识课，中文系文学专业的必修课，古文论真是能逼死人了。教学和考试完全脱离教材，完全脱离！范围全在自己发的讲义上，讲义堆在一起有差不多十厘米厚。这也可以忍了，一学期让我们抄了一整本的《文心雕龙》，竖版繁体，至少要六七十个小时才能抄完。

上课口音重得几乎没人听得懂，声音又小。教学内容就是自己喜欢的各种艰涩难懂的原文（我列出来估计大家也难以体会，所以省略篇名了），教学方式就是把原文用火星语读一遍，习惯用大家都不知道的四字词语来解释另一个四字词语。上课时不时就自我表白一番，将自己的家世背景从头说到尾，从爷爷到表弟一个都不漏。更让很多人不能忍的是对待同学不能一视同仁。

发帖的原因不是为了抨击这位老师，实在是我们觉得这一学期，这门必修通识课可以说是丁点儿东西都没让我们学到。中文系老师以个性出名我们可以理解，上课的时候将自己的主张和看法跟学生分享我们也非常欢迎。但是，考试是为了检验学生学到了什么基础知识，而不是考察学生跟授课老师的心灵相通程度。如果本科的时候，我们连基础都没有打扎实，如何谈以后的研究呢？希望这个帖子能让老师看到，了解我们大多数学生的想法和心声。

本书作者通过讲这样的故事，试图引起读者的同情心：这位青年老师读书时很优秀（攻读博士期间，发表了16篇论文，学位论文获得了校级优秀博士学位论文奖），工作以后热爱教育事业（以做大学教师为唯一的人生志向，备课极为认真），所以，他在大学里的挫败感主要是由如今大学生的浮躁、厌学所导致的。

不过，我读完这个故事，第一反应却是：这又是一个男人入错行的悲剧。余老师上课不受欢迎，“古文论”本身的艰涩只是很小的一个原因（他上另一门“《文心雕龙》研究”课也只有六个人听，但我的大学老师夏先培上同样无趣的《古代汉语》，就从未有人逃课或上课做其他事情）。学生的心散了，也不是主要的理由。如今大学里还是有不少课堂坐得满满的。其实最主要的问题是这位余老师并不适合当老师。学生对他的评价虽然有情绪的成分，但基本上还是揭示出一些事实——余老师口语表达能力极差，逻辑思维混乱，讲课技巧几乎为零，根本不知道“深入浅出”、“通俗易懂”、“雅俗共赏”、“幽默风趣”和“因材施教”为何物，而这些缺陷恰恰是无法通过后天勤奋来弥补的。

应该说，读博期间发表16篇论文，博士论文还是校级优秀，说明余老师在科研上是有相当天赋的，在现有体制下，估计他也是凭借着骄人的科研成果顺利找到大学的教职。不过，遗憾的是，他进入的不是只需要科研的研究所而是需要天天站讲台的大学，在客观上他需要上课，在主观上他也想上课，但他恰恰缺乏基本的上课天赋，因此，在讲台上根本找不到成就感和认同感，也是情理之中的事情。

在现实中，类似于余老师这样在A领域非常有天赋，却在非常没有天赋的B领域有所追求的不幸案例其实很多。这自然让我想起那句古话："男怕入错行，女怕嫁错郎。"因此，人们在选择自己的职业的时候，不仅要想清楚自己想要什么，还要搞清楚自己适合什么。我的一位研究生师兄，正像余老师一样，科研极为突出，但天生嘴拙。与余老师不一样的是，他一开始就知道自己不适合教书，于是毕业之际，毅然决然地拒绝了留校的诱惑，选择去社科院做研究，如今已成为学界不可或缺的人物。

一名大学生眼中的大学老师

如今大学暴露的问题很多。比如学生逃课，到底是老师的问题，学生的问题，还是社会的问题？再比如师生关系冷漠，到底是老师的问题，学生的问题，还是学校的问题？对于问题，往往是公说公有理，婆说婆有理。在回答这些问题之前，不妨先听听学生的意见。最近读到一篇网络文章《一名大学毕业生的反思》。该文在反思了大学生的颓废和堕落后，紧接着批评了大学老师职业水平和职业操守的缺乏：

老师的本职工作应该是传道授业解惑，可是有的老师，一个学期也见不了学生几次，派他的研究生来上课。后来我才明白原来他们都在忙着自己的项目和课题。大一的时候，我们通信工程专业有个博导教物理，学生的评价是这样的："还博导呢，都博成个啥了？讲得稀里糊涂，还经常不来上课。"大学选用的教材令人费解，明明有很好的全国通用教材，比如高等数学的同济五版，却偏偏要选用自己学校编的教材，艰难晦涩，连选用的习题都是历年研究生考试的数一类，可能是编排教材的老师想提前让我们进行考研准备吧？后来才知道学校选用这种"自编教材"的原因是老师们要"评职称"，需要"科研成果"，就东拼西凑地乱编一些"教材"来"完成任务"。这种放到书店里根本没有人会要的垃圾教材，他们却利用自己教学的权利发给大学生们上课用。据说老师们也很可怜，每年都要完成所谓的“科研成果”，要写论文、出书来完成任务，否则就可能降职。有些老师没办法，就自己花钱在外面找刊物发表文章，这种可以不花钱出教材，让学生买单的事情也就很容易理解了。

我不知道我们大学老师是如何评价我们自己的？可能少数有良知的老师已经意识到，当我们在背后痛斥学生不像学生的时候，学生也已经在背后讽刺我们老师不像老师。相比较学生的颓废和堕落，我们老师可以说有过之而无不及，尤其是某些所谓的名教授、大牌教授、官学教授更是如此。就像有一位老教授痛心疾首地说：“我们老师不读书，却‘教诲’学生要努力学习；我们老师把学术当作谋取声名和物质的手段，为此不惜作践自己的人格和尊严，却‘告诫’学生要为了学术而学术；我们老师比谁都会‘做人’，却‘教导’学生要首先学会做人；我们老师比谁都俗不可耐，却‘语重心长’地告诉学生做人要简单和单纯，总之，我们要求学生做到的自己却一件都没有做到，我们差不多成了世界上最虚伪、最言不由衷、最人格分裂的一群人。”

的确，当大学老师在权力、金钱面前一次次放弃了知识分子的清高、自尊和独立性的时候，又有何脸面和底气在学生面前显得很专业、很威严、很高贵呢？中国大学教育的问题，难道仅仅是学生的不争气、教育体制的禁锢和校长的无能吗？恐怕同最广大的大学教师未能履行传道授业解惑的职责也有千丝万缕的联系吧？

课堂先别急着“翻转”

大约在几年前，教育界隐约响起“翻转课堂”的声音。最近一段时间，各界对“翻转课堂”的鼓吹更是铺天盖地，想不关注都难。没有办法，查阅了一些相关资料，大致了解了“翻转课堂”的来龙去脉。在此，我只想对“翻转课堂”两个引以为傲的观念或者方法提出一些质疑。

第一，老师把原本在课堂上要讲的内容制作成视频，让学生在家里看。这个点子显然是长期不在第一线的“专家”才想得出来。制作视频不仅经济成本和时间成本高，而且效果很差。很多会讲课的老师一旦上镜，基本都不会讲了，也就是说，视频会大大遮蔽老师真实的讲课水平。连易中天这种有镜头感的老师上电视后，也远没有在真实的课堂上表现的那么精彩，何况那些一看到镜头就不知道手往哪里放的普通老师。而作为学生，在现场面对温暖的老师听课和在家里面对冰冷的屏幕听课，其差别就像现场看 NBA 和通过电视看 NBA，在现场看演唱会和通过电视看演唱会一样。再说，这个想法也太高估学生的自控能力了，大家想一想，如今的大学生在课堂上都可以睡成一片，他会在家里乖乖地看那些无趣的视频?

第二，原本用来讲新课的课堂主要用来师生、生生互动，即学生在家自学后，带着问题到课堂上，和老师讨论，和同学讨论，当场没有解决的问题，课下再一起去解决，这样，传统的“教一学”模式被翻转为新颖的“学一教”模式，老师也从讲台上的圣人转变为生活中的导师。且不说学生在家里是否真的自学，自学后是否真的有问题，单说一个 100 多人的大课堂，一群对新知识刚刚入门的“菜鸟”又如何展开深入而高效的讨论？其实，对很多大学生来说，最缺乏的恰恰是常识而不是思想，没有常识只有“思想”的讨论是真的讨论吗？再说，如今的大学老师，连上讲台的能力和心思都没有了，哪有那么多精力和时间做学生生活中的导师？他们恨不得上完课就从地球上消失，还会在课堂之外耗费时间和学生交流沟通吗？

“翻转课堂”的实质是指原本的“课堂教学”转换成“课外教学”，原本的“课外教学”转换成“课堂教学”，以此加强学生自学的意识和能力，以及老师和学生、学生和学生的交流和合作。大家也知道，要想真正掌握一门新课程，学生自学的效果远比听老师讲课的效果好很多，所以说，这个想法和初衷是好的，也是符合教育规律的；但是，由于没有考虑到一些现实情况，实践起来估计会变成一个美好的乌托邦。

其实，“翻转课堂”是一个舶来品。2000 年，一位美国学者在其论文中介绍了他们在美国迈阿密大学教授“经济学入门”时采用“翻转教学”的模式，以及取得的成绩。2007 年，美国科罗拉多州的一位化学老师在课堂中采用“翻转课堂式”教学模式，并推动这个模式在美国中小学教育中的使用。随着互联网的发展和普及，翻转课堂的方法逐渐在美国流行起来并引起争论。后来，不知道从哪里开始，“翻转课堂”就进入了中国，并逐渐在口头和文章中火起来。

应该说，“翻转课堂”在美国作为一种教学模式被推而广之是情理之中的事情，因为美国从小学到大学，无论是老师还是学生，早就习惯了“讨论法”、“学生参与式教学”、“研讨式教学”等。随着互联网的普及，这些教学法在美国进化成“翻转课堂”也就水到渠成。但是，“翻转课堂”如果不加改造地进入中国，特别是进入中国大学校园，可以说寸步难行。

首先，有些老师的讲课水平原本就不怎么样，把授课制作成视频后，更是惨不忍睹，学生根本不会看。其次，大部分学生由于从小自学意识薄弱，自学能力差，抗拒非学习因素干扰的能力可以忽略不计，所以指望他们通过网络等媒体完成自学，也是想当然。再次，大部分老师被科研的大山压得喘不过气，能完成课堂讲授就很不错了，不能奢望他们牺牲科研的时间在课下指导学生。最后，大部分课程是大班授课，人太多，课堂上互动起来比较麻烦。

在写完上述文字一年之后，我读到美国雪城大学副教授马颖毅的文章《移动互联网正在威胁我们的专注力》，该文的主要观点和我的不谋而合。该文认为，诸如翻转课堂、微课、创客教育、教室革命在 2.0 时代，均来自美国，但中国人却最为热衷。马教授说："我任教的美国大学属于研究型大学，但是从教授到院长至今对虚拟空间持怀疑态度……我不知这是美国民众对科技态度的保守，还是中国人对现代科技的热爱？但有一点我敢肯定，那就是美国人价值观的多元，别人说好的我不一定说好，别人拥有的我不一定追求。"

马颖毅觉得，中国人对诸如"翻转课堂"之类的追捧类似于对苹果手机的推崇。在美国，苹果手机不过是众多选择中的一种，在中国则变成了不选择苹果手机就是没有身份和品位的表现。因此，我建议我们的教育工作者变得更理性一些，将"翻转课堂"之类时尚的教学法作为众多教学法中的一种，仅供老师们去选择。就是说，部分讲课水平高，对课外教学也很重视的老师可以尝试翻转课堂；部分更重视学生亲自参与的课程（比如专业外语）可以尝试翻转课堂；部分小班授课的课程可以尝试翻转课堂；部分对某些课程情有独钟，期待在这方面有进一步深造的学生可以尝试翻转课堂。即翻转课堂可以作为一种比较好的教学方法供大学老师和学生去选择，但不适合作为一种普遍的模式，而且还是以行政的方式在大学里推行。最好的选择或许就是：每所学校、每门课程、每位老师结合实际情况，对"翻转课堂"进行中国化的处理，吸其精华，为我所用，最后整出一个中西融合的教学模式来。

大学为何缺少讨论课？

不少人都提到了美国大学里很流行讨论课，而中国大学里却缺少讨论课，所以在美国大学里，累死的是学生，收获最大的也是学生，而在中国大学里，累死的是老师，进步最大的也是老师。

中国大学缺少讨论课有很多原因，包括教师的理念问题、学生的学习习惯问题等等。其中有两个非常客观的原因可能被很多人所忽略了，一是学生太多；二是课程太多。

首先说学生太多。比如说我在法学院上一门写作课，两个班一起上，共有 100 个人，如果采用讨论式教学，几乎是不可能的——讨论意味着学生要发言，但人太多，没有发言的时间；教室太大，发言也听不见。据去美国考察的人回来说，美国的课程如果要展开讨论教学，一般控制在十个人左右，大家围在一起，畅所欲言，超过十个人，自然有些人只能欲言又止了，如果是 100 人以上的大课，基本也是教师唱独角戏了。据我了解，中国大学在扩招之后，很少有小班上课了，讨论法运用不起来自然可以理解。有些专业，比如小语种专业，讨论式教学其实做得挺好的，丝毫不逊于美国的讨论课，所以不少小语种的学生通过短短四年的学习即能基本掌握一门全新的外语。

其次说课程太多。还是据去美国考察的专家们说，美国大学生一个学期选修三到五门课，而中国大学生一个学期要修十门左右的课，其中一半以上还是必修的。大家知道，讨论课的基本思路是：老师先布置问题，学生在课下阅读和思考，然后集中到一起讨论。美国的大学之所以能够将讨论课常规化，学生对所选课程有兴趣很重要，选了课后，有充足的时间去做准备很重要。而中国的大学很难将讨论常规化，学生对所选课程没有兴趣，进而对这门课程的相关问题没有兴趣，是缘由之一；另外，就算他们对老师设置的问题有兴趣，缺乏足够的时间去准备恐怕也讨论不起来。比如说，有一个老师用讨论法上《论语》课，却搞得怨声载道，这个老师很委屈，却没有考虑到两个问题：一是班上只有1/3的人对《论语》感兴趣，另外2/3的学生只是因为这是必修课才走进了课堂，硬要这2/3的学生去讨论《论语》，自然有强人所难之嫌。就算那对《论语》感兴趣的1/3的学生原本想认真地准备讨论，却因为该学期还有其他9门课，天天上课加上各种备考，搞得他们也没有时间和心情去讨论了。

以我的求学经历，我认为中国大学里的课程太多了。在有关部门看来，这是为了培养学生的综合素质。其实，不是说开一门课，学生就自然具备了这门课所要培养的素质。如果是这样的话，我大学里听过80多门课，现在岂不成上知天文、下知地理的大师了？一门课，如果老师教得不好，学生学得不用心，开了还不如不开。我读大学时，至少修了40多门根本不感兴趣的必修课、必选课，由于根本不感兴趣，所以这些课程都是以“60分万岁”为学习目标，能糊弄就糊弄，学习效果自然可想而知。假如大学里只需要修十几门自己有兴趣、主动选择的课程，我就可以集中精力和时间，把这十几门课程学透、学通，而不是停留在蜻蜓点水的层次，最终，个人的能力也会得到实质性的提高。

所以，中国大学要想学习美国大学，多开设有实质性内容而不是流于表面的讨论课，至少要做到几点：一是每个学期可以开设很多课程，但只需要学生从中自主选择三到五门即可，好让学生有主动学习的动因和时间；二是每个班的人数控制在十人左右，好让学生有展示学习效果的机会；三是考试形式从结果考核转向过程考核，即以学生在讨论课上的表现作为主要的打分依据，丢弃闭卷考试之类的考核方式，好让学生有主动学习的压力和动力。

国际化等于英语化吗?

2012年至2013年，我在湖南省教育科学研究院做高等教育学博士后，导师给了我一个命题作文：中国高等教育国际化研究。我查阅了能够找到的文献后，果断做出决定：放弃。

研究中国高等教育国际化的论著不说汗牛充栋，至少也是堆积如山，看完之后，我发现观点差不多大同小异，都不外乎认为，衡量中国高等教育国际化程度的主要指标是：用了多少外语（主要是英语）教材，有多少门课程用双语（主要是汉语和英语）教学，有多少老师曾去国外（主要是英语国家）留学，派了多少学生到国外（主要是英语国家）学习，有多少专业和国外（主要是英语国家）合作办学……这些观点无疑让我产生一个错觉：国际化＝英语化?

由于中途放弃了研究，所以我对中国高等教育的国际化没有更深入的了解。但是从现实出发，我认为，中国高等教育的国际化绝不等于英语化。可惜，有些人，尤其是一些英文比中文还好的中国人，却将国际化简单化为英语化，往往做出一些贻笑大方的举动。不妨举几个很典型的例子。

一是不少大学将“双语教学”看得比“单语教学”更先进，故大力鼓吹双语教学。我有幸现场聆听过几堂双语教学课，不仅没有大开眼界，反而更加信任“单语教学”。因为这几位老师不过是将中文翻译成英文，或者从英语教材上摘抄一些内容，录入PPT，大段大段地读一遍而已。“双语教学”的推行曾让我自卑过一段时间，因为我上的是“外国文学”，但我的外语水平实在不行。据有的专家说，不懂外语哪有什么资格研究外国文学？没有资格研究外国文学，又哪有资格教外国文学。按照这种逻辑，为了有资格教古希腊文学，我要学古希腊语，为了有资格教《圣经》文学，我要学古希伯来语，为了有资格教《神曲》，我要学意大利语，为了有资格教《浮士德》，我要学德语，为了有资格教巴尔扎克，我要学法语……就算这些语言我都能在课堂上娴熟地运用，问题是，有可以听得懂这些语言的学生吗？由于实在来不及去学这些外语了，所以我一直坚持用中文教外国文学，不仅在中文系教，而且在法语系、英语系教。据说我比那些使用双语教学的老师还要受欢迎一些，这更让我固执地认为：汉语说得比外语好，至少在中国还是有一席之地的。最国际化的北京大学，有一位很国际化的教授陈守良与我英雄所见略同：

我不赞成用外语讲理科基础课。因为母语不是英语，教师讲不清，学生也听不懂。这样做也许是出于与“国际接轨”、做研究比较方便的考虑。但关键的问题还是要让学生对所学的课程本身有深刻的理解，否则对你的研究有什么意义？有些课用中文还不容易讲清楚，用外语就能讲清楚吗？如果因为外语教学影响了学生对课程本身的学习，实在是得不偿失。我的老师赵以炳先生的英语水平很高，他的夫人是美国出生的，他的讲稿是英文写的，可是他在清华北大从来没有用英语给我们讲过生理学。我想这是由于他虽然讲得清，但我们这些学生听不懂。

二是不少大学将英文论文看得比中文论文更高级。可能有些专业英文论文的确比中文论文更体现出作者的水平，但也有些专业，发表英语论文可以视为研究者的个人爱好，但不宜被当作衡量研究者水平的尺度，最典型的莫过于中国古代文学研究。据我的了解，《文学遗产》不仅是中国最权威的中国古代文学研究期刊，也是世界上最权威的中国古代文学研究期刊，中国的古代文学学者在上面发文章，你还嫌不够档次，非要人家在所谓的英文 A&HCI 上发表文章，说只有这样，中国古代文学研究才能国际化，是不是闲得蛋痛？难道中国学者研究中国古代文学的水平还需要英语国家的人去判断，去承认？我甚至认为，中国人研究外国文学也根本不需要用英文写文章和发文章。一个中国人，写了一辈子外国文学论文，都发表在英文期刊上，国内同行和读者从未读过，然后他就吹嘘说，自己的论文在国际学术界引发了强烈的反响和广泛的共鸣，谁知道呢？据我所知，钱钟书算是国际化的学者吧，好像也是用中文写文章吧？

三是不少大学将留洋博士看得比土博士更优秀。有些大学引进洋博士的待遇明显比土博士高，有些大学甚至明文规定，评职称必须要有一年以上的海外留学经历。我得承认，洋博士的外语可能更好一些，视野可能要开阔一些，比如不少洋博士在留学期间，要用一两年时间来行万里路，美其名曰“游学”。问题是，外语更好等于见解更独到，视野更开阔等于思想更深刻吗？如果这样的话，那中国的外语学院岂不都成了思想的发源地？中国的大学老师都不读书，整天出国旅游就可以了？我倒是觉得，在信息日益全球化的时代，一个大学老师是否优秀，同他是否留过学没有必然的关系，只同这个大学老师的天赋、努力程度有必然的联系。优秀的就算没有留过学依然优秀，不优秀的就算前半生都待在国外，也还是差劲得很。

有人开玩笑说，中国大学的老师，几乎人人都会英语，却从未听说过哈佛大学的老师人人都会中文，所以，中国大学的老师要比哈佛大学的老师水平更高，更加国际化。不知道哈佛大学的老师是否同意这一说法？

不读文学作品的文学研究生

最近读到《中华读书报》对著名学者甘阳的一个访谈：《只有接触元典，才会开始独立思考》。文章谈到了如今很多文科大学生不读作品的现象：我们一般的教育，可能更多是从概论和通史进入，比如学习中国哲学就读冯友兰的《中国哲学简史》，学习西方哲学就读罗素的《西方哲学史》。中文系的学生学习了几个学期的中国文学史，却没有读过《文选》，历史系学了很多中国历史的教科书，却没有通读过《史记》。

我是中文系的老师，深为很多文学研究生不读文学作品而焦虑。因此，读到北京大学中文系洪子诚教授的一番话，极有共鸣："我读过很多硕士、博士论文，还有课堂作业，其中有一些主要是从一个大的理论框架出发，从一种基本假定出发，然后去收集印证这一理论的材料；而不是从事实出发，从复杂的材料入手，然后提出问题。历史事实、情境被肢解了，失去原来那种丰富性，遗漏了对象本身的复杂性，对象本身内容的差异与细节成为一种填充物。"（《教学的魅力——北大名师访谈录》，北京大学出版社 2010 年）。

文学研究生不读文学作品已经成为一种普遍性现象，而这种现象可以追溯到本科阶段。我曾在本科课堂上大胆预测班上学生四年至少读了 800 本书，引发一阵不好界定性质的笑声。其实，我这种预测也带有调侃的味道。根据我了解的真实情况，中文系的本科生在教材之外所读的课外书几乎是可以忽略不计的。没有阅读，加上缺乏闯荡社会之人所具备的阅历，因此，中文系的本科生乐意主动写点什么的也越来越少，因为实在不知道写什么，如何写。当然，不是说所有的大学生都需要写作，但写作毕竟是中文系学生必备的看家本领，中文系的大学生是一定需要写作的，除非已经做好了转行的打算。

不读文学作品的中文系学生，不写作的中文系学生，凭借着不错甚至超强的考试能力，顺利考上了文学研究生。有的研究文学作品，有的研究文学理论。按照常理，研究文学理论需要读一定数量的文学作品，研究文学作品更需要读大量的文学作品，否则，至少三万字的毕业论文又从何下笔？但越来越多的导师发现，由于缺乏足够的观点储备和文字储备，这三万字对不少研究生来说，如同天文数字。好在导师们已经很有“经验”了，知道让非常忙碌的弟子们再去补读足够数量的文学作品恐怕来不及，干脆直接让他们接受理论的培训，再指导他们带着理论的笼子去找作品的鸟。这样，三万字的文章中，各种新潮的概念、范畴、体系可以占据1/2以上篇幅，不仅凑够了字数，还能获得“有理论深度”的好评价。

以我有限的阅读经验，这些根本没有被消化的理论混杂了没有吃透的作品之后，变成了一团倒胃口的糨糊。这些年，只要一看到“女性主义视野中的某某”、“后殖民主义视野中的某某”、“新历史主义视野中的某某”、“后现代主义视野中的某某”之类的题目，就知道正文可以不看了，因为结论已经了然于胸，何必再浪费时间。大家试想一想，一个侠客出招之前，非要大吼一声，告诉对手自己使出的是“独孤九剑”、“九阳神功”、“降龙十八掌”、“流星蝴蝶剑”、“少林罗汉拳”、“大慈大悲千叶手”和“玉女金针十三剑”，是不是有些奇怪？难道是想让对方提前做好防守？更重要的是，此类文章大多不仅没有理论的深度和思想的魅力，而且背离了文学的灵性，消解了汉语表达的美感，让人欲哭无泪，欲笑无声，欲骂无语。

其实，文学研究生不读文学作品，不能说没有受到导师们的影响。文学研究，要么是文学理论研究，要么是用文学理论去研究文学，可我们的导师们却做成了“理论研究”或者“用理论去研究文学”（有时还变成了“用理论去研究理论”），唯独不见“文学”的踪迹。而我们的导师们信奉的“理论”多半还是生搬硬套过来的，不仅理论本身缺乏原创性，而且表述理论的语言也缺乏独立性，用高建平先生的话说：“在当代中国理论界，原创的确是许多理论家梦寐以求的事，他们在读了大批翻译作品之后，开始用艰涩的语言，捕捉一些他们还没有想清楚的意思。一些理论著作的中译本，原本由于翻译者对原意吃不透而语句生硬，到了这些理论家笔下，却有意利用这种生硬制造模糊性，从而造出含混的句子与含混的意思相适应。这样一来，理论家们写的东西越来越难懂，话语的艰涩在掩盖思想的空洞。”

当然，我不只是在笑话别人的文章，更是在反思自己的文章。幸运的是，我知道我错了，以后为了写出更文学一点的文学论文，一定多看作品。

在职读研："在职"却没有"读研"

"学历"，顾名思义，是指学习的经历。但是，学习的经历，既有真实的，也有虚构的。这不，在《吾国教育病理》（中信出版社 2013 年）中，郑也夫就专门谈到了某些官员为了更好地升迁，伪造出"真的假学历"。

所谓"真"的学历，是指某些官员最后拿到手的学历证明，无论是硕士研究生证书还是博士研究生证书，都是由中华人民共和国教育部颁发的，本本货真价实，个个有据可查，绝非来历不明，花钱买来的假证书。

所谓"真的假学历"，是指某些官员用来升迁的"学历证明"是真的，但"学历"却基本是假的。比如说一个省部级官员，在任期间，居然可以用三年时间顺利读完硕士，又用三年时间顺利读完博士，而且博士和硕士还一个是文科，一个是理科。以常识来说，硕士或者博士，就算完全脱产，专心致志学习三年，按时按质完成毕业论文，也并非易事。这个官员却能在繁杂的行政工作之余，轻轻松松完成常人全身心投入也未必能完成的工作，岂不令人生疑？何况他还直接从文科跨越到理科，更是不可思议。随着该官员被"双规"，答案也浮出水面：原来他的硕士和博士论文均是枪手捉刀而成的，连答辩也是替身去的。

据报道，在北京有的高校里的官员在职研究生班里，几乎全是秘书在上课。自然平时的作业与考试，秘书也是义不容辞。官员们象征性地要出席下期末考试，很多时候不仅题目容易，答案往往也是准备好的，就等领导签字就行。而想要弄个外国野鸡大学的博士学历，需要的仅仅是交纳一笔钱，连课都不需要上，也无需论文。总之，不少已经曝光的案例说明，不少官员“在职读研”的真实情况是——“在职”却没有去“读研”，因为本人并没有真的去“读研”，所以，读研必要的学分多半是由替身去听课考试后获得，读研必需的毕业论文多半由不明身份的人被动或主动献上。换句话说，一个从头到尾都没有去读过研的人，最后却能拿到研究生学历证明，这就是典型的“没有学习经历的学历”。

为何有些官员热衷于读真的假学位？有关部门将学历的高低作为官员晋升的必要条件之一，是外在的诱因；官员自身的贪婪和不诚实是内在的理由；部分高校的自我作践则起到了助纣为虐的效果。有识之士早已经痛心疾首地指出，利用权力买卖文凭，既亵渎了学术尊严，摧垮了社会信任体系，又为那些不学无术、投机取巧、滥竽充数的官员提供了腐败的机会。

钱钟书在《围城》中写了一个方鸿渐，其登堂入室靠的就是真的假文凭。但是，当看到《沪报》上一则消息鼓吹某人“留学英法德各大学，精研政治、经济、历史、社会等科，顷由德国克莱登大学授哲学博士”云云，他也“恨不能把报一撕两半”，因为担心“给内行人知道，岂不笑歪了嘴？自己就成了骗子，从此无面目示人！”小说中的方鸿渐终究还有一丝廉耻之心，现实中的方鸿渐们，却早已经修炼到连块遮羞布都懒得系在腰间的“境界”。

一名大学生眼中的大学生

反思中国大学教育的文章我已经读过不少，但多是由少数有良知的校长、教师和学者所写。因此，当无意中读到一篇在网上流传较久的长帖《一名大学毕业生的反思》后，不免有一种新鲜感，继而深受触动。学生作为大学教育的主体，其实对大学教育的现状最有发言权，但这么多年来，他们又几乎被剥夺了话语权，如今有机会读一读他们的反思，自然也引发了我们更多的反思。

《一名大学毕业生的反思》有一点很了不起，那就是作者作为一名学生，首先没有将大学教育的失败归责于学校和老师，而是归责于自身，这的确是一种真诚的反思而非情绪化的抱怨。在作者看来，如今的许多大学生“精神缺乏、游戏成风、忙着贴金”，哪里还有一点大学生的样子？其中有几段话可看成当今大学生真实而生动的生活写照：

在正式开始上课之后，我更加见识了大学里很多人是怎么样上课的：早晨上课铃响了之后，有很多人穿着拖鞋，边吃早点，边慢悠悠地晃进教室，吃完早点后看看上面的老师，讲得没意思，于是趴着再补一觉。有的学生干脆一睡不起。大学里有句话是这样流传的：“一觉醒来一看表十点了，继续睡到十一点半，起来连早点、中饭一起吃了。”

晚上十一点后，应该是夜深人静、正值休息的时候，如果你此时走进大学里的男生寝室，你绝对可以看到他们的夜生活才“刚刚开始”，打游戏、玩麻将或者是看武侠小说，好不热闹。鲜见一起读书、共同讨论人生智慧的场景，相反可以看到很多的大学生去网吧包夜，或者在寝室联机打游戏，他们的日常交流沟通内容就是游戏，以至于很多学生迫不得已，为了和同寝室的哥们“打成一片”而“学习”打游戏。游戏已经成为大学里男生的主要“学习内容”，而且不少人发奋用功地学习了四年。

……

我的一个同学，从大一到大四，四年的时间，除了考试和教室见个面，其他时间全部在寝室打游戏或者看武侠，反正大学里也没有人管。后来因为挂科太多被学院劝退，家长过来求情延缓时间，但于事无补，游戏照打不误，直到大四时无法毕业。另外一个同学，也是因为打游戏挂科太多被劝退，母亲来到学院跪在学院领导面前说：“我自己在家里吃剩的菜叶在供他读书，求你们给他一次机会吧！”当时我听到学院领导讲到这样的事情的时候，我的内心很受震撼。父母吃菜叶供孩子在城市里打游戏，混日子？还要求情“给机会”？给他继续游戏的机会吗？

都说可怜父母心，我想起我辛勤劳作的父母，我想起那千百万把孩子送进大学的天下父母，他们都以为自己的子女在大学里“努力学习”，所以辛苦地赚钱，无私地供养儿女“上学”，让他们解除“后顾之忧”，不用担心生活的问题。殊不知如今大学校园里，有多少人是在游戏人生。用我在西安电子科技大学一位同学的话来说：“如果他的妈妈来大学住一个星期，就一定会让他退学回去。”因为在中国“上大学”，可能是人生中一段最轻松愉快的时光了。大家可以游戏，看电视，逃课，看武侠小说，这是很多大学男生的全部生活。

女生呢？看韩剧。不少女大学生的主要学习内容就是看韩剧等各种连续剧和感情剧，一部接着一部。你能想象这就是“我的大学”么？很不幸，这一切都是真实的，而且就发生在名牌重点大学里。这些人考上大学的时候都是家里的骄傲、很多同学艳羡的对象，可是为什么他们在风华正茂的青春时代里，行为如此令人费解？当时的自己不得而知。

应该说，这位大学生所描绘的大学生生活和我们老师的观察、发现是基本吻合的。也就是说，不少大学生的大学教育的失败首先源自内因：大学生的颓废和堕落。我承认中国的大学有这样那样的问题，但不管怎么说，至少还是为大学生的成长成才提供了最基本的硬件和软件（图书资料、实验室、宿舍、食堂、教室等肯定比西南联大强很多倍）。我一直鼓励学生说，不管你们读什么样的大学，不管你们的老师是什么水平，只要这所大学给你提供了一个藏书100万册的图书馆，你就可以自学成才。湘潭大学的图书馆虽然藏书一般，但也有近300万册，不仅可以助你们成才，甚至可以助你们成为各行各业的大家和大师了。遗憾的是，大部分学生四年间泡图书馆的时间远不及他们谈恋爱的时间、打游戏的时间，所以四年后，他们都成了恋爱专家或者游戏专家。

奇葩儿子背后的奇葩娘

我一直认为，我们既不能低估学校教育的作用，也不能高估学校教育的价值。一个孩子的成长，是一种合力的结果。而各种力量中，父母的教育是不可忽视的。换言之，父母也是最好的老师，从某种程度上说，有什么样的父母就有什么样的孩子。

2014年8月29日，我读到一则哭笑不得的新闻：《长沙一29岁男子啃老被赶出家门　状告父母不养》。话说四肢健全、身强体壮的当代中国青年匡正轩（或叫匡嘉良）小学毕业后，由于没有文化和特长，只能干体力活，却又偏偏怕苦怕累，学木工半途而废；学理发，半个月后逃之夭夭；做人体模特，又受不了一坐四五个钟头……干得最长的工作是餐厅端菜员，一年半载不到，因为不受老板“尊重”而回到父母身边。年迈的父母终于忍无可忍，一气之下将儿子赶出了家门。即将而立的儿子也终于“忍无可忍”，一气之下，找来记者诉苦，还声称要寻求法律援助，状告父母“不养之罪”。

常不回家看看，不给父母零花钱，啃老，被视为当代社会最不孝顺的三种行为。其中尤以“啃老”最令人深恶痛绝。有关数据表明，我国有65％以上的家庭“老养小”，有30％左右的成年人依靠父母为其支出部分甚至全部生活费。

这位仁兄是将“啃老”演绎到极致了。但据可靠消息，匡正轩同志并非富二代，严格意义上说，只能算是“贫二代”。不是说，穷人的孩子早当家吗，他为何违背了这一普遍性规律？邻居戴志高先生一语道破天机："也怪他娘，从小不让他做事，弄得现在不肯做事了。"

哦，原来，父母也是最好的老师，一个奇葩的儿子背后原来有一个奇葩的娘。

如今只要上《党员的修养》《大学如何度过》之类的思想教育课，我一定先讲几段自己小时候苦得不行的往事。读小学的时候，很少吃到糖。有一天，我奶奶不知道从哪里捡来一条麻袋。这不是一条普通的麻袋，而是一条刚装过红糖的麻袋。奶奶坐在屋檐下，在和煦的春风和明媚的阳光下，用一根筷子，刮呀刮，一个上午居然刮出一大碗夹杂着麻袋丝的红糖。中午有糖水喝了，奶奶一脸的成就感，我一脸的幸福，尽管那时还没有听过"幸福"这么时尚的词。读初二的时候，中午吃饭，饭是自己带米在食堂蒸的，菜只能从当地农民那里买。我从一个农民大妈那里买了一块小香干，放在饭盒里，兴冲冲地跑向教室的走廊。因为跑得太快，香干不小心掉到了地上。我好想捡起来，因为身上只剩下一毛钱，不捡回来的话，中午真的只能吃"饭"了。但是我知道很多同学都在看着我，所以，我还是没有捡回那块香干。为这事，我后悔了很多年：如果当时脸皮厚一些，捡回那块香干，找自来水冲一冲，还是能吃的。

物质的极度匮乏，让我很小的时候就非常的努力，因为生活告诉我，父母是"靠不住"的，那么自己的未来只能靠自己了。

为买 100 斤瓜子的老师一辩

娄底卫校某班 16 名学生上课嗑瓜子，班长劝说未果，班主任一气之下，自掏腰包买了 100 斤（一说是 30 斤）瓜子，让学生“一次嗑个够”，但只有一个学生嗑完了，其他学生只能求饶认错（“中国网”2014 年 11 月 29 日）。

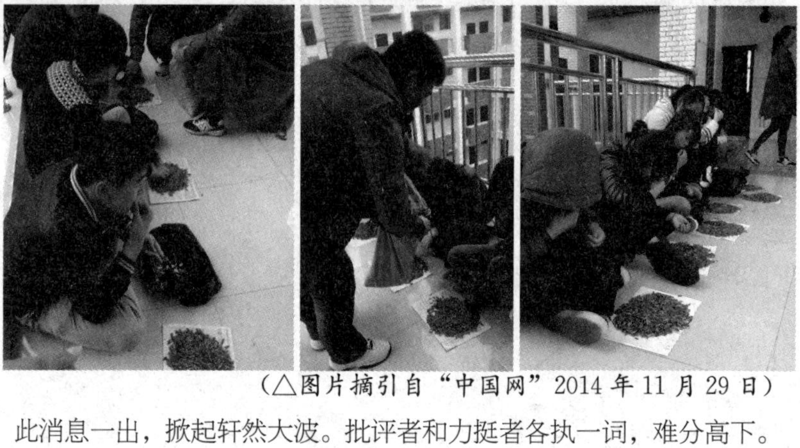

（△图片摘引自“中国网”2014 年 11 月 29 日）

此消息一出，掀起轩然大波。批评者和力挺者各执一词，难分高下。

在众多批评者中，网友“缘来”有一定代表性。他在博文《老师买百斤瓜子罚学生磕羞辱了谁?》中“慷慨陈词”，痛斥老师此举的目的在于羞辱学生，但最终是羞辱了自己。为此，他还提出三条“建设性意见”：首先，老师应该反思自己的教学水平和教学艺术；其次，老师应该掌握教育的艺术；再次，老师一定要有宽广的胸怀。言下之意，这位买瓜子的老师不仅课上得不好，而且缺乏教育方法，更致命的是，心胸还很狭隘。

但也有不少网友力挺这位老师。

郭萍说：“我觉得谈不上羞辱，只是班主任的一种方式罢了。现在的孩子不好教，老师也不是万能的，只是简单的普通人，不要过分苛求。”

“以梦为马”说：“这只是教育方式的差异罢了，没必要过多指责，又不是体罚得惨不忍睹!”

……

作为一名曾经的大学生和如今的大学教师，我还是比较坚定地站在这位买瓜子的老师一边，为他一辩。

首先，教师不仅有表扬学生的义务，也有批评乃至惩罚学生的权利。以任何冠冕堂皇的理由剥夺教师的批评权和惩罚权，都是不应该的。而这位买瓜子的老师，在学生犯了错误还屡教不改时，自然有权利履行他的批评权和惩罚权。如果一个教师的批评权和惩罚权都被站着说话不腰疼的有关专家们剥夺了，那教师真的连最后的尊严也没有了。

其次，学生的成长既离不开鼓励，也离不开各种打击。无鼓励的教育肯定不对，但无打击的教育也未必合理。这 16 位接受过瓜子打击的学生，想必从此长记性了。至于“专家”担心的学生的心灵会因此受到创伤，大概属于杞人忧天。学生的心灵会脆弱到这个程度吗？应该不会！如果会，那大概也因为此前学生从未受到过任何的挫折教育，所以，一旦受到一丁点惩罚就受不了。正因为如此，以后更应该多打击他们，以增强他们的抗压能力。诸位想一想，从小被骂“土鳖”的俞敏洪，一直被讥笑为“外星人”的马云，如今变得多强大啊。我读初中的时候，也被英语老师骂为“猪脑袋”，现在不也活得挺好吗。总之，在成长的过程中，既被赞美过，也被“羞辱”过，长大后才能学会宠辱不惊。

最后，这位老师应该是很有想象力和幽默感的。小时候，我特别喜欢吃煎鸡蛋，但苦于家境贫苦，好不容易吃一次也只能吃一个。意犹未尽的我，就表达了强烈的渴望和没有得到满足的不满。有一天母亲一次煎了十个鸡蛋给我吃，我吃到第五个的时候，就反胃了，从此不再想吃煎鸡蛋了。没有想到这位老师偷学了我母亲的教育方法。学生喜欢嗑瓜子，就让他们吃到想吐，想必以后请他们嗑瓜子，他们也不嗑了。诸位可以想象，16 个学生分成两排，坐在走廊上同时嗑瓜子，那场景多喜感！旁观的学生乐了，老师乐了，连嗑瓜子的学生也会暗自苦笑。其中一个特喜欢嗑瓜子的学生更是乐不可支：原来犯了错误还有这么“甜蜜”的惩罚啊！

其实，这位买瓜子老师的“经验”还可以进一步推广，比如有学生上课喜欢嚼槟榔，就买20包槟榔，让他一次嚼完；有学生上课喜欢转笔，就让他一次转十个小时，不能让笔掉下来；有学生喜欢说笑话，就让他对着墙壁自言自语一天不停歇……

刘再复说：我对美国学校最不满意的地方是老师不敢批评学生。他们在“尊重学生自由发展”的名义下，任凭学生为所欲为。如果一个学生回答“2＋2＝5”，老师不说“你答错了”，而说“差不多，再想想还可不可能有别的答案”，我认为，如果都采取这种“正面态度”，那么，对学生染上社会风气的病毒，就无法治疗。

这个观点，我举双手赞同。我一直以为，对学生的成长而言，批评甚至打击，和鼓励表扬一样重要。如果说批评就要毁掉一个人的话，那从小被人讥笑为“外星人”的马云，大学期间一直被同学当成“土鳖”的俞敏洪早就灰飞烟灭了。

人生不需要跳级

又读到一则“跳级”的新闻——《13 岁男孩从小学 4 年级直跳高中考上大学》(《天府早报》2014 年 8 月 31 日)，我早已没有少年时代的羡慕和崇拜，只因为我对人生的理解已不同往昔。

孔子说：“吾十有五，而志于学。三十而立，四十而不惑，五十而知天命，六十而耳顺，七十而从心所欲，不逾矩。”我对这句话的体会就是：人在不同的阶段做这个阶段应该做的事，达到这个阶段应该达到的状态，该体验的都体验了，然后走向死亡，便合乎天理，顺其自然，乃道德之举。

我之所以在学生中间鼓吹奋斗，是因为有太多人在 30 岁的时候还是 20 岁的能力和心态 (比如自己养不活自己，甚至还没有养活自己的意识)，40 岁的时候还不学无术，对人生、社会和自己一无所知，等等。就是说，我鼓吹奋斗的目的是希望学生在生命的各个阶段都不要掉队，如果大家都是 18 岁左右读大学，有人却 30 岁左右才参加高考，这毕竟不值得鼓励；如果大家都是 30 岁左右立业成家，却有人 50 多岁了，还自称是为了梦想住地下室的单身的北漂，这毕竟不值得表扬。

但我从不鼓吹超常奋斗。试想一下，13 岁的小孩没有读完小学，更没有读过初中和高中，直接进入大学，这和一个十七八岁的人就结婚一样，其实也是不正常的。就是说，他提前体验了读大学的感觉，但是读初中和高中的感觉他永远不知道是什么。他直接从童年进入青年，少年的滋味他永远不知道是什么。从庸俗成功学的角度看，他或许是成功了，但从人生的角度看，从幸福的角度看，他的生命体验缺少了两个重要的环节，而且这两个环节是永远弥补不上了。

再想一想，一个 13 岁的未成年人和一群成年人在学习上竞争、在工作上竞争、在爱情上竞争（谁愿意和小孩谈恋爱啊），真的有些残忍。再补充一句，人的发展应该是立体的，智力在立体的人中只占很小的一部分，仅仅将智力上的暂时领先视为榜样，也是不负责任的。

只是我们的记者，要么不懂教育，要么不懂人生，要么只为吸引读者眼球，动不动将一些学习上的童工当作全社会的楷模，大肆宣传，竭力渲染，于是，便有了《15 岁女生被东南大学少年班录取》《15 岁学生被山东大学破格录取》《湖南 6 名初中生考上大学》之类的“新闻”扑面而来，躲也躲不过。以此类推，如今读到什么“22 岁史上最年轻的教授级研究员”“中国最年轻的 28 岁的教授”“中科大 28 岁的美女博导”之类的标题，我也觉得特别的无聊和脑残。

人太晚熟，可叹，人太早熟，也可叹；30 岁的人 20 岁的大脑，可怜，20 岁的人 30 岁的心智，也可怜。所以说啊，人生不鼓励留级，因为时间有限，留级太多，后面该到的景点来不及看了；人生也不张扬跳级，因为景点有限，跳级太多，中间该到的景点就会错过。

人生，就是跟着大部队，慢慢走啊，欣赏啊。

为“大家”必须舍“小家”吗？

大学教师还要承担服务社会的职责，所以，2014年暑假我为湘潭市总工会干了点活，帮助他们编的《最美群众贴心人风采录》中的主人公写评语，于是读到了不少中国式的“舍小家为大家”的感人故事：

工作20多年来，他几乎没有好好休过年假、探亲假、病假、事假，甚至连结婚假都未休完就上班了。那年7月，得知母亲病重，他请探亲假准备接母亲来湘潭治病，或许是许久没有见到儿子，那天母亲心里高兴，精神状态格外好，他以为病情好转，就把治病之事暂缓，考虑当时办公室人少事多，工作繁重，他第二天就回单位上班，谁知竟是母子最后的诀别！

——《愿为大树敢于担当 愿做小草甘于奉献》

她女儿今年读高三，爱人也工作繁忙，父母均在外地，无人照顾女儿。每每和住校的女儿通电话时，她听到的最令自己心酸的话就是：“妈妈，某某同学的妈妈又送好吃的来了。”她心里非常自责：“女儿，不是妈妈不想做点营养的东西给你吃，是妈妈实在抽身不开啊。”

——《牢记宗旨为群众 忠诚履职促稳定》

该书一共写了35位“最美群众贴心人”，几乎每位主人翁都有为了“工作”，为了“单位”，为了“群众”，牺牲为人子、为人母、为人妻、为人父之职责的事迹。在记者看来，或许也在大部分中国人的潜意识中，当家庭和“工作”发生矛盾的时候，顾及家庭、暂舍工作是普通人的选择，牺牲家庭、选择坚守岗位是高尚之人的标志、换言之，对别人好于对家人是衬托一个人伟大的最好证据，是彰显“大爱无疆”的最好案例。于是，时不时都能看到这样类似的新闻：

日本自行车手河源启一郎有一个愿望，就是能骑自行车环游世界。到现在为止，他已经骑着自行车走过了十几个国家。三个星期前，河源启一郎来到了武汉，让他怎么也没预料到的是，跟着他环游世界的自行车在武汉竟然不见了。17 日晚 9 时，武昌公安分局东亭派出所接到河源启一郎报警，称其停放在东亭辖区汉街入口处的自行车被盗。派出所接警后当即予以立案，并组织开展侦查。20 日，武汉市公安局抽调精干刑侦力量，参与此案侦查。武昌警方表示，将为河源启一郎提供一辆自行车，以方便其继续武汉之旅。

——《日本人丢了自行车，武汉警方抽调精干刑侦力量!》

南京市青奥组委会召开了果蔬供应情况新闻发布会，记者了解到，直供青奥会运动员餐厅厨房的蔬菜、水果鲜切小包装，全部在新农集团汤山翠谷现代农业科技园生产，包括“青奥菜谱”所需的 40 种蔬菜、14 种水果，都要确保重金属、农残、微生物的检测达标。昨天，现代快报记者探访了青奥物流中心、果蔬总仓，这里的饮用水、果蔬都要通过层层安检才能“出炉”。

——《饮用水要有“四证”才能进赛场　香蕉皮上有一个黑点都不行》

大爱和小爱、爱工作和爱生活、爱他人和爱家人一定是水火不容、势不两立的吗？一个人的高尚一定要建立在愧对家人的基础上吗？一个人的崇高一定要通过让家人痛苦的方式才能实现吗？古人云：“爱己家以及人之家，爱己国以及人之国。”对别人好，是一种境界，但同时也对家人好，难道就不值得学习了吗？

什么是学术成果？

在2013年6月7日的《河北青年报》上，刊登了著名翻译家林少华的一篇文章《二级教授历险记》。文章写得很黑色幽默，看得我哈哈大笑，看得我伤心落泪，看得我心惊肉跳。

林少华是青岛海洋大学外国语学院的三级教授，禁不住凡尘俗世的“诱惑”，申报了更高一级的二级教授。学校的申报条件有七条，内容提要如下：1. 遵纪守法，为人师表；2. 45周岁以下者应有博士学位；3. 成果众所公认；4. 授课语惊四座；5. 执掌国家项目；6. 论文所向无敌；7. 健康状况良好。逐条对照下来，除第5条以外，其他6条，林少华都多少沾边儿。尤其首尾两条绝对符合：从不为非作歹，走路健步如飞。

历经九九八十一关后，文科只有林少华和一位管理学院的W教授进入终极PK。最终结果，聪明的读者已经猜到了：当代著名翻译家，影响力超越学科的林少华教授败给了名不见经传的W教授。原因是林少华的学术成果没有W教授多。其实林少华的学术成果原本比W教授多很多，但是大部分没有获得学校的承认，所以最终算下来，就比W教授少很多。

林少华未被学校承认的学术成果主要是他的50多本译著，以及散文集、杂文集、随笔集。散文集、杂文集、随笔集不算学术成果，姑且算合理吧，但将一位外语教授的译著，而且是又多又好的译著，不算作学术成果，恐怕有违

“外语专业”的特性吧！难道译著不比论文更能体现外语专业老师的学术水平？

林少华的遭遇在当今大学里比比皆是，见怪不怪。比如在中文系，散文集、杂文集、随笔集不算学术成果，而研究散文、杂文和随笔的论文却算学术成果。像我的同事S教授出了一本高品位的散文集《小屋》，30多万字，年终不能算任何工分；我给《小屋》写了一篇短评，3000多字，发表在CSSCI期刊上，年终得科研津贴2000元。再比如四川师范大学有一位著名的作家，已经出版高水准的长篇小说多部，他主讲的课也是写作，可是一直评不上教授，因为缺乏写作学方面的论文。而他中文系的同事写了几篇评论他的小说的文章，发表在核心期刊上，顺利晋升教授。还比如在艺术学院，艺术创作不算学术成果，但艺术评论却算学术成果。艺术学院老师A画了一幅油画，发表了，展出了，好评如潮，评教授时却不算；艺术学院老师B从不搞创作，对创作也一窍不通，但“理论素养”很高，就给这幅油画写了个评论《表现主义视野下的某某油画创作》，发表在权威期刊上，后以此为代表作顺利评上了教授。

很显然，当今高校对学术成果的界定和评价，的确存在着“官方”和“民间”、“体制”与“学界”、“普遍性的标准”与“专业的特性”对立的情况。以至于官方、体制推崇的学术成果往往违背了专业的特性，得不到学术共同体的认可；而民间、学界推崇的学术成果往往不符合“普遍性的标准”，得不到官方和体制的认可。

一位大学老师，如果才华、精力足够的话，当然可以脚踩两只船，在官方和民间、体制内和体制外自由穿梭；如果才华、精力有限的话，那么，则应该在官方和民间、体制内和体制外做出选择。

请别侮辱八股文

我曾将如今的学术论文讽刺为“新八股”，现在看来，是我错了，我不应该侮辱“八股文”。我觉得自己犯的错误，严重程度相当于骂那些干坏事的人“猪狗不如”一样。猪和狗比某些人善良多了，我们可以骂某些人，但怎么能够侮辱猪和狗呢？八股文比我想象的精彩多了，我可以鄙视如今的那些论文，但怎么能骂八股文呢？所以，我要向八股文郑重道歉。

八股文，又叫制艺、制义、时艺、时文（相对于古文而言）、八比文等。它要求文章必须有四段对偶排比的文字，总共包括八股，所以称八股文。“股”或“比”，都是对偶的意思。

八股文滥觞于北宋。王安石变法，认为唐代以诗赋取士，浮华不切实用，于是并多科为进士一科，一律改试经义，文体并无规格，不一定要求对仗排偶。但有的考生不自觉地运用排比笔法，写成与八股文类似的文章。元代科举考试，基本沿袭宋代。明代洪武元年（1368），诏开科举，对制度、文体都有了明确要求。成化年间，经王鏊、谢迁、章懋等人提倡，八股文更为兴盛，并逐渐形成比较严格的程式。此后，一直沿用下来，直到戊戌变法后，才随着科举考试的停止而被废除。

八股文大致有四个基本特点：一是题目一律引用“四书五经”中的原文。二是内容必须以程朱学派的注释为准。三是体裁结构有一套固定的格式。全文由破题、承题、起讲、入题、起股、中股、后股、束股、大结等部分组成。四是字数有严格的规定。明初制度：乡试、会试，用“五经”义一道，500 字。“四书”义一道，300 字。清康熙时要求 550 字，乾隆以后一律以 700 字为准。

时至今日，人们认为八股文最大的罪过在于“只有形式，没有内容”。就算这一判断是成立的吧，也不等于说如今的学术论文可以与它相提并论，原因很简单：如今的大多数学术论文“既没有内容，也没有形式”，给当年的“八股文”提鞋的资格都不具备。

一般而言，好文章是“义理、考据、辞章”的统一。八股文因为精短，所以谈不上有什么“考据”；八股文只为应试而作，所以“义理”也欠缺。但是，不得不承认，它在“辞章”方面足以让今人汗颜。八股文文精意赅，“理尽一言，语无重出”，在表达的简洁有效上达到了极致。吴敬梓在《儒林外史》第十一回写道：“八股文若做的好，随你做什么东西，要诗就诗，要赋就赋，都是一鞭一条痕，一掴一掌血。”大意是说，一个人戴着镣铐还能跳舞，一旦卸下镣铐，那还不想怎么跳就怎么跳。

相比较而言，今日的多数学术论文，就像懒婆娘的裹脚布，又臭又长，“义理”、“考据”和“辞章”无一具备，完全是在损害汉语的形象和魅力。问题是，这些论文的炮制者不以为耻，反以为荣，常常为自己的“大作”发表在什么权威级期刊，获得了什么高级别奖励，拿到了多少丰厚的奖金而洋洋自得，然后对那些既有“义理”，又有“考据”，还有“辞章”的非“论文”嗤之以鼻，就像吴志翔在《所谓学术，一种集体的迷狂》中所嘲讽的那样：“所以有的人不管文章写得多好，搞学术的人提到他总是大不以为然，认为他的学问做得很差。有的哲学文章里无论人生体悟多么丰富，搞哲学的人也不太看得起他，认为他根本就不是一个上得了台面的哲学工作者。论文嘛，是必须‘严谨’到密不透风的，必须是用那一套一套的概念的，必须要提到一串一串的人名的，后面还要拉上一堆一堆的参考文献、引用书目的。论文的质量很多时候就靠你那些引文来判断的。换句话说，论文是必须让人看得头皮发麻的，必须面目可憎枯涩如僵尸的，必须是要让人看不懂的。那样才有专业性，才有理论深度，才有学术价值。”

著作的价值不如论文？

最近读到记者周怀宗访谈方舟子的一篇文章：《学术出版混乱 垃圾专著误国误民》（《北京晨报》2014 年 8 月 12 日），里面有些观点属于信口开河的情绪表达，说明学理工科的方舟子对文科方面的事并不是很熟悉。

方舟子说："所谓学术著作的意义有限，远远不如论文。学者圈中的人，很少去看学术著作……一个学术成果恰当的发表渠道是学术期刊，特别是国际上著名的期刊。"这段话里面的三个观点都是值得怀疑的：

"所谓学术著作的意义有限，远远不如论文"与事实不符。在过往，著名的文科学者，远的如柏拉图、亚里士多德、马克思、恩格斯、黑格尔、康德，近的如钱钟书、朱光潜、季羡林、费孝通等等，主要是通过学术著作而非论文来表达思想的；就算在当下，被公认的好学者，如李泽厚、刘再复、刘小枫等等，也都是以书而非论文扬名立万的。

"学者圈中的人，很少去看学术著作"也是未经过调查的想象之语，哪怕是一个中等层次的文科学者，一般只要在写某篇论文的时候，才会集中看一些相关论文，而平时的常规阅读却是以著作为主。

"一个学术成果恰当的发表渠道是学术期刊，特别是国际上著名的期刊"，这显然是把自然科学的评价标准照搬到文科领域来了。文科的历史上，稍有声誉的学者基本都是通过出版著作来发表学术成果，只不过，近十多年来，由于一些学理工科的人掌握了话语权，把论文，尤其是所谓的国际期刊上的论文推崇到无以复加的地位，严重挫伤了文科的发展。按照这一套标准，钱钟书、朱光潜、季羡林、费孝通他们都因为缺少论文，尤其是缺少国际期刊论文而将被视为不入流的学者。

方舟子说："一个学术成果恰当的发表渠道是学术期刊，特别是国际上著名的期刊。第一，它有同行业的评价，其二，学术期刊的评审本身，往往就是领域中非常好的，甚至是顶尖的学者。而学术专著则没有经过这两个环节的评价过程，一般来说，出版社同意，就可以出版，质量当然堪忧。所以说，它对学术本身是没有多大意义的。"

这段话显然高估了学术期刊评审论文的公正性和客观性，低估了出版社评审著作的公正性和客观性。我承认，给钱就出书的情况的确比较普遍，所以，我常常开玩笑说，如今在有些"国家级"出版社出书，要么证明作者有钱，要么证明作者所在单位或学科有钱。但我补充三点：第一，有不少出版社并不是给钱就可以出书的，比如商务印书馆、三联书店、广西师范大学出版社。第二，还有不少出版社不给钱也给你出书，只要你的书足够好。第三，给钱出的书至少也有 1/3 是不错的书，可能不一定是经典，但统统称之为"垃圾"恐怕不妥。

至于学术期刊对论文的评价，在圈内混的人都知道，远没有方舟子所说的那样好，恰恰相反，混乱、腐败的程度令人咋舌。包括一些所谓的顶尖期刊，同样花个人或者公家的钱可以搞定。但需要强调的是，还是有不少期刊不花钱也可以发文章，还是有不少期刊既发花钱的文章也发不花钱的文章，还是有不少文章虽然花了钱但也算是好文章。总体而言，发表论文和出版著作的情况基本差不多，并不存在前者比后者纯洁高尚。而就我的阅读经验来看，这十多年来，好的著作虽然不多，但也有不少，但好的文章则几乎没有读到。

方舟子说："学术出版之所以泛滥，和我们的学术评价机制的落后有关，一本学术专著背后，是一整条完整的利益链……对于著作者来说，一来可以用出版图书的方式申请经费，或者当做科研项目的结题成果，同时还能够名利双收，甚至作为自己的学术成果，评职称、提升待遇等，何乐而不为?"这段话说到点子上的也没有几句。当前的学术评价机制的确落后，但方舟子不知道的是，落后的原因不在于看重学术著作而在于看重论文。当今学术界真正泛滥的是论文，论文泛滥的原因就是我们的评价机制太重视论文了。而学术出版虽然问题多多，但并没有达到“泛滥”的程度，原因有三：一是写一本书的确比写一篇文章难，不是每个人都能写出一本书的，方舟子说写一篇好文章比写一本书难，拿“书”和“好文章”对比，这是犯了逻辑上的错误，他不知道，写一本“好书”肯定要比写一篇“好文章”难，至少工作量要多几倍吧？二是出书的钱比发文章的钱要多很多，不是每个人都舍得拿出三万、五万的。三是单位算工作量，尤其是评职称，书基本不算数，论文才是关键。所以我想说，如今一个文科学者痴迷于发论文，恰恰是为了迎合评价体制，是为了功利而学术；但一个学者经常出书，绝不是像方舟子所言说的那样，是为了什么利益，因为书出得越多，时间、金钱、荣誉方面的损失可能越大。但为什么还有很多学者喜欢出书呢？主要的理由是：他们比热衷发论文的学者更热爱学术，更想通过分量更重、信息量更大的著述方式集中阐述自己的思想。

方舟子说：“出版垃圾专著，其实给一些学者提供了捷径，他们没办法发表高质量的论文，因此去出版一本专著，应付课题、评定职称，甚至因此获奖。这对认真研究学术的人，无疑是一种伤害。一个人十年研究，在国际知名的期刊上发表了一篇论文，还不如人家几个月拼凑出来的一本垃圾书，这样的结果，谁还愿意认真做研究呢？所以，专著作为学术成果，使得学术环境失去了公平，也使得踏实做事情的人难以获得认可，反倒是投机取巧的人得到承认，最终伤害的是学术本身。”

这段话中的常识错误、逻辑错误太多了。由于对文科的评价向理工科靠拢，所以出版专著基本上是赔本的买卖，但依然有不少学者对出版专著情有独钟，是因为他们相信以论文来衡量学者的价值是一种违背文科特性和文科历史的行为，而不是因为“没办法发表高质量的论文”——易中天、刘再复、李泽厚、刘小枫他们如果想的话，会发表不了高质量的论文吗？更不是因为“应付课题、评定职称”——绝大部分课题都不需要专著只需要论文结题，至于评职称，专著的作用可以忽略不计。至于“在国际知名的期刊上发表了一篇论文，还不如人家几个月拼凑出来的一本垃圾书”这样的话，显然是外行话。要知道，在当今的评价体系中，“在国际知名的期刊上发表了一篇论文”要比五十本哪怕是《资本论》《管锥编》这样的经典专著都“有用”。概而言之，当今评价体制正因为太偏爱论文轻视专著才导致没有人愿意认真做研究，才导致学术环境失去了公平，才导致一些真正做学问的人难以获得认可，反倒是一些投机取巧之人，通过运作、买卖等方式发表了一些所谓的权威论文、CSSCI论文而名利双收。

方舟子批评学术出版乱象的动机是好的，但说了不少以偏概全、不着边际、混淆视听的话。考虑到他是学生物学的，对文科不熟悉，所以还是可以原谅的。

文史哲还是分家好

古代的哲学家、思想家吴黑子最早提出“文史哲”不分家的观点，后来，司马迁又在《史记》中说道：“华夏五千年，文史不分家。”时至今日，“文史哲不分家”已经成为一条治学的经验之谈。

有识之士都认识到，文学、历史和哲学，只是人类精神的不同表述而已，三者之间有着内在的相通性和互补性，故研究文学者，要有相当的历史和哲学素养，才能触类旁通；研究历史者，要有相当的文学和哲学素养，才能左右逢源；研究哲学者，需要相当的历史和文学素养，才能融会贯通。

当然，在现实生活中，最推崇“文史哲不分家”的其实是文学研究者，在他们看来，文学研究的最高境界是走向历史，尤其是走向哲学，所以，一个文学研究者如果不读历史和哲学书，简直不可理喻，无法想象。在我的印象中，历史研究者可能比较强调“哲学”的重要性，似乎很少提及“文学”的意义；哲学研究者可能自认为哲学已是文科之王了，所以很少提及“历史”的价值，更不会觉得读文学作品有多大的必要。就是说，真正将“文史哲不分家”挂在嘴边并落实到行动的，其实只有文学研究者。

作为一个文学研究者，我常常因为历史和哲学素养的欠缺而无法看穿、看透文学作品，所以我举双手赞成“文史哲不分家”的理念。但是，我不得不提醒诸位，谨防冒牌的“文史哲不分家”损害我们的文学研究。

我发现，在文学专业，“文史哲不分家”已经走向一个极端。像本科阶段的很多课程，诸如“中国古代文学史”“中国现代文学史”“中国当代文学史”“外国文学史”等，基本都是用宏大叙事讲文学的历史而不是阅读和分析具体的文学作品，这给人一种错觉，中文系完全可以合并到历史系中，成为历史系的一个分支，就叫做“文学史”，以与“社会史”、“政治史”相对应。研究生阶段则更进一步，连名称里含有“文学”两字的课程都不见了，有的课程虽然名称中含有“文学”的字样，但老师也会把它讲得很不文学，以显示自己的广度和深度。以我的观察，文学专业的老师读的作品远没达到文学研究者应需的数量，文学专业的学生在老师的熏陶下，哪怕读完博士了，也没有看过几部像样的文学作品。

目前的文学研究者，虽然还需要继续加强历史和哲学的素养，但最需要恶补的应该还是文学素养，否则，面对活生生的文学作品时，要么失语，要么胡言乱语。这些年，文学研究者捣鼓出来的文学研究论著，不仅历史的味道不足，哲学的劲道有限，甚至连文学的气味也闻不到了。

鉴于上述分析，我想对一些文学研究者（也包括我自己），以及准文学研究者（包括文学专业的本科生、硕士生和博士生）们建议：文史哲暂时还是分家好，等有一天，自己的文学作品读得足够多了，感性体验足够丰富了，再去感受历史的厚重和哲学的深邃也不迟。

大学校长的任期

据报道，2015 年 2 月 15 日，北京大学举行全校教师干部大会，在会上中组部副部长潘立刚宣布，林建华担任北京大学校长，免去王恩哥的北京大学校长职务。王恩哥从上一任校长周其凤手中接过北大校长帅印，至今还不到两年。林建华 2013 年 6 月至 2015 年 2 月任浙江大学校长，也不到两年。这则新闻让我对大学校长的任期产生了兴趣。

根据中国人民大学“中国大学校长素质研究”课题组的调查显示，我国大学校长的平均任期为 4.1 年。但如果以美国为参照系，这个数据就不太正常了，因为美国大学校长的平均任期为 12.2 年。

2013 年 6 月，美国耶鲁大学校长理查德·莱文卸任，其任职时间是 1993—2013 年，整整 20 年。与莱文校长同期，1993 年到 2013 年间北京大学先后有五位校长在任，分别是吴树青、陈佳洱、许智宏、周其凤和王恩哥。中国大学校长更新的频率和中国体操运动员换代的频率旗鼓相当，可谓“江山代有人才出，各领风骚三五年”。

再以世界上最好的大学哈佛大学为例。在 378 年（1636—2014）的办学历史中，哈佛大学共有 28 位校长，平均任期为 13.4 年。其中任期 20 年以上的校长有六位：

詹姆斯·布莱恩特·科（James Bryant Conant），1933—1953，20 年。

德里克·柯蒂斯·博克（Derek Curtis Bok），1971—1991，20 年。

约瑟夫·威拉德（Joseph Willard），1781—1804，23 年，如果不病逝，可能会更长。

阿伯特·劳伦斯·洛厄尔（Abbott Lawrence Lowell），1909—1933，24 年。

爱德华·霍利奥克（Edward Holyoke），1737—1769，32 年，如果不病逝，可能会更长。

查尔斯·威廉·爱略特（Charles William Eliot），1869—1909，40 年，如果不主动辞职，还可以更长。

新中国成立前，任期较长的大学校长有很多，如有蔡元培，任北大校长 11 年；竺可桢，任浙江大学校长 13 年；蒋梦麟，任北京大学校长 15 年；梅贻琦，任清华大学校长 17 年，1955 年由美赴台主持“清华复校”，又任新竹“国立清华大学”的校长多年，直到在台湾去世；李登辉，任复旦大学校长 25 年；张伯苓，任南开大学校长长达 40 年。

新中国成立后到 20 世纪 90 年代之前，我国也有不少大学校长的任期比较长。如张楚廷，任湖南师范大学校长 14 年；蒋南翔，任清华大学校长 14 年；钱伟长，任上海大学校长 27 年；匡亚明，任南京大学校长 18 年；王亚南，任厦门大学校长 19 年；朱九思，任华中科技大学校长 24 年，而他们无一例外都是非常杰出的教育家型校长。

有论者认为，纵观我国近现代高等教育史，基本上留名青史的被公认的好校长都是任期十年及以上的。之所以如此，是因为足够长的任职有利于校长全面了解、熟悉大学，并在此基础上提炼出自己的治校理念和方针并实施下去。任期短，要么校长的座椅还没坐稳坐热就得走人，根本来不及提出自己的一套办学思想，要么虽然来得及提出办学思想，但却来不及好好实施。

耶鲁大学校长理查德·莱文曾在中国大学校长论坛上发言说：“我认为，给大学校长的时间至少应该是十年。”这句话赢得中国校长的热烈掌声。

大学之大=大门之大？

就校门而言，中国有三所大学给我留下了极为深刻的印象，一所是西南联大，一所是湘潭大学，一所是聊城大学。

西南联大的校门，如下图所示，两根由石头垒砌的柱子上面，横挂着一块黑色的宽木板，上面刻着八个苍劲的白颜色汉字：国立西南联合大学。其造价，换算成今日的人民币，可能也就两三千块钱。所以说，西南联大的校门是最“寒酸”的大学校门，估计没有之一。

图　西南联大校门

1998 年，正读大二的我，在《中国大学生》杂志上初见湘潭大学校门，可谓一见钟情：世界上居然还有这样一所大学，它的校门是如此的简约却又如此的不简单，太有辨识度了，太有诗意、太有象征性、太有想象空间了，有机会一定去朝拜一下。两年后，我终于如愿以偿，考入湘潭大学读研究生，毕业后留校任教至今。有一年，我在本科生毕业典礼的发言中说："如果你是湘大人，你一定曾在路过三道拱门的时候，向上大喊一声，然后听他的回声。"引起了惊涛骇浪般的掌声。

图　湘潭大学校门

三道拱门到底是什么意思呢？是学生们笑称的"南苑、北苑和联建"这三个校区？是代表"本科、硕士和博士"的三个办学层次？是三个"人"字然后组成一个"众"字——鞭策大家要精诚团结、众志成城？是繁体字的"山"字——勉励师生勇攀真理的高峰？是文、理、工的三位一体——体现湘大是一所综合性大学？是"一生二、二生三、三生万物"的哲学思维的体现——启示我们要胸怀天下和宇宙？是一把钥匙的匙尖——寓意谁能握住钥匙的尾端，谁就能开启人生和幸福的大门？毫无疑问，湘潭大学的校门是最素朴的大学校门，也是象征含义最丰富的大学校门。

聊城大学的校门，只见过图片，但也着实被吓着了。据媒体报道，当时造价是8000万人民币，被誉为"齐鲁第一门"。媒体也太保守了，如果这个造价准确的话，那它完全配得上"天下第一门"的名号。简言之，相比于西南联大校门的寒酸，湘潭大学校门的素朴，聊城大学的校门堪称世界上最奢华的大学校门之一。

聊城大学校门打破的纪录是南昌大学刚刚创造的。南昌大学校门全长323米，造价2000万左右，建成之初，有"亚洲第一门"之称，引发一片唏嘘和痛骂。"好"在聊城大学校门横空出世，抢了它的风头，大家的注意力也就自然地转移了。

西南联大校门"建于"20世纪三四十年代，湘潭大学校门建于20世纪70年代，聊城大学校门和南昌大学校门都建于新世纪之初。校门含"金"量的高低大抵也反映了大学理念的变迁：过去的大学信奉“大学，非大楼之谓也，乃大师之谓也”，如今的大学吹捧“大学，非大师之谓也，乃大门之谓也”。

可是，有理由相信，从西南联大的校门中看到的应该是“精神”，从湘潭大学的校门中看到的应该是“品位”。

换易中天的五个本科生还好吗？

易中天走红后，关于他的传说乃至传奇就铺天盖地了。作家野莽所著的《刘道玉传》就绘声绘色地讲了“五个本科生换一个易中天”的故事。

话说1981年的毕业季，武汉大学校长刘道玉接到中文系老教授胡国瑞的求援电话。原来胡先生想让得意弟子易中天留校任教，但易中天却必须服从“四项基本原则”——即以下四种人，原则上要回到本人就读研究生之前的所在地和所在单位：一、带薪的；二、已婚的；三、边疆的；四、少数民族地区的。

这四条，易中天又占了几条呢？考研前，易中天是乌鲁木齐钢铁厂二中的语文老师，考研后，又用乌鲁木齐钢铁厂二中的工资读了两年研究生；他娶李华为妻，属于已婚男人；他来自祖国西部的边疆，第三条也占了；新疆属于少数民族地区，第四条他还占了。

看来，易中天回到乌鲁木齐钢铁厂二中继续当语文老师，已经是板上钉钉的事情了。易中天本人也整理好行李，做好了“回家”的准备。

但易中天是个人才，不能说百年一遇，至少算得上不可多得。珍惜人才的导师胡国瑞想力挽狂澜，让他留下来。求贤若渴的校长刘道玉也是这么想的。于是，他先给乌鲁木齐市教育局打电话，不料教育局的领导也是一位“人才控”，一口回绝了刘道玉的请求：“我要是放了易中天，怎么向乌鲁木齐市几百万新疆维吾尔族人民交代？您说是不是呢？刘校长？”刘校长虽然是副部级，但在几百万人民群众，而且还是少数民族人民群众的利益面前，只能语塞了。

刘道玉提出了谈判的筹码：连本带利退回易中天读书期间所用的工资；将易中天的妻子儿女从新疆调到武汉；给新疆一个别的研究生。但得到的回答依然是：不行，就是不行！

迫不得已，刘道玉找到了教育部部长蒋南翔。蒋南翔仿照当年苏联用一个机械师换中国一个林彪的做法，替双方做了主：武汉大学每年给新疆五个本科生。一笔人才生意就这么成交了。

1981 年的秋天，五个本科生被分配到偏远的新疆，而易中天留在了大都市武汉，像一只展翅欲迁的凤凰又栖回梧桐树上。

五个本科生换一个易中天，悲壮而震撼。从这个故事中，可以读出很多信息：易中天在读研期间显露出惊世的才华；胡国瑞是世上对学生最好的导师之一；刘道玉为了得到想要的人才竭尽全力，体现了一个教育家的胆识和胸怀。

除此之外，这个故事还留下了不少悬疑：当年一共有多少本科生因为要换易中天而去了新疆？如果只有五个，那这五个本科生究竟是谁？他们知道自己被当成了换易中天的筹码吗？他们今天又在哪里呢？工作和生活都还好吗？如果当年他们没有去新疆，会不会过得更好一些？如果易中天回到了新疆而不是留在武汉大学任教，今天又会怎样？

附录一 “教学达人”是如何炼成的？

王 晶 王菲菲*

在2014年的文新院和兴湘学院开学典礼上，他的发言《做一个好人》被“湘大百事通”转发后，一周之内，点击率突破一万五千次。而在2014年的本科毕业典礼上，他的致辞《母国，只有湘大!》在微信上更是“爆棚”，一天之内被阅读四万多次，转发3000多次。听众评价他的演讲有些文学，有些哲学，还有点幽默，既“架天线”，又“接地气”。他就是我校青年教师宋德发。

宋德发，1979年5月生，安徽庐江人，文学博士和博士后，湘潭大学文学与新闻学院教授，博士生导师。2002年留校任教至今，主讲本科生或研究生的《比较文学》《外国文学》《写作》《俄苏著名作家作品研究》《西方文学欣赏》等课程，由于讲课深入浅出、雅俗共赏、幽默风趣，他被不少学子誉为“教学达人”。那么，“教学达人”是如何炼成的？带着这样的疑问，让我们走进宋德发的内心与生活。

---

* 王晶、王菲菲，湘潭大学比较文学与世界文学专业2013级研究生。本文原载《湘大校友》2014年第2期。

一、有关上课的梦，不知道做了多少个

大学二年级的时候，宋德发立下了做大学教师的志向，然后刻苦攻读，于2000年以总分第一名的成绩考入湘潭大学，师从著名学者张铁夫先生研习比较文学与世界文学。2002年，他以优异的成绩提前一年毕业，留校任教。

留校之初，满怀激情的宋德发渐渐有些迷惘：他原本想做一个纯粹的大学教师，但现在却发现，外部环境在"诱导"他做一个纯粹的学者。只做大学教师吧，会被外部环境所淘汰；只做学者吧，又有违自己的初衷和追求。思虑再三，他决定走一条"中间道路"：在教学和科研之间寻找一个平衡。说是这样说，但从内心深处而言，他对教学的热爱要比对科研的多一些，就像他在《做一个受欢迎的外国文学老师——西方文学的口语传承》的"后记"中所写的那样："从教十年来，有关上课的梦，不知道做了多少个，并且常常是从'噩梦'中醒来。"

日有所思，夜才有所梦，毫无疑问，工作以后，宋德发是朝着"教学达人"的方向努力，而不是沿着"科研明星"的道路前行。他对教学发自内心的重视，可以说既源于他的天性，也源自他对教师职业水平和职业道德的清醒认识和深刻理解。

在2013年的湘潭大学教学工作会议上，宋德发作为优秀教师代表，做了一场引起热烈反响的演讲《想教学与想科研一样多》。在演讲中，他认为在当前大学过于强调科研的背景之下，一个大学老师能够想"教学"与想"科研"一样多，其实可以算是非常重视教学，非常敬业了。然后，他陈述自己重视教学的三个理由：

第一个理由是形而上的，对大学职责的尊重。大学要履行四大职责："人才培养"、"科学研究"、"社会服务"和"文化传承创新"，宋德发深知"人才培养"才是第一位的，且其他三种职能也是围绕着"人才培养"而展开的。这是一个常识，但在当今社会，一个人说真话就非常幽默，做好自己的本职工作就非常有境界，尊重常识就非常深刻了。

第二个理由是形而中的，对教师职责的尊重。每个人都有很多身份，随着年龄、职位的增加，人的身份还会越来越多，所以有些位高权重的人，名片要

印得像床单那么大，才能写得下自己的头衔。但是，在特定的时间和空间中，一个人众多的身份中，只有一个身份是最主要的。比如一个人上厕所时，最重要的身份不是职业、职位，而是性别，即他是男人还是女人才是关键。换言之，一个男性领导也不能因为自己是领导而上女厕所。在现实生活中，搞清楚自己什么时候是什么，什么时候不是什么，其实是一种智慧。可以看出，宋德发是一个身份意识很明确的大学教师，他时刻意识到，教师就是自己众多身份中最优先的身份，而相应的身份就要承担相应的职责，大学教师和中小学教师一样，最首要的职责也是教书育人。

第三个理由是形而下的，对自己特长的尊重。大学教师可以粗略地划分为四种类型：(1) 既不擅长科研又不擅长教学的。(2) 既擅长科研又擅长教学的。(3) 擅长科研而不擅长教学的。(4) 擅长教学而不擅长科研的。宋德发自谦地说，自己或许就属于第四类，即相对于自己的科研天赋而言，自己或许更擅长教学一些，因此，对那些科研达人，他虽然尊敬但并不羡慕，更不会去模仿。他只是希望将自己的相对擅长发挥到极致，做一个擅长教学的大学教师。

二、向卖菜刀的学习语言表达

教学包括课外教学和课堂教学，二者同样重要。但作为青年教师，如果时间和精力有限的话，不妨先从课堂教学入手，即张铁夫先生所教导的那样，“教师首先要能够站稳讲台”。留校之后，为了能够“站稳讲台”，宋德发苦练讲课技能，乃至达到痴迷的程度。比如说对于一堂新课，他可以修改讲稿 8 遍，再找一间无人的教室，独自试讲 15 遍，还用录音笔录音，回去一遍一遍地听；或者用 DV 录像，回去一遍一遍地看，找出语言、语调、表情或肢体动作上的漏洞。他将这种准备称为“磨课”。从“磨课”的经历中，宋德发提炼出两个讲授观：一是讲课脱稿是一个最基本的要求而不是最高的要求；二是要想做到脱稿，反复试讲是最好的选择。如果一个老师做到了试讲 15 遍，就算喝了刘德华的“忘情水”，也不会忘记讲稿了。

当然，讲课能力的提升，除了独自揣摩，还需要自觉地学习他人。即一个大学教师在讲台上要自信一点，在讲台下却要低调一些；即放低心态，也放下身段，向一切可以学习的人学习。宋德发与我们慷慨地分享了他学习他人、提升自己的三条“秘籍”。

一是参加青年教师讲课比赛。2003 年、2006 年和 2009 年，他先后三次参加湘潭大学青年教师讲课比赛，分别获第三名、第二名和第一名。这就好比古代的侠士定期参加“武林大会”一样，能够通过与同行的切磋来发现自己的优势和不足。在参加讲课比赛的过程中，宋德发结识了很多志同道合的同行，也逐渐在民间建立起一个重视教学、研究教学、热议教学的小圈子。

二是借鉴和模仿讲课高手。有时候，独创比模仿难，但有时候，模仿却比独创难。比如说，我们每一次唱歌都是独创，但想模仿刘德华、张学友唱歌却模仿不了；我们每一次讲课都是独创，但想模仿易中天的讲课却模仿不了。虽然模仿不了，但在模仿的过程中，还是会有很多收获。工作以来，宋德发自觉而不是被迫地听了包括易中天、王立群、钱文忠、迈克尔·桑德尔以及他的诸多同行的课，不仅如此，听完课后，他还写了《迈克尔·桑德尔的三板斧》《王协舟：讲台上的林志炫》《孙丰国：讲台上的拿破仑》《王立新：讲台上的马三立》《侯晟：女版易中天》等听课笔记，总结别人讲课的特点，再慢慢消化。出一本书就叫《听课笔记》，是宋德发下一步的听课和写作计划。

三是向民间高手学习，包括向卖菜刀的学习语言表达。应该说，大学教师“深入”的能力和意识都还不错，但从讲课的角度看，“浅出”的能力和意识还有待提高。为了提升“浅出”的能力，宋德发开始有意地向民间高手们学习表达的技巧。在福建旅游时，他碰到了一个卖菜刀的小伙子，虽然明知道这些菜刀是三无产品，他还是毅然决然地花 200 块钱买了一把，只为了完整地听一听这个小伙子是如何卖菜刀的。他还用录音笔录下导游的解说、婚礼主持的主持词、消防队警官卖消防器材的演讲等等，回去整理、揣摩他们的语言表达技巧。他说，自己只差去搞传销的那里卧底了。在他看来，搞传销的虽然可恨，却促使我们思考一个严肃的教学法问题：为什么他们可以让非常假的、非常丑的、非常有害的东西深入人心，而我们老师却不能让非常真的、非常美的、非常好的东西走进学生的内心？是不是我们的教学态度、教学方式和教学水平出了问题？

三、把教学当作学术去研究

大学里教学好的老师其实有很多，但仅仅教学好够不够呢？或许已经够了。但自称人生没有宏大目标的宋德发在教学上却没有满足于“教学好”，他还希望做一个教学专家。在他看来，要想从教学好的老师上升为教学专家，还应该做一项工作：把教学当作学术去研究。就像他在《大学的痛与梦》中所呼吁的那样：“教学研究也是科学研究。”在美国的大学，教学研究，即“教学学术”早已经获得了与“专业学术”同等的地位；但在中国的高校，它还仅仅是少数理论工作者在阐释的一个概念，广大的一线教师对它知之甚少，更不要说付诸实践了。应该说，自觉地将教学当作学术去研究，是宋德发不断提升教学水平的一个重要原因。那么他又是如何研究“教学学术”的呢？具体而言，从以下两个方面展开：

一是研究“教什么”，即他教外国文学，就研究外国文学；教比较文学，就研究比较文学；教写作，就研究写作。这看似和传统的“专业研究”完全相同，但其实又有很大的差异。传统的“专业研究”在研究对象上，往往偏重于绝对的创新，这常常导致教什么却不研究什么；而“教学学术”的“专业研究”却将研究对象和教学内容统一起来，教什么就研究什么。比如说，宋德发的第一本专著《厄普代克中产阶级小说的宗教之维》就属于传统的专业研究，它的研究对象“厄普代克”非常新，但却不属于任何的教学内容。当他以“教学学术”的视野去做专业研究时，便开始围绕着日常教学内容去选题，相继出版了《19世纪欧洲作家笔下的拿破仑》和《做一个受欢迎的外国文学老师——西方文学的口语传承》两部专著，并且在《外国文学研究》《国外文学》《俄罗斯文艺》《中国比较文学》等期刊发表论文90余篇。而他正在撰写的专著《为幸福哭泣——西方文学中的生命哲学》所研究的对象与教学内容更是完全统一的。也就是说，“专业研究”可以“专”一些，但教学学术的“专业研究”因为带着普及的目标，所以可以“杂”一些。换言之，学者可以做专家，教师则最好做个杂家，而杂家和专家并不矛盾，因为杂家即多个领域的专家。

二是研究“如何教”，即他投入大量的时间、精力和心思去研究“大学教学法”。宋德发认为创造知识是一门艺术，传播知识也是一门艺术；“深入”是一门艺术，“浅出”也是一门艺术。一个大学老师如果缺乏“传播”和“浅出”的艺术，将无法保障教学效果。因此，从2008年开始，他开始系统地研究“传播”和“浅出”的学问，为此主持了教育学国家社科基金“大学教学名师研究”和湖南省教改课题“青年教师提高讲课能力的途径与方法研究”，还在《中国大学教学》《现代大学教育》《学位与研究生教育》《当代教育论坛》《湖南教育》《教育与教学研究》《理工高教研究》《写作》《云梦学刊》等期刊上发表教学法论文30余篇，不仅主编了《文学名师谈教学》一书，还独著了《如何走上大学讲台——青年教师提高讲课能力的途径与方法研究》《大学的痛与梦》两部大学教学法专著。他的新书《大学的睡与醒》和《大学教学名师研究》也已经完稿，即将付梓。

结语

应该说，如此投入、如此勤奋地研究如何教学，在当今大学的一线教师中，是比较罕见和另类的。但在宋德发看来，他只不过是做了一个老师应该做的事情：“一个老师重视教学并且研究教学，如果被视为不务正业，岂不是很奇怪?”让人宽慰的是，宋德发的教学水平和教学研究帮助他获得了更多学生的欣赏，也帮助他在事实存在的“教学界”得到了一定程度的认可——比如他在2009年获得了湘潭大学青年教师讲课比赛一等奖和湖南省普通高校青年教师教学能手称号；他还在2014年主持了湘潭大学第二门国家精品视频公开课《故事中的人生——西方古典文学选讲》，并且成为这项“国字号”教学工程最年轻的主持人之一；同时，他还受北京大学、北京师范大学、河北师范大学、浙江工业大学、西安建筑科技大学、湖南科技大学、湖南科技学院、湖南工程学院等高校的邀请，上示范课或者做教学学术的演讲40余场。

人生就像写论文一样，选题也很重要。一个大学老师不顾自身的兴趣和条件，盲目地跟着体制走，跟着别人走，很可能会造成人生选题的重复。于是，天性喜欢教学也擅长教学的宋德发，希望自己的人生选一个“新”一点的题目。而在一个人人都重视科研的背景下，重返教师的身份和职责，重视教学和教学研究，恰恰就是一个独到的选择。一个大学老师选择以教学为重后，或许过不上大富大贵、轰轰烈烈、出人头地的生活，但是，他也能从中找到价值感、荣誉感和存在感，重要的是，还能收获很多的自由和快乐。因此，用“我就是我，颜色不一样的烟火”来描述宋德发的职业选择和人生方向，或许最恰当不过了。

附录二　一个准研究生的困惑

闫　杰*

偶然读到宋德发老师早年的一篇文章《一只“菜鸟”硕导的困惑》，想着即将到来的研究生生活，心有所感，仿其题目，便有了这篇文章。写那篇文章的宋老师已带过三年研究生，尚称自己是“菜鸟”；写这篇文章的我半天研究生都没有念过，称自己是“菜鸟”都还有些不大好意思，只好再加一个“准”字。

再过不到两个月，我就要踏上“读研”的新征程了。适应一种新环境，迎接一种新身份，内心再强大的人都难免会有一些不安，何况是我这个没那么强大的人。有时候，一个人知道得越多困惑越多；有时候，一个人知道得越少困惑越多。前者会不会在我身上应验尚有待时间检验，既然后者已成事实，不妨就以我个人为例先说说这“无知者的困惑”。

一

先说说读研之前。

* 闫杰，湘潭大学比较文学与世界文学专业 2014 级研究生。

先说我身边的同学吧。我一向觉得，抛开一些比较复杂的因素，一个人决定要做一件事情无非出于两个方面的考虑：一是“想做”，二是“需要做”。“想做”更加关注事情本身，“需要做”则更多考虑到它能带来的好处，即功利性更强一些。具体到读研这件事情上，纵观我身边有读研打算的同学，也能大致分为“想读”的和“需要读”的两类。当然，二者并不能一条线就划分得清清楚楚，因为基本上没有一个“想读”的人会完全不需要读，也没有一个“需要读”的人会完全不想读；只是一些人“想读”的意愿更强烈一些，另一些人“需要读”的欲求更炽热一些。拿更“想读”的这部分同学来说，他们的主要特征表现为大学期间（从小到大）学业成绩比较优异，从而不仅对考研有着相当大的信心，对日后的读研生活也有着更多的期待。而且，据我观察，这其中很不乏一些对自己当年的高考成绩感到不满而欲借考研“一雪前耻”的同学。再说更“需要读”的这一部分，他们多半是想借读研暂且回避一下眼下严峻的就业压力，同时也希望通过未来两到三年的“继续深造”，为自己将来的就业增加一些砝码。而考虑到自身的考研能力和日后的发展方向等问题，这部分同学中又有相当数量果断选择了考“专硕”（专业型硕士），因为就同一学校同一专业而言，“专硕”较“学硕”（学术型硕士）分数更低，因而考取名校就相对容易，尽管其入学后所面临的学费压力也可能是相当巨大的。不过，对于不适宜搞理论研究的人而言，“专硕”也的确不失为一种更好的选择；而说到一所名校在求职过程中所能显现出的强大能量，小伙伴们都懂的。

再来说说自己。说到我自己选择读研的原因，当然也逃不开上述两类，但是“想读”的因素起了主要作用。说白了，就是觉得读书没读够。这句话的含义不仅是指觉得自己书读得太少，数量不够，更是指自己实在舍不得就此放下读书本身所能带来的那种乐趣。而若想更长时间最大限度地享受这种乐趣，读研无疑是最好的选择。而最终也正是主要在这个原因的鼓动下，我决定退出浩浩荡荡的考研大军，放弃朝名校一搏的机会，选择“保研”，留在本校。

诸君可能对我这个逻辑关系感到有些摸不着头脑，喜欢读书和选择“保研”有什么必然关系？且听我慢慢道来。到大三下学期的时候，我自觉读书进入了一个比较好的状态，刚刚摸到了一点门道，而这时也到了必须决定是否要考研的关键时刻了。当时那种感觉，就像武侠小说中，一个人正在山中独自修炼，觉得马上就要达到一种更高境界时，突然有个人跑来跟他说：“出去比武吧，赢了你就能功成名就。”这个人思前想后终究觉得功名什么的都是浮云，还是先把功夫练好要紧，于是没理来人，继续修炼。我也觉得先把功夫练好要紧。大学四年，除去各种活动，各种考证，以及期末考试，能自由读书的时间少而又少。虽然该考的证都考到了手，专业成绩也颇为良好，想读没读的书却还有一大堆，让我一直有种疲于奔命的感觉。说句实话，对于自己的专业积累，我一直心虚得很。而以这种状态去考研，耗费一年的时间，即便考上了，也无异于去另一所学校继续疲于奔命。与其去一所名校过得凄凄惶惶，不如在一所非名校过得心安理得。于是，我淡定下来，继续按自己十分“业余”的方式读着那些十分“业余”的书。

与考研要读的大量“专业”书相比，我读的书自然是十分“业余”的。有人可能会说，考研也要看书，不也是花时间读书吗？可谁知道读的都是些什么书，除了英语政治，就是每天围着几本十几本几十本专业书加上各种题目打转转。我不是说专业书不应该读，只是实在不愿意那样来读。再打个比方来说吧，如果把书海比作一片大草原，考研之前，整个草原都是我的，我想朝哪儿啃就朝哪儿啃，多自在！而一旦选择了考研，就意味着未来近一年的时间里我都得把自己禁锢在一个小圈子里（据我推测，草料质量绝好不到哪里去），而且不啃得那块地皮寸草不生不算完，想想就觉得害怕。更可怕的可能还在后头，即这一年把自己彻底啃“伤”了，日后对草原都失去了兴趣，那就真是悲剧了。

可能马上有人要骂我站着说话不腰疼，我好歹还有个保研的机会，对于那些没有保研的，不啃又能怎样？而且也得怪自己水平不高，说不定人家哪个功底扎实的学霸没费什么劲儿就轻松上了名校，根本没我想的那样凄惨。不过我思来想去觉得这世界上应该还是像我一样的凡人比较多，我得站在人民大众的立场上说话，再说即便世上有那样的神人，反正我没见过。

既然打算站在人民群众的立场讲话，我就觉得坦诚应该是第一要务，即不能只提“保研”原因中显得“高大上”的一面，也得承认自己也确有比较现实的考虑。除了真心觉得书还没有读够之外，还有，比如说，我想去一个离家近一些的学校，如此最好的选择在京津地区，而我考虑以自身水准考上的可能性恐怕不大；父母年纪已大，我自己也老大不小，在按自己的意愿生活的同时，我想应该尽量为家里减轻负担，而“保研”就能拿到全额的奖学金，起码不用再缴学费了；我英语水平不佳，对考研尤为不利；因为在本校成绩较好，我有把握选到自己喜欢又比较“抢手”的专业；我觉得湘大是个适合安心读书的好地方，等等。还有一点我也必须坦白，我是个没什么雄心壮志的人，我很怕自己考研失败。到那时，“保研”的机会没有了，我又没有时间没有精力也没有财力进行“二战”，竹篮打水一场空，我会遗憾终生的。

交代了以上这些之后，我忍不住还想再往深里挖一挖。不愿考研的原因还在于我早就不再相信所谓的“考场神话”。“考场神话”是我自己发明的词，大约是指考试成绩代表一切的那种想法，是多年应试教育的余毒，其中既得利益群体（考霸）中毒最深。我的一个成功考上国内某知名院校的同学说，所考专业的文学作品他基本没有读过，都是看的梗概，然后就是一遍一遍地看文学史，背题目……别的专业我不清楚，就文学而言，我一直觉得文学作品是要自己去读的，否则就是一直在吃别人的“余唾”，恶心自不必说，关键在于营养有限，吃多了伤身。而“背题目”就是“吃余唾”最集中最极端的表现形式，实在是让人不忍下口。然而不吃怎么上名校呢？那位同学自己也曾感叹考研功利性太强。有自知之明的是好的也是少的，被“考场神话”带来的成就感麻痹，“吃余唾”吃得不亦乐乎、津津有味者恐怕不在少数。

倒是时有好心的同学对我没去考个名校面露惋惜之色，我总是一笑说，你们不过是看我考试成绩好，其实那什么都代表不了。这是实话。即便我一时忍住恶心“吃余唾”吃进了名校，那么以后呢？我能靠它在研究生阶段过得顺风顺水吗？恐怕很难。既然不知未来如何，当下能不吃还是不吃了吧，还是那句话，珍惜时间，把功夫练好要紧。

然而，自我剖析到这份上并不代表从此我的内心便是万里无云朗朗晴空一片了。放弃朝名校一搏，我何尝不是心存惶恐。既然无缘“拼爹”，考个名校，起码将来就业会有优势一点。人虽不能仅仅靠面包活着，可是没有面包也是万万活不成的。所以在这件事上，我老觉得自己是赌了一把，是输是赢，前路不测。不过，能在年轻的时候真正从心所欲地做一件事情（以后不知还有多少这样的机会），我挺高兴的。

二

再说说读研之时。

说到读研时，我脑海中跳出的第一个词是“读书”，意指读书即学习的方式应该和之前大不相同了。到了研究生阶段，我将要与陪伴自己求学生涯十几年的应试教育挥手告别了。尽管一直对它颇有微词，但我得承认自己属于应试教育的既得利益者，尤其在其体现公平性的那个方面，所以理智上要一刀两断，情感上总还有那么点儿藕断丝连。它就像一所旧房子，虽不甚美观却为我挡了多年的风雨，一朝出去，是步入宫殿还是露宿街头，不得而知。

陈平原说，教书是个良心活儿，用力多少只有自己知道。其实读书又何尝不是。同时我又觉得，它们又都不仅是个良心活儿，还是个技术活儿，要讲天分。我虽能保证自己还算是个有良心的人，却难以保证自己是个有技术的人。不过，“有良心没技术”还并不是我最担心的，因为再不行了不过是“尽人事听天命”，求个心安理得，最怕的是连“尽人事”的时间跟机会都没有。经历了本科阶段，各种考试之后为自由读书留下的时间少得可怜，研究生阶段我也实在不敢想得太乐观，以免希望越大失望越大。

用“读书”二字来概括读研时的学习生活似乎还有点狭窄了，因为老师告诉我，书写同样重要。在“书写界”，我是个不折不扣的新手。而且，至少时至今日，对我而言，书写尚属阅读的副产品，即没有阅读便没有书写。不过我也明白，假如阅读是幕后的导演，书写就是这台前的演员，没有这个正在书写的我，谁人会识得那个还在阅读的我呢？而我，正在努力学习着让自己像热爱那些幕后的导演们一样地热爱这些前台的演员们。

说到读研时，我脑海中跳出的第二个词是“导师”。天哪，这可绝对是个新鲜事物，比第一个词“读书”新鲜得多。求学十几年，我遇见过无数个被称为校长的，无数个被称为班主任的，还有几个被称为辅导员的，可何曾遇见过一个被称为“导师”的？未知本就容易带来困惑，更何况坊间还有传闻无数？比如，据说，导师中有大师型的，有领导型的，有老板型的，还有帅哥美女型的；有神龙见首不见尾型的，也有和学生打成一片型的；有学深人浅的，有学浅人深的，有学深人也深的，也有学浅人也浅的……总之，各式各样，不一而足。不禁感叹，考研考的不仅仅是学力，原来还有眼力！

具体到我自己身上，更多的倒还不是怕导师不好，而是怕自己不好。导师们各式各样，研究生也是千奇百怪，虽不能代表所有的研究生，但我觉得自己有义务为那些像我一样性格内向的同学发一发声。活了20多年，直到今日，我的母亲还时常在电话里像叮嘱一个小学生似的叮嘱我要与同学搞好关系。可怜天下父母心，她当然不是怕我和同学吵起来，而是怕我过于内向的性格一人在外多有不便。关于“内向”这个问题（具体含义可参照百度百科），我自己一向比较淡定，不觉得是什么缺陷（相反觉得受益良多）；怎奈世人不够淡定，老是搅得我惶惶不安。于是，每次进入一个新环境新集体，我都会提前给身边的同学打好预防针：本人不太擅长交际，若日后有什么不当行为，还请大家多多包涵，千万别往心里去，切记切记。但实际上根本没人会记得，于是到毕业时留下的评价多半还是“有距离感”。具体到师生关系上，我比与同学交往时显得情商更低，到了大学阶段这种状况更是愈演愈烈。大学四年，我一直刻意过着很“低调”的生活，在得知“保研”成功的那一刻，我跟自己说，“不能再潜水了，再潜你就淹死了”，于是决定毛遂自荐主动联系“心仪”的老师。当时没想结果如何，只是觉得如若此时再不出手只怕日后要后悔的。那之后，不知为什么，我常会突然想起中学阶段的一些老师，时隔多年才体会到他们当初对自己的一片盛情，不由自责当年怎么反应那样迟钝，心含愧疚。更可愧疚的是，恐怕日后还会继续迟钝下去。

但愿一切都是我想多了。但我有很多无法自持的毛病，“想”就是其中之一。为了缓解自己在这方面的焦虑和困惑，我还曾和一个考上研究生的同学笑谈自己心中理想的导师形象：一个老头儿。这个设想里包含了两大关键因素：性别和年龄。所谓距离产生美，在性别和年龄上都最大限度地拉开了距离，想必双方看上去都能更“美”一点，也就能多包容一点。那个（女）同学表示有同感。这不过是个玩笑罢了，而所有想法的集中点不过在于希望师生双方能相处融洽，在这说长不长说短也不短的三年时间里。

三

最后说说“读研之后”。

这实在是我极其不愿意提到的四个字。因为除了童话中会说“王子和公主从此之后过着幸福的生活”，多数“之后”都有种令人不安的感觉存在，更何况前面还有“读研”二字镇着。

其实所谓“读研之后”，回答起来倒也不难，无非是在学术之路上就此止步或再走一步。就此止步，意味着就业，而就业艰难，人尽皆知；至于再走一步，我一无所知。纳兰性德的那句词“人生若只如初见”，“初见”总是最美的，“初衷”总是最纯粹的。而我的初衷是：不论日后能否走上学术之路，能走多远，此时此刻我对读书的感觉都是最珍贵的。

不忘初衷，一切事情，我都习惯这样自我告诫。所以，读研读得失败挺可怕，日后找不着满意的工作也挺可怕，但对我而言最可怕的，却是丧失了今日此刻读书时那种幸福的感觉。离开了学校，或许我还能一如既往地读下去；而感觉毁了，就什么都没了。我是在杞人忧天，多愁善感么？可是有时候，我坐在课堂上，眼睁睁看着一位读书那么多年的老师居然是如此地了无生趣，心中总不禁泛起一阵凉意。我总觉得，读书的人，就算什么优点都没有，至少应该有点情趣。而读书读到那个份儿上，想必已乐趣全无，甚至是苦差事一件，既然如此，何必活受这份罪，所谓学术，不搞也罢！

伍尔夫在《如何读书?》那篇文章的结尾写道：“不过，又有谁读书是为了达到目标呢——无论是多么值得称道的目标。难道就没有什么事情是可以因为它本身的价值而做的吗？难道就没有什么快乐是终极性的吗？至少我有时梦想，当末日审判来临，伟大的征服者们、律师们和政治家们来接受奖赏——王冠、桂冠、刻在大理石上的永不磨灭的姓名时，上帝看见我们夹着书走过来，会转向彼得，不无妒忌地说道：‘看，这些人不需要奖赏，我这里没什么可以给他们的。他们爱好读书。’”

我想，我的要求不算太过分吧?

附录三　致我们终将逝去的研究生生活

谭　娟*

俗话说："置身于不同的高度，看到的风景也会不同。"

高中时，那座静谧的象牙塔承载了我儿时所有的梦想。

大学时，我发现自己正身处一个"大学生满大街都是"的社会，而自己正是那个掉进人群中，一下子就被淹没了的人，象牙塔中那些整日沉思默想的高端知识分子成了我的偶像。于是，"坐得住冷板凳，才能做得成钢铁侠"成为我的人生格言。考研期间，我睡得比狗晚，起得比鸡早，吃得比猪差……很幸运，在"考研人才分流"时，我没有被抛入社会，而是回归校园这个大锅炉进行"深加工"，多年媳妇终于熬成了婆，我顺利地通过了研究生入学考试。

读研了，很多人还在反思"当初为何要选择读研？读研到底有什么用?"在追问声、叹息声、嬉戏声中，三年的时光飞逝。蓦然发现，师兄师姐"扼腕叹息"的昨天，正是我们"醉生梦死"的今天，更是师弟师妹"陈陈相因"的明天……

* 谭娟，湘潭大学比较文学与世界文学专业 2014 届研究生，现为长沙市砂子塘小学教师。

一

前几日，我可爱的小师妹诉道：“某某老师讲课好有水平哦……”我很纳闷，这位老师的讲课在我们这届看来是非常普通的，于是，我来了兴致，打破沙锅问到底：“怎么个有水平法?”师妹兴奋地说道：“这位老师在上课时一再嘱咐我们，要多看几本书，我已经很久没听老师这么说过了。”不想打消师妹的单纯和热忱……我只好弱弱地附和了一句“确实如此”。而我心中却在嘀咕：“这样的话，我们的老师说得少吗?”

鲁迅先生曾在香港青年会的演讲中说过：“中国人没记性，因为没记性，所以昨天听过的话，今天忘记了，明天再听到，还是觉得很新鲜……”

我们研究生毕生的梦想莫过于能在毕业时成为“独孤求败”，然后笑傲于“江湖”，毕业典礼时，能有底气地放言：“这辈子，我最应该感谢的人，是我自己……”当然，这种境界的独特风景，只有一小部分人能领略到。毕业后，多数人只能徒然感叹：“相濡以沫，不如相忘于江湖。”偌大的中国就是一个面子社会，混得好还罢了，混得不好，这面子往哪搁?活跃于同学交际圈的，永远是那些在社会上呼风唤雨、如鱼得水的人……曲终人散后，我们又会感叹：“这原本就是一个‘陌生化’社会”，谁让我们当初的读研期间“混”得太凄凉了呢?

二

三年的历练与成长，我虽然没什么重大科研发现，但我学会了用一双冷静的眼睛和一个安静的头脑去洞察、思考周围的人和事。也许，只因“不识愁滋味”的少年已经在我的生命中远去……对于研究生生活，我有颇多感触——“遗憾”并“快乐”着。

遗憾一：网瘾如罂粟，很难说声不，若为自由故，光阴皆虚度。

我发现，与学校周边“门庭若市”的网吧相比，图书馆的阅览室倒显得有几分“门前冷落车马稀”的落寞。究其原因，诚如那英的歌词所言：“你微微一笑将我套牢，就这样进了圈套，你甜言蜜语把爱说得太好，以为可以到天荒地老。”

校园网虫族们有三大闲愁：“一愁校园网速太慢，二愁网吧收费过高，三愁室内通宵扰民。”于是，在网吧“通宵”奋战成为多数“网虫”过足网瘾的首选。网吧就是一个名副其实的“堕落坑”，有些人发现这是个美丽的陷阱，于是果断地绕了过去，有些人掉进坑里又爬了出来，有些人掉进去以后却再也爬不出来了。这不仅是当代大学生的生存困境，更是一小部分研究生生存现状的真实写照。读研生涯最大的悲哀莫过于“回首三年，发现什么都没变，除了钱包变瘪了、腹中没墨了、身材走样了、年龄变大了、‘另一半’弄丢了……”

遗憾二：都说“婚姻是爱情的坟墓，如果没有婚姻，爱情将死无葬身之地”，可当我下决心要“自掘坟墓”时，才恍然发现，我的爱情早已落入了别人的坟墓。

都说毕业季就是分手季——随着本科学业的终结，我们的爱情也落幕了，只见那曾经的合欢树，在我们毕业时，洒了一地，金黄的落叶堆落于心间，“我”已不再青春年少……当我们在科研的选题路上寻寻觅觅时，我们的情感世界还依然冷冷清清。

单身的我们虽嘴上说着“一人吃饱，全家不饿”，而内心实如热锅上的蚂蚁——“团团转”（每年的 11 月 11 日光棍节，单身的男女会扎堆地参加各种院系间的联谊会）。虽说男人三十“一枝花”，但是我们更信奉“有花堪折直须折”的爱情箴言。我想，应该没有人在 30 岁时还愿单挂在树上无人问津吧？尤其对于我这种具备“3S”（Single——单身、Seventies——大多数生于 20 世纪 70 年代、Stuck——被卡住了）潜质的女人而言，更是如此。

遗憾三：毕业了，“我”成了“速成硕士”。

这是一个速成社会，各类速成食品大行其道，当我们对这些不良商贩口诛笔伐时，我们却漠视了自己。历时三年，我们却将自己打造成为遭人诟病的“速成硕士”。

开学时，我们用一麻布袋子的“大团结”换了一麻布袋子的书，待到研究生毕业时，我们又拖着那一麻布袋子的书，去废品收购站换来了一张“大团结”……然后，那些“一指不染”的新书又通过淘宝网、孔夫子旧书网、三轮车叫卖等途径，回归到了围墙外……于是，我们惊异于一种怪相的出现，围墙内的人想走出去，围墙外的人想走进来（2012 年有 165. 6 万人报考硕士研究生，逐年的参考人数大有“排山倒海”之势）……那些走出了围墙的人在抱怨，自己当初怎么会犯傻把图书馆当成“冷宫”；而那些已经走进围墙内的人也在抱怨，叹“鸟在笼子，恨‘关羽’不能‘张飞’”。我们不禁要反躬自省，是社会的浮躁感染了我们，还是我们促成了社会的浮躁?

当今社会以速成为噱头，以成功为药效，使急于求成的研究生投机成瘾……当我们感叹“很多人脱‘光’（光棍）了，‘代写、代发论文’的一条龙服务更加周到了，考博的女生越来越少了，闭关半月熬出一篇硕士论文的‘好汉’屡见不鲜了”时，我们会伴随着一声叹息，轻易地原谅了自己。既然反抗也是无意义的挣扎，那么，我们就选择“盲从”吧！于是，所谓的“论文抄袭、学术造假、闭门造车”充其量就是俗称的随波逐流罢了…… 就这样，当我们被这种污浊的社会风气污染了时，我们还在拍手称快……

遗憾四：毕业了，才发现师生间的“会晤”太少了。

大学时，我们常抱怨自己被“班主任、辅导员、学生会”这“三大金刚”赶着走，各种点名查岗，各类突击检查，我们读了四年，也怨了四年……读研时，研究生这个特殊群体已经对“三大金刚”产生了“获得性免疫力”。于是，我们成为被放养的羔羊，这时，导师出现了，他手里挥舞着鞭子，他说他是牧羊人……

在偌大的校园里，放养着两类羊。一类是为“出产羊毛”而被圈养的羊（理工科硕士），另一类是“只吃不产”或是“一毛不拔”的羊（文科硕士）。当理工科的研究生在抱怨自己已沦为boss（老板）“科研论文的枪手，践行项目的农民工”时，文科的研究生却在那里整天抱怨着“好无聊啊，好无聊”，自打娘胎里出来，我们头一回觉得“没人管的日子竟然浑身不自在”。而羔羊们不知道从何时开始，被人们打上了“沉默”的标识牌（沉默的羔羊），于是，纵有各种不满，在牧羊人面前，羔羊们总能默契地保持集体失声……

中国的教育模式就是这么的悲哀，本科生教育高中化，研究生教育本科化，我们宁愿相信“天之骄子不是被‘吹’出来的，就是被‘捶’出来的”这样的歪理，也不愿相信自己就是那个可以操控自己命运的掌舵人。我们总期待着后面有个挥鞭子的人，告诉我们前方的路口该往哪转弯……一旦走岔了路，没有到达我们希冀中的目的地时，我们会很容易原谅了自己，然后把错误轻巧地推给导师、推给学校、推给整个社会。

说了这么多，我总感觉自己说的都是别人心目中的遗憾……我读研期间有自己的遗憾吗？我想，我是有的，而且这个遗憾还不小，我敢肯定，这不仅仅是我一个人的遗憾，也是过去的、现在的、将来的（短期内）文科硕士们都会有的遗憾……

三

文科硕士因为没有创造立竿见影的经济价值，因而被现存的教育体制“打入了冷宫”。当理工科的学生坐在办公室里吹着空调、独占一台配置优良的电脑、享受着饮水机 24 小时热情周到的服务时，文科硕士则陷入了自习室占座的“拉锯战”和“游击战”中不可自拔。我们不得已而将自己佯装成久经战场的“斗鸡”，当我们为了一个理工科硕士嗤之以鼻的“冷板凳”而跟考研的本科生抢红了眼时，理工科的人却在抱怨“导师又来查岗了，饮水机里的水喝没了，我的爱情鸟不知何时飞走了……”这就是熙熙攘攘的大学校园，这就是矛盾焦灼着的研究生文理分工……

那美妙的研究生生活，在我那插科打诨的叨絮中，好像被贬得一文不值了……不得不申明，这些当然不是我们研究生生活的全部。我更想说的是，我们的研究生生活是丰富多彩的。如果说，研究生生活如焰火划入天际，转瞬即逝，那么，我想说，它绽放了我们生命中最绚烂的色彩，多年以后，我也许不会记得曾经的课堂上老师讲过什么，但我肯定记得，伤心难过时，是室友给了我一个可以依靠的肩膀；愁眉不展时，是导师帮我发了第一篇论文；生病住院时，是男友给了我一种最温馨的呵护……

此刻，陌生的研究生朋友，你们是否对于我所言的种种感同身受？衷心地祝福你们，希望你们的研究生生活能获得更多的精彩……

附录四　班主任要做的十件事

唐成军*

班主任工作是学校工作的重中之重。如何做好班级管理工作，是很多一线教师日思夜想的教育问题，也是很多教育家冥思苦想、孜孜以求的研究课题。为避免研究内容的空洞，研究方式的空泛，笔者通过梳理陶妙如先生的班级管理经验，总结出班主任要做的十件事：要想成为教育家，要让自己温暖，要有正确的优秀观，要有独立的教学风格，要学会讲故事，多开主题班会，鼓励学生要实在又实用，让违纪学生写说明书，搭建交流平台，帮助学生树立目标。

一、要想成为教育家

如果你知道去哪里，全世界都会为你让路。每个班主任都应该要有成为教育家的理想，只有有了这个理想才能用心去经营班级，潜心去钻研教育，才能做出教育成果。固然有教育家的理想未必能成为教育家，但是没有教育家的理想一定成为不了教育家。当下很多人从教都是心不甘情不愿，担任班主任更是

---

* 唐成军，湘潭大学比较文学与世界文学专业2013届研究生，现为湖南省娄底市一中高中语文教师。

出于无奈，或为晋级，或为加薪，或为晋升等添加筹码。像这等教师肯定成不了教育家，班级管理也不见得就理想。因为他们没有成为教育家的理想，就不会有教育家的追求、教育家的真心，就不会用教育家的标准来要求自己，就做不好教育工作。陶妙如老师从参加工作的那一天起，每年都会在笔记本上写上“教育家”三个大字，然后勾勒，一笔一画加粗。她追求的不单纯是做一个教师，而是做一个教育家。为此她不断地学习，不断地追求，不断地成长蜕变：从一个中专生到一个博士生，从一位小学教师到一位高中教师，从农村到城市，从普通教师到国培专家，循着梦想一路走来，成为小有名气的教育家。她深知要成为教育家，必须具备三个条件：一是要有大师引导；二是勤奋；三是始终坚守。因此他告诫自己要不断向大师学习。而我们的学生要成为大师，我们必须为其奠基，也必须朝大师的方向努力，才能满足孩子们的需求。人生的可贵在于展现精神层次的境界。陶妙如也许成为不了孔子、雅斯贝尔斯、陶行知那样的大师、那样的教育家，但是敢朝那个方向执着追求，就已经不同凡响了。

二、要让自己温暖

“成绩这么差的我不要!”“你怎么那么多坏毛病咯!”“讲了这么多次还不懂，是不是脑子有问题?!”……我们经常听到班主任老师这样的抱怨和恶语。陶妙如老师担任班主任的时候，来者不拒，别的班主任不要的，她都悦纳，学生的成绩是全校最差的，各种调皮捣蛋的都有，被同事形象地称为“全集”。接手新的班级，在开学之前，陶老师要把教室打扫得非常干净、整齐，有时还动用丈夫和孩子过来帮忙，让学生进入教室就有家的温馨；只要是面向学生说话，陶老师从没有动怒、打骂，总是温柔、平和，让学生感觉是在和她聊天(事实上，教育的最高境界就是聊天，像孔子、苏格拉底就是这么做的)；遇上端午、中秋等传统节日，陶老师都会自掏腰包给每个学生购买一个粽子、一个月饼，有的学生之前从没享受过这般待遇，还感动地洒下了泪花……陶老师是包容的、平和的、真心的、阳光的、关爱着每个学生的，简言之，陶老师是一个温暖的人。自己温暖了，才能传递温情，让学生感到温暖。

三、要有正确的优秀观

霍华德·加纳德的多元智能理论揭示了正确的优秀观：优秀的内涵是丰富的，人人皆有优秀的品质。我们应根据学生的智能特点特长来因材施教，而不应仅仅局限在语言智能、数学一逻辑智能方面，人际交往智能、自我认识智能也应予以格外重视。尤其在我国，很多老师眼里的优秀观是狭隘的甚至是错误的。一个有很多恶习甚至品德不良的学生，只要成绩好就是优秀的；而一个自觉自信、品德优良的学生如果成绩不好是不会被看成优秀的。不改变这种优秀观就不可能推进素质教育，就不可能促进学生的个性发展，所以有的学者指出教育改革的难点就在于教师的观念。皮哥马利翁效应产生的前提就是相信被教育者是优秀的或者可以成为优秀。别人不敢要的学生，陶妙如敢要，因为她从骨子里坚信每个学生都是可塑之才，都是优秀的。有了这种意识，才会相信学生，培养学生。她总是通过宏观和微观的手段来帮助学生走向优秀。通过军训发现学生有崇高的集体荣誉感；让学生充当老师授课，结果发现许多讲课天才；通过交流日记发现学生都有一颗向上的心……拿着放大镜找优点，拿着显微镜解决问题。因为她对学生优秀的坚信，学生如同春起之苗，日有所长；上网、打架、抽烟等恶习慢慢改了。三流的学生上升到了二流，二流的学生上升到了一流。有相当一部分学生还考入了复旦大学、中国人民大学、湖南大学等名牌高校；即便学生遇上挫折也有一颗坚强、阳光的心。

四、要有独立的教学风格

有些老师年复一年地教书，总是千年一面，千课一面，没有特色，对他的课学生也自然不会有多大兴趣。我以为造成这种现象的原因是教师自身的素养不够，不知道学科的培养目标是什么，所以只能“教教材”，不能做到“用教材教”，课堂上自然不敢放开手脚，随性而为，自如挥洒。这样的老师其实在中学里头大有人在，尤其是语文老师，有的专家称随着好几轮课改的推进，语文改革的效果是最差的，语文课也成了学生最不喜欢的课之一。陶妙如对语文课的培养目标有清晰而深刻的认知：“语文课就是把人教育得‘具有人性’；把人培养得具有使命感、创造性和具有审美能力。”她的教学独立自主意识强，不拘泥于教学参考，不受名人名言束缚，总是用自己的个性去演绎作品的个性，形成了自己独立的教学风格。她习惯使用学生极为喜爱的对句，会应情应景出上句，学生争相对下句。比如，看到学生没有做好上课准备，她于是在黑板上写道：“教材钢笔听课本一起摆在桌上。”学生很快领会了老师的意图，做好上课准备，并纷纷对起了下句，什么“宝马奔驰法拉利全部开往我家”，有趣极了。再比如，她把《沁园春·长沙》的教学目标定为“品出王者之气”，就不是教参指定的分析写景特色或者抒情特色之类的。首先她自己上课就有一种王者风范，在讲台上一边背诵，一边遒劲有力地书写诗文。当学完后，每个学生似乎都有了一点王者气质，很多学生仿写出《沁园春·升》《沁园春·梦幻》《沁园春·奋斗》等慷慨激昂的诗作。

教学是教师的立身之本。一个老师只有把书教好了，才能在学生心中有地位，才能让学生信任你、仰慕你、追随你。班主任不一定都是语文老师，也不一定非得用对句。但是每位班主任至少要弄明白本学科的培养目标，要提升自己的内涵，形成自己独特的教学风格。

五、要学会讲故事

在中学的课堂上讲故事经常被当做离经叛道的事。领导不许讲，家长不许讲。他们的理由就是这些故事对做题帮助不大，与教学无关，耽误教学进度，等等。诚然，盲目、无原则地讲故事的确会影响教学，但是如果把教育教学内容有技巧地融入故事传授给学生，那就比正儿八经地讲知识点、讲大道理有用得多。因为生活的经验告诉我们故事的感染胜过理论的说教。事实上，教材内容很大部分与故事有着千丝万缕的联系，比如语文课的《诗经》，历史课的战役，物理课的定律，等等。其实教学的艺术不在于传授，而在于激励、启发、引导。而故事在承担这一任务的时候又有无可比拟的优势。讲故事比一本正经地讲知识留给学生的记忆更美好更深刻。像《老师的力量》《文学名师谈教学》《教学的魅力：北大名师访谈录》等追忆求学、教学经历的书籍有个共同点：都有课堂上讲述故事的情境的记忆。像章太炎、梁启超、于丹、宋德发、陶妙如等教师的课堂简直就是故事的课堂。但你能说接受他们的教育不好吗？他们不算好老师吗？

教师是人类灵魂的工程师，更确切地说，班主任是人类灵魂的工程师。班主任与学生相处的时间最多。一个学生的思想品德如何，很大一部分就是受班主任的影响，尤其是中学班主任。著名作家施蛰存说："一个人的举止、行为，多数都是定型于中学生时代。如果在中学时期没有得到良好的品德教育，将来无论升入大学或在社会上就业，便很容易放纵恣肆，近朱，近墨，自己不易把握了。"所以做班主任的，一定要坚持阅读，通过学习积累故事，丰富自己，从而提高育人水平。

六、多开主题班会

班会课是班主任的地盘，但很多班主任是"我的班会课，我做主"，班会课开得很随意，很专制：自己想到什么就说什么，想怎么讲就怎么讲；而且流程、内容几乎相同：象征性地评价一下学习状况，重点通报班级扣分情况，痛批"肇事者"，因为扣分与自己的待遇直接挂钩。如此了了，班会课就算大功告成。这样的班会课，班主任没有做好主，开了和没开没两样。陶妙如老师都是有针对性地开展主题班会课，像专家开讲座一样，有主题、有事实、有课件，很详细、很系统、很现实。第一次班会课的主题是"重本不易，静心可得"。她制作了精美的 PPT，首先展现了清华大学、北京大学、牛津大学等七所高校的校徽和校训，接下来听取学生的高考目标。差生很多是没有目标的或者有目标也不自信。由于精心准备，早有预设，接下来播放了几个学姐学长考入大学后的感言视频，与班上学生的处境一样，他们也是基础差，也是从陶老师班上毕业的，但是最后考上了复旦大学、内蒙古大学等名校。看过视频后，学生自信满满了，于是趁热打铁，总结以前学生成功的原因，告诉学生应该如何去做，从思想到行动，一气呵成，令人信服。根据学生或学校的情况，她及时有针对性地开班会课。比如考试不理想时，为了培养学生的洒脱之气，班会主题确定为"如何做一个豪迈的人"；学生帮伙打架，她开过"益气与义气之辩"的主题班会；为了打好校辩论赛，她开过"如何打好辩论赛"的专题班会，等等。

七、鼓励学生要实在又实用

班级管理中经常有这样的学生，他们很努力，但成绩又不理想，一时半会看不到进步，觉得努力了也没有用，萎靡不振，甚至从此一蹶不振。这个时候很多班主任都意识到要鼓励学生，但打气的方式、鼓励的内容不见得有用，往往处理简单，不帮助学生具体分析原因，只跟他们讲有进步、有希望、继续努力、一定会成功之类的空话大话。这样的鼓劲打气纯粹是喊口号，对学生不会有多大帮助，学生甚至还会怀疑老师。面对这一现象，陶妙如老师又是如何处理的呢？她在自己的专著《让爱智慧》中有细致的记载。某次英语考试成绩出来了，整体有进步，但个体差异较大，个别学生“急”字写在脸上，“躁”字浮在眼里。于是陶妙如对学生做了一番这样的发言：“……其实不要急，慢慢来，不要叹息，更不要轻言放弃。你要知道，底子太薄，好长时间只是填了亏空，也许离水面还有一段距离；但只要你不断坚持，总会有浮出水面的时候，再通过一段时间的划行，你就会靠岸登陆；到那时你就可跑步，骑车……大可以自由选择。记住：骐骥一跃，不能十步；驽马十驾，功在不舍。一名记者采访多位诺贝尔奖得主问了同一个问题：‘哪些人可获得成功?’他们的回答也惊人地相似：‘勤奋的人获得成功!’……”陶妙如老师针对学生情况分析原因，打比方，用成功人士的故事来感染学生、开导学生，实在又实用。感受这样的鼓励，简直就像听于丹讲《论语》，启发颇多，豁然开明。

八、让违纪学生写说明书

讲小话、欠作业、翻围墙等毛病很多学生都有，几乎所有班主任都遇到过，惩罚学生打扫卫生，甚至打扫厕所都无济于事，学生总是屡教不改，旧病重犯，让老师伤心欲绝。面对这样的顽疾，需要使出狠招，让学生知道违反纪律是要付出几倍、十几倍甚至几十倍代价的。当然，这类小毛病的代价还不足以把学生撵出学校。魏书生把这类小毛病形象地称为“隔年的草”，拔得不彻底，隔段时间又会冒出来。学生违纪了，魏书生就让其写说明书，把违纪的原因、经过、心理活动等过程写清楚。学生在写这个过程的时候，其实就是在回顾犯错误的过程，边写就会边想，想清楚了也就知道自己错在哪里了，比老师恶言痛骂、厉色批评要有用得多，因为写说明书从思想上找到了原因，学生就容易在实际中做出转变。很多老师惩罚写检讨书。魏书生觉得检讨书“浮皮潦草，不能触及内心深处，不容易找到纠正错误的有效方法”，因此提倡写心理活动说明书。优秀的班主任都是相似的，平庸的班主任各有各的平庸。陶妙如老师也要求常犯小毛病的学生写说明书，学生写了几次就不会再犯了。所以有学生说以前的班主任让写检讨书，是越写越恨老师，现在老师让写说明书，是越写越恨自己。

九、搭建交流平台

许多道理学生听过很多次，即使不懂其中含义也不愿意老师重复。面对面讲、反复讲，学生反感者居多。换种方式也许就是另一番景象。陶妙如与学生交流的一个重要方式就是写交流日记。学生当面不好意思说却又想告诉老师的话写在交流日记里，上交给她，她再针对学生的个性和问题提出相应的建议。师生之间形成了默契，交流日记每天雷打不动地上交，老师回复及时，做到日日清。事实证明，这种方式效果显著。教育是一个系统工程，需要多种途径、多方力量共同作用才能产生效果。为了让家长了解学生的在校情况，参与班级的教育管理，陶妙如还开辟了育人网站：“陶妙如教育实践活动”（www. miaoru. com)。为了保护家长和学生的隐私，发表言论既可以实名也可以匿名。在网站上，可以看到许多家长详细交代了自己孩子的家庭背景、学习习惯、生活兴趣等，积极献言献策；许多学生也流露真情，或彷徨，或沮丧，或兴奋等，甚至毕业几年、十几年、几十年的学生还通过这种途径与陶老师交流学习、工作、生活心得。面对家长的帖子、学生的咨询，陶妙如都一一做出耐心的回复。班级管理其实就是一个了解学生、关心学生、引导学生的过程。陶妙如通过这些班级交流平台把这一过程做实做细了。

十、帮助学生树立目标

据哈佛大学的调查显示，只有3%的人有清晰长远、具体明确的目标，大部分人没有目标或者目标模糊，25 年后，这 3%的人成为社会各界顶尖人士。目标的清晰度与成就的大小成正相关。可见，目标对人的成长成才有至关重要的影响。班级管理一定要注意培养学生的目标意识，因为 97%的人是没有目标或者目标模糊的。学生没有目标就像无头苍蝇乱撞，浑浑噩噩过日子，到头了什么也没学到。因此，让学生树立具体长远的目标，明确奋斗方向，激发其内心积极向上的能量，是班级建设的头等大事。陶妙如老师每接手一届学生，开学初期都会让学生仔细思考，拟定一个三年的规划：三年的总目标、三年的分段目标、具体操作计划等，召开隆重的主题班会，同学之间充分交流，让目标更加清晰，然后又将学生的目标在班级墙刊或者班刊上展出，让目标进一步强化。毋庸讳言，中学生的自律能力是不强的，尤其是思想上的自律更是糟糕。自律能力尚待提高阶段，他律的协助是必要的。目标的交流及展出是一种长期的无声的制约举措。诚然，让学生树立牢固、清晰、具体的目标并不是一次班会课就可以解决的，时间久了，又会逐渐模糊、淡忘。为此，陶妙如老师把目标意识当做一个动态的、常态的思想工作来抓，根据学生的情况作相应的调整和固化。

后记

教学是一种信仰

刘再复、何怀宏、陈平原、易中天等我敬仰的学界前辈在自己的学术自述中，都透露过这样的观念和追求：一个学者到了一定的年龄和层次，就可以也应该脱离体制的羁绊，想写什么就写什么，想怎样写就怎样写。同样进入学术自由境界的钱理群先生，也说了一段英雄所见略同的话：

特别是退休以后，在一定程度上摆脱了现行学术体制的限制，我越来越自觉地要创造一种“讲课式、演讲风、闲话风、随笔风”的学术著作文体。其要点是：不仅发表研究的成果，而且展示研究的过程，如实地向读者、听众坦陈自己研究中的困惑、矛盾、未能解决的问题；在客观叙述历史中，不时插入自己的故事、经历、体验和思考，追求主客体的融合；在写作上，自觉追求叙述与议论的结合，描写与抒情的结合，抓住论述的主线，又随时拉出去，作自由的发挥，再及时收拢，努力做到放收自如，进退自如。总之，看重、追求的，是思考的自由，表达的自由，交流、讨论的自由，而非是否符合规范，像不像“学术著作”。

从年龄上讲，我还年轻，算是学术界的新人；从层次上看，我还不入流，算是学术界的无名之辈。按道理，我还远没有达到想写什么就写什么，想怎样写就怎样写的阶段。但是，有自知之明的我，没有成为学术名家和大家的企图，因此，我就将评上教授作为自己不受体制束缚的“资本”，并由此开始了“随心所欲”的写作。这就是我第二部教育随笔集问世的第一个缘由——我谈教育，属于想写什么就写什么；我用随笔的方式谈教育，属于想怎样写就怎样写。

我第二部教育随笔集问世的第二个缘由，是我心态的一次改变。在青春时代，读到那些既有思想又有文采的批判性文章，不免心生崇拜和敬仰。渐渐步入中年了，批判性文章依然还是经常读，也还算喜欢读，但已经越来越难激动了，甚至觉得，这类文章，的确很敏锐、很深刻地揭示了一些问题，但似乎有些情绪化，甚至有点极端，更重要的是，读完后，除了增加心情的沉郁和苦闷外，似乎并没有让自己和社会变得更好。

就像人人都看到了如今的大学重视科研，轻视教学，其中不少人在各种会议上当着校领导的面表达了自己的义愤填膺，另有不少人在各种媒体上发表了激情四射的文章抒发自己的忧虑和悲愤。可是，那又怎样呢？批判大学不重视教学的人自己就真的重视教学了吗？他们的教学态度真的就很端正了吗？他们的教学水平真的就超过平均水平了吗？恐怕未必！

所以，批判有时候很难，有时候也很容易，容易到不过是张张嘴，动动笔而已。如今越来越觉得，建设比批判更难，更有价值，更能推动个人的成长和进步，而个人成长和进步了，在客观上也更有益于他人，有助于社会，哪怕这些益处只有那么一点点。因为有此心态的转变，所以我很喜欢这样一则美国的小故事：

上帝对我说：“你的任务是建设一个更加美好的世界。”我回答说：“我怎么做得到呢？现今的世界如此之大，如此之复杂，而我如此渺小，如此无能！我什么也做不了。”但是，大智的上帝说：“做个更好的你就足够了。”

这就可以解释，为什么我的第二部教育随笔集中，情绪激动的批判性文字大幅度减少（占 1/3 不到，且多写于认识和心态转变之前），平实和平和的建设性文字成倍增长。可以预见，在我未来出版的著作中，批判性文字将会销声匿迹。道理很简单，大学存在的普遍性问题，我应该已经很清楚了，却又解决不了，可我自身作为教师所存在的问题，解决得了，却又知之甚少。

这部随笔集，写着写着，就将重心从宣泄不满转向了教育理念的完善和教学修养的提升。

其中的多数文章因为随性而为，所以都比较简单，属于那种没有水平的文字，对读者而言，读和没读，区别可能不大，但对我个人而言，却依然是非常有价值的：它们见证了我的不懈努力，反映了我一直以来的阅读和思考，丰富了我的知识，拓展了我的视野，锤炼了我的文笔，一点一点地促进了我的讲课，让我向一流的“教书匠”这个不大不小的目标又靠近了一小步。

需要作出说明的是，本书的“附录”部分，收录了四篇文章，分别由我指导的五位研究生王晶、王菲菲，闫杰，谭娟和唐成军撰写。谭娟女士和唐成军先生已经毕业，一位成了光荣的小学老师，一位做了优秀的高中老师。王晶女士、王菲菲女士和闫杰女士，也对教师工作心向往之，毕业后从事中小学教育的可能性也非常大。这四篇文章可以视为他们关注和思考教育问题的起点，由于一时难以找到合适的公开刊物发表，故我很荣幸以本书为平台，让它们获得一次公开露面的机会，也算是我们师生一起学习、一起思考、一起成长的一个见证。

我不厌其烦地表达对教学的重视，不等于我轻视科研和讨厌科研。真正的科研，或者哪怕是那种应付体制的科研，都是有意义的，也是很需要水平的。不过，诚如著名学者何怀宏所言：“散步就是用脚和路打交道。我的脚没有毛病，现在，我想寻找一条合适的路。”与此同理，科研固然是人满为患的康庄大道，只是以我的天性和天赋，更适合在人迹罕至的林荫小道上一直漫步下去。所以，将教学作为毕生的事业，不是我境界高，品德高尚，而是因为它更符合我的个性和特长而已。

著名作家沈从文先生在给年轻读者的一封信中说：“对于文学，光有兴趣是不行的，还必须有信仰。”这个观点给著名文艺理论家刘再复先生很大的启迪。刘再复先生也是一位视文学为信仰的人：“为了文学，什么都可以不要，权力、财富、功名、荣华富贵，一切都可以抛却。”我是大学老师，不是作家，也不是文艺理论家，所以我的志向不在文学创作，也不在文学研究，而在于教学，如果将沈从文先生的话改为：“对于教学，光有兴趣是不行的，还必须有信仰。”或者将刘再复先生的话改为：“为了教学，什么都可以不要。”倒是很准确地表达了我的心声。

好像是克尔凯郭尔说的，你信仰什么，就会得到什么。如今，我想得更多的是如何按照自己的方式和节奏，过好每一天。至于这辈子在教学方面能够获得怎样的荣誉和名声，并没有认真地思考过，或许，不拒绝也不强求，一切顺其自然，是比较恰当的心态。

图书在版编目(CIP)数据

用整个的心做大学老师 / 宋德发著. —湘潭：湘潭大学出版社，2016.6

ISBN 978-7-81128-962-6

Ⅰ. ①用… Ⅱ. ①宋… Ⅲ. ①高等学校—教育工作—研究—中国②高等学校—教学研究—中国 Ⅳ. ①G649.2

中国版本图书馆 CIP 数据核字 (2016)第 148680 号

用整个的心做大学老师

YONG ZHENGGE DE XIN ZUO DAXUE LAOSHI

宋德发 著

责任编辑：陈美桥
封面设计：孙艺哲
出版发行：湘潭大学出版社
社　　址：湖南省湘潭市 湘潭大学出版大楼
电话(传真)：0731-58298966　邮编：411105
网　　址：http://xtup.xtu.edu.cn
印　　刷：长沙鸿和印务有限公司
经　　销：湖南省新华书店
开　　本：787×1092　1/16
印　　张：20.75
字　　数：369 千字
版　　次：2016 年 6 月第 1 版
印　　次：2018 年 5 月第 2 次印刷
书　　号：ISBN 978-7-81128-962-6
定　　价：51.00 元

(版权所有　严禁翻印)